Fotos: John Shreve, wo nicht anders vermerkt

www.john-shreve.de

ISBN: 978-3-00-066291-1

Ich danke Stefanie Zill, Anita und Erhardt Rothe, Sabine Downey, Eike Hibbett, Barbara Manterfeldt, Axel Rosenbauer und Simone Logar.

Liebe im Kalten Krieg

Eine wahre Geschichte aus absurder Zeit

John Shreve

„So wird der Schrecken ohne Ende langsam normales Leben.“
Nicolas Born

„Es wird eingeschätzt, dass es sich nicht um eine echte Bindung handelt.“
Friedrich, Oberstleutnant der Volkspolizei

1982 Meissen Foto: Michael Schiemann

Vorwort

Dieses Buch erzählt eine wahre Geschichte. Der erste Teil, bis zur Ausreise meiner Frau aus der DDR, wurde 1988 aufgeschrieben. Später, nachdem wir die noch existierenden Teile unserer Stasi-Akte eingesehen haben, wurden die Dokumente, die unsere Geschichte aus staatlicher Sicht ergänzt, eingefügt. Auch nach der Ausreise wurden wir von der Stasi, den Handlangern der SED-Staates observiert. Der zweite Teil des Buches berichtet von dieser Zeit. Einige Namen sind verändert worden.

Die Zeit der geteilten Welt und der geteilten Stadt Berlin, darf nicht vergessen, auch nicht verharmlost werden. Die sogenannte Deutsche Demokratische Republik war eine Diktatur, kein Rechtsstaat. Die "Bürger" der DDR waren der herrschenden SED ausgeliefert. Wer einen selbstbestimmten Weg gehen wollte, musste mit Repressionen rechnen. Frei waren nur diejenigen, die bereit waren, das auf sich zu nehmen. Unser Fall war recht harmlos. Andere landeten im Gefängnis oder mussten ihr Leben lassen.

Dieses Buch ist all denen gewidmet, die Widerstand gegen die Diktatur der Sozialistischen Einheitspartei Deutschlands geleistet haben. Danken möchten wir Botschafter Herbert S. Okun, dem amerikanischen Konsul McCollum, Senator Thomas F. Eagleton, Senator Howard Baker, und Senator Charles Percy.

1

Der U-Bahn Zug hält. „Kochstraße. Letzter Bahnhof Berlin (West); letzter Bahnhof Berlin (West)“. Es ist kurz vor Mitternacht. Ich steige die Treppe hinauf und überquere die Straße. Um diese Zeit gibt es kaum Verkehr. Im beleuchteten Wachhäuschen am Checkpoint Charlie sitzen zwei amerikanische Soldaten und lesen Zeitung. Gleich dahinter überquere ich die weiße Demarkationslinie und gehe auf das Gittertor zu. Kaum angekommen, es summt und ich drücke das Tor auf. Der ältere Grenzsoldat, der mich immer freundlich gegrüßt hatte, hat Dienst. „Lange nicht gesehen“ sagt er. Ich hebe die Hand zum Gruß und lächele und dann gibt er mir einen Zettel mit einer Nummer. Ich gehe zum Passschalter und schiebe meinen Reisepass durch die Lücke zu einem anderen Soldaten, der hinter einer Glasscheibe sitzt. Er schaut das Bild an, dann hoch zu mir, dann nochmal auf das Passfoto, steckt ihn dann durch einen Schlitz in der Wand. Das alles geschieht ohne, dass ein Wort zwischen uns fällt. Ich schaue ihn an, doch er hält die Augen gesenkt. Mein Pass erscheint wieder. Der Soldat vergleicht erneut das Foto mit meinem Gesicht und gibt ihn mir dann zurück. Ich gehe in das Häuschen, wo ein DDR-Zöllner in hellgrauer Uniform auf mich wartet. Ich nehme eine Zollerklärung und fülle sie aus. Ich habe nichts dabei. Dann reiche ich ihm meinen Pass mit der Zollerklärung. Der junge Mann schaut das Bild an, dann hoch zu mir, dann nochmal auf das Passfoto.

Er fragt, was ich so spät in der „Hauptstadt“ zu suchen hätte. Ich sage ihm, mein Besuch sei privat. Er fragt, ob ich kein Zuhause hätte. Ich sage, das gehe ihn nichts an. „Kommen Sie mit!“

Ich werde in eine kleine Kabine gebracht, die ich schon allzu gut kenne. Er macht die Tür hinter sich zu. Er befiehlt mir, die Taschen zu leeren. Ich lege mein Portemonnaie auf einen kleinen Tisch, dann Taschentuch und Schlüsselbund. „Ist das alles?“ Ich nicke. Er verlangt, dass ich auch das Portemonnaie leere, was ich tue. Er schiebt die Karten und das Geld auseinander. Da ist nichts Verdächtiges dabei. Er schaut mich an. Ich sehe ihm direkt in die Augen. Ich könne alles wieder einstecken. Das tue ich. Er entlässt mich aus der Kabine und gibt mir meinen Pass zurück. Mit einer Kopfbewegung gibt er mir zu verstehen, dass ich weitergehen kann. An der Kasse lege ich 25 Deutsche Mark hin und erhalte eine kleine Plastiktüte mit 25 Ostmark. Ich verlasse das Häuschen und gehe weiter bis zur letzten Kontrolle. Ein Soldat nimmt meinen Pass, schaut das Bild an, dann zu mir hoch, dann nochmal auf das Passfoto. „Ist gut." Ich betrete Ostberlin, wie schon so oft. Dutzende Male bin ich schon über diesen Grenzübergang nach Ostberlin gegangen. Dieser Ort ist ein Teil meines Lebens.

Grenzübergang Friedrichstraße/Zimmerstraße, „Checkpoint Charlie"

Der Weg vom Grenzübergang zum U-Bahnhof Mitte ist düster. Die Straßenlampen scheinen nutzlos herumzustehen. Jedenfalls spenden sie kaum Licht. Auf den U-Bahn-Zug Richtung Pankow muss ich nicht lange warten. Der Waggon, in dem ich sitze, ist leer. Am Alexanderplatz steige ich aus und gehe zum

S-Bahnsteig hoch. Die Müdigkeit steckt mir in den Beinen. Ein Zug fährt in den fast verwaisten Bahnhof ein. Über den Lautsprecher hört man „Zug Richtung Flughafen Schönefeld. Dieser Zug hält nicht in Ostkreuz." Die Fahrt bis Bahnhof Baumschulenweg kommt mir endlos vor. Alles scheint sich im Zeitlupentempo zu bewegen. Als ich das Ziel erreiche, gehe ich die lange Treppe hinunter, gehe um die Ecke in die Behringstraße bis zur Marienthaler Straße. Es ist kurz nach halb eins, als ich die Tür aufschließe. Alles schläft.

2

Nach meiner Rückkehr aus Frankreich im Sommer 1981 wohnte ich vorübergehend bei meinem Freund Dietmar. Er hauste in einer fast leeren Wohnung am Zickenplatz. Er hatte eine Stelle als Lehrer in Berlin angetreten. Er war allein nach Berlin gekommen, um eine Wohnung zu finden, ehe seine schwangere Frau aus Hessen nachkam. Die Einrichtung bestand aus Campingliegen, einem Radio und einem Fernseher.

Eine Woche zuvor hatte ich Christiane von einer Telefonzelle in Frankreich auf der Arbeit angerufen. Wir hatten uns ein paar Monate zuvor getrennt. Der Druck, dem wir ausgesetzt waren, hatte zum zweiten Mal seinen Preis verlangt. Dabei hatten wir uns schon 1978 entschlossen zu heiraten. Christiane hatte ihren Wohnsitz offiziell nach Berlin verlegt, weil die städtischen Behörden weniger streng sein sollten. Dann hatte sie es mit der Angst bekommen. Wie könnte sie ihre Familie, ihre Heimat verlassen? Ein Jahr lang hatten wir uns nicht gesehen, als sie versuchte mich in den USA anzurufen. Wir hatten nicht miteinander sprechen können, da sie nur meine Mutter erreichte. Ich ließ alles fallen und kehrte nach Deutschland zurück. Leider war die einzige Arbeit, die ich finden konnte, in Bremen. Ich hatte zwar kaum Geld, musste aber nach Berlin, um Christiane zu besuchen. Mehr als ein Mal erhielt sie, gerade als ich angekommen war, einen Anruf von ihrem Vater. Sie werde zu Hause dringend gebraucht, der vielen Arbeit wegen. Ich kam zu dem Schluss, Christiane würde die DDR nie verlassen und ich könnte dort nicht leben. Ich hatte mich schweren Herzens entschlossen, mich von ihr zu trennen.

Danach hatte ich in Frankreich gelebt, in einer stillgelegten Wassermühle, in einem abgelegenen Tal unweit von Dijon. Eine ganze Etage hatte ich für mich. Im Erdgeschoss wohnten Freunde. Im Tal gab es nur eine Straße. Selten fuhr ein Auto entlang, an manchen Tagen nur der Postbote, der aber keine Briefe in unseren Briefkasten werfen durfte. Eine Vogelmutter hatte dort ihre Eier ausgebrütet. Wir hatten einen eigenen Garten und Eier und Milch konnten wir von einem Bauern im etwa 500 Meter entfernten Dorf Clirey holen. Auf dem Grundstück lebten Schafe und wenn sie sich zu sehr langweilten, kamen sie durch die offene Tür ins Haus. In dem Tal hatte es sich gut gelebt.

Eines Tages aber zog ich meine Gummistiefel an und lief zu der Telefonzelle in LaRoche-Vanneau, dem nächsten Dorf unten im Tal. Ich wollte Christiane sprechen. Es dauerte lange, bis ich nach Berlin durchkam. Von meinem Anruf schien sie nicht überrascht zu sein. Ja, ich sollte nach Berlin zurückkehren. Ich lief zur Mühle zurück, packte einige Sachen in meinen Rucksack und früh am nächsten Morgen machte ich mich per Anhalter auf den Weg nach Berlin.

Am ersten Tag schaffte ich es bis Trier, wo ich die Nacht im Freien verbringen musste. Es regnete. In ein Regencape gehüllt, schlief ich unter einer Autobahnbrücke. Am zweiten Tag konnte ich Christiane vom Bahnhof Zoo aus auf der Arbeit anrufen. Ich verstaute meinen Rucksack in einem Schließfach und ging um Mitternacht über Checkpoint Charlie nach Ostberlin.

Jetzt, ohne, dass wir darüber sprechen mussten, wussten wir: wir bleiben jetzt zusammen; diesmal stehen wir es durch und lassen nichts mehr zwischen uns kommen.

Am gleichen Abend ging ich zurück nach West-Berlin. Aus dem Schließfach holte ich meinen Rucksack und fuhr mit der S-Bahn nach Wannsee. Ich verließ die

Stadt wieder, aber jetzt, um zurückzukehren. Ich musste meine restlichen Sachen aus der Mühle holen.

Vom S-Bahnhof Wannsee lief ich die Potsdamer Chaussee hoch zum Grenzübergang Dreilinden. Es dauerte nicht lange, bis ich mitgenommen wurde. Der Fahrer, ein Mann um die vierzig, der unaufhörlich Roth-Händle-Zigaretten rauchte, suchte einen Gesprächspartner für die lange dunkle Fahrt durch den Osten. Ich konnte also nicht schlafen, und als ich am nächsten Morgen nahe Nürnberg aus seinem Auto stieg, brannten mir die Augen.

Am Tag darauf kam ich zur Mühle. Die letzten vier Kilometer musste ich zu Fuß zurücklegen. Meine Freunde waren weg, und das Haus war abgeschlossen. Da ich keinen Schlüssel hatte, brach ich durch eine Seitentür in das Haus ein, legte mich aufs Bett und schlief, bis die Sonne hoch am Himmel stand.

Am Abend saß ich draußen, spielte Gitarre und sang. Die Kühe versammelten sich hinter dem Zaun und waren ein dankbares Publikum. Kühl war der Tag gewesen. Am Nachmittag hatte ich mit der Sense Gras gemäht, bis ich auf eine Schlange gestoßen war. Erst gegen Abend hatten die Wolken die Sonne durchgelassen. Ich sah zu, wie das Tal sich auf die Nacht hinbewegte. Jenseits der Straße kreisten zwei Falken. Die Wälder waren grün und die Wiesen voller Blumen. Am nächsten Tag wollte ich nach Berlin zurückkehren.

MfS Dokument 1

Kreisdienststelle Belzig, 24.04.1979

B e l z i g

E r m i t t l u n g s b e r i c h t

Name, Vorname Friedrich, Christiane

Geb. am, in 13.08.1954 in Wiesenburg/Belzig

PKZ 130854 504528

Beruf Ingenieur-Ökonom

Arbeitstelle KEAW Berlin-Treptow

Tätigkeit Ing. f. Abrechnung

Familienstand ledig

Wohnhaft HW seit dem 20.02.1979 in Berlin-Treptow, Beermann-Str. 12 I Quer III

HW bis 20.02.1979 in 1821 Reetz, Kreis Belzig, Im Hack 05

Die o.g. kommt aus einer Handwerkerfamilie.

[lange geschwärzte Passage]

Christiane Friedrich besuchte bis zur 8. Klasse die POS in Reetz und erreichte an der EOS Belzig ihr Abitur. Danach studierte sie in Dresden und wurde Ingenieur-Ökonom. Das Studium beendete sie im Jahre 1977. Danach begann die o.G. in Berlin eine Tätigkeit und war auch mit Nebenwohnung dort angemeldet. Am 20.2.79 verzog sie mit Hauptwohnung nach Berlin. Von einem festen Umgangskreis seit ihrer Oberschulzeit kann im Heimatort nicht gesprochen werden. Eingeschätzt wird, dass Christiane Friedrich ein enges, herzliches Verhältnis zu ihren Eltern hat. Zu Beginn ihrer Tätigkeit in Berlin hat sie in Berlin folgenden USA-Bürger kennengelernt:

S h r e v e, John, geb. 22. in Missour, [sic] USA, wohnhaft 3318 South 30th, St. Joseph Missour, [sic] 64503 USA, tätig als Lehrer in St. Joseph School, Distrikt 10th, Felix St. Joseph 64502.*

Dieser Bürger war Germanistikstudent und stellte im August 1978 einen Einreiseantrag nach Reetz, Kreis Belzig zu Friedrich, Rolf, dem Vater der o.G. In Abstimmung mit der s Belzig wurde der Friedrich seitens der Abteilung Pass- und Meldewesen des VPKA Belzig vorgeladen und mit ihm ein Gespräch geführt. Im Ergebnis der Aussprache wurde die Einreise des S h r e v e, John abgelehnt. Daraufhin stellte der USA-Bürger einen Einreiseantrag in der Zeit vom 08.02.79 –

01.03.1979 nach Reetz zu Christiane Friedrich. Diese Einreise wurde ebenfalls abgelehnt. Danach verzog die F. mit Hauptwohnung aus dem Kreis Belzig.
Die Überprüfung in der Einreisekartei der KD [Kreisdienststelle] ergab keine Hinweise einer weiteren Antragstellung oder Einreise von anderen Personen des NSA. Da die F. seit Februar 1979 nach Berlin verzogen ist, können keine weiteren Angaben zu ihren gegenwärtigen Umgangskreis bzw. den vorhandenen Westverbindungen gemacht werden.
Quellenangaben:

- KMK des VPKA Belzig
- Karteimittel der KD Belzig
- IME „Bruno" der KD

F l i e r l
Oberleutnant

[*Bis zu diesem Zeitpunkt hatte ich nicht als Lehrer in St. Joseph gearbeitet. Später war ich als Vertretungslehrer dort tätig.]

3

Das erste Mal, dass ich meine zukünftige Frau sah, war in einer überfüllten Wohnung im Berliner Stadtteil Köpenick. Oft bestimmen Zufälle das Leben. Ohne einen Zufall hätte ich meine Frau nicht kennen gelernt. An der Universität von Montana studierte ich Deutsch. Eines Tages kam ich zum Seminarraum, der aber noch besetzt war. Ein Professor hatte nicht rechtzeitig ein Ende finden können. Also stand ich vor der Tür. Ich hörte wie eine Kommilitonin, die ich nur flüchtig kannte, von ihrer Brieffreundin in Ostdeutschland erzählte. Plötzlich fragte sie mich, ob ich nicht Lust hätte, mir mit einer Frau in der DDR zu schreiben. Die Kusine ihrer Brieffreundin suchte einen Brieffreund. Ja, sagte ich, sie sollte meine

Adresse weitergeben. Also schrieb ich an die Kusine ihrer Brieffreundin, aber auch ihre Brieffreundin schrieb mir Briefe, und sie wurde eine zweite Brieffreundin.

Als ich im Oktober 1977 in Berlin eintraf, um ein Studium an der Technischen Universität aufzunehmen, wusste ich, dass meine zweite Brieffreundin eine Stelle in Ost-Berlin angetreten hatte. Ich ging also durch die Mauer, um sie kennenzulernen. Vor dem Haus in der Kietzer Straße in Köpenick, wo sie wohnte, wartete ich auf sie. Im Grunde wusste ich nichts über sie, denn ich hatte nicht das Gefühl, sie durch die Briefe kennengelernt zu haben. Die Kietzer Straße war eine schäbige kleine Straße, durch die die Straßenbahn mit quietschenden Rädern fuhr. Es war später Nachmittag und die Menschen waren auf dem Weg von der Arbeit nach Hause. Alle hatten unterwegs eingekauft und trugen kleine Taschen aus geblümtem synthetischem Stoff. Es muss für alle ein besonders schwerer Tag gewesen sein, denn nirgends sah ich ein Lächeln. Die Gesichter sahen gequält aus.

Ich schaute hoch und sah meine Brieffreundin mir entgegenkommen. Ich erkannte sie von einem Foto, das sie geschickt hatte. Ein Blick und ich wusste, dass sie mir unsympathisch war. Es war nur ein Gefühl; ich vertraute aber dem Gefühl und wie es sich herausstellte, war es zutreffend. Als wir uns die Hand gaben, sagte ich mir, es wird der erste und einzige Besuch bei ihr sein. Sie lud mich in ihre Wohnung ein und wir stiegen alte, hölzerne Stufen in einem Treppenhaus hinauf, das noch schäbiger war als die Straße.

Als wir die Wohnung betraten, war ich völlig verblüfft. Ich war davon ausgegangen, dass sie die Wohnung mit einer anderen Frau teilte, aber es gingen so viele junge Frauen hin und her über den Flur, fast wie in einem Studentenwohnheim. Es stellte sich heraus, dass diese Wohnung im Grunde nichts anderes war, aber für Frauen, die ihr Studium abgeschlossen und nun ihre erste Arbeitsstelle hatten. Meine Brieffreundin erklärte mir, dies sei eine Betriebswohnung, das heißt, sie gehörte der Firma oder wurde von ihr angemietet. Alle diese jungen Frauen arbeiteten bei den Elektro-Apparate-Werken (EAW) Treptow und solche Wohnungen wurden dann an Mitarbeiterinnen untervermietet, die noch keine Wohnung hatten. In jedem Zimmer waren sechs schmale Betten. Privatsphäre war nicht vorgesehen.

Wir traten in ihr Zimmer ein und sie stellte mir zwei Frauen vor, die zufällig da waren. Von der einen habe ich keine Erinnerung. Die andere Frau hatte gerade etwas in den Kachelofen geworfen. Sie drehte sich um, lächelte und gab mir die Hand. Plötzlich wusste ich, dass ich so oft wie möglich in diese Wohnung zurückkehren würde. Als ich wieder in West-Berlin war, wurde mir klar, dass ich nicht einmal den Namen dieser Frau kannte, in die ich mich gerade verliebt hatte, aber ich konnte noch ihr Gesicht und ihre Bewegungen vor mir sehen. Fünf Jahre später heirateten wir.

Obwohl ich mir vorgenommen hatte, meine Brieffreundin nie wieder zu besuchen, sagte ich aber sofort ja zu einer Einladung zu einer Feier am darauffolgenden Tag. Als ich ankam, war das kleine Zimmer schon recht voll. Ich schob mich durch die Menschen und schaffte es, neben meiner neuen Liebe zu sitzen. Ich erfuhr, dass ihr Name Christiane war und dass sie sozialistische Betriebswirtschaft studiert hatte, viel mehr nicht, aber es war schön in ihrer Nähe zu sein.

Danach setzte ich nie wieder einen Fuß in die Betriebswohnung in Köpenick. Christiane schaffte es, eine Wohnung in der Beermann Straße, nahe dem Treptower Park zu finden. Sie teilte ein Zimmer mit meiner ehemaligen Brieffreundin und ein junger Mann hatte ein kleines Zimmer für sich. Nicht lange nach dem Einzug kam ich, angeblich um meine Brieffreundin zu besuchen, aber der wahre Grund war, um Christiane zu sehen. Wir saßen an einem kleinen Tisch, der aussah, als käme er aus einer Baracke. Ich schaute Christiane an und sagte mir, ich würde sie heiraten.

In den folgenden Monaten entwickelte sich ein Muster. Ich ging nach Ost-Berlin so oft wie möglich und lernte Christiane immer besser kennen, so dass die Besuche bald nicht mehr der Brieffreundin galten, sondern offensichtlich Christiane.

4

Nicht lange nach meiner Rückkehr nach Berlin wollen Christiane und ich an der Spree spazieren gehen. Vorher kauft sie bei „Obst und Gemüse Janson" in der Baumschulenstraße Zitronen. Dort kauft sie lieber als in der neuen Kaufhalle, weil der Laden privat ist. „Hier sind sie freundlich" sagt Christiane.

Wir gehen die Baumschulenstraße hoch in Richtung S-Bahnhof. Zuerst geht Christiane aber zu dem Blumenladen in der Kiefholzstraße. Wir stehen vor dem Laden und schauen durch das Fenster. Obwohl es ein Blumenladen ist, sehe ich keine Blumen. Christiane schüttelt den Kopf. Mitten im Sommer und keine Schnittblumen. Der Blumenladen am S-Bahnhof Baumschulenweg hat zwar zwei große Töpfe voller Schnittblumen, aber nur Gladiolen und rote Nelken. „Mitten im Sommer und nicht einmal Rosen haben sie. Brot ist immer da und billig, aber keine Rosen." Christiane zieht mich weiter.

Wir laufen bis zum Ende der Baumschulenstraße, also über die Köpenicker Landstraße hinweg, an der EAW-Sportanlage vorbei bis zur Spree.

Christiane fragt, was ich jetzt vorhabe, da ich jetzt in Berlin bleiben will, sprich, wovon ich leben will und wo ich wohnen will. Ich gebe ehrlich zu, dass ich es nicht so recht weiß. Ich sage ihr, dass eine Arbeitserlaubnis ausgeschlossen ist. Eine Möglichkeit wäre, für die Amerikaner zu arbeiten, ich habe aber Bedenken, mich dort zu bewerben. Das versteht Christiane nicht. Es sei doch egal, wo man arbeitet.

Ich habe Bauchschmerzen, bei den amerikanischen Besatzern zu arbeiten, da es bedeutet, wenn auch indirekt, dass ich für die Armee arbeitete. Wieder versteht Christiane meine Skrupel nicht. Doch, erkläre ich, ich hatte nie in der Armee gedient, und zwar aus Überzeugung. Ich hatte auch Demonstrationen gegen den Krieg in Vietnam organisiert und geführt. Das, sage ich, wird ihnen nicht entgangen sein.

Christiane sagt nichts, schaut nur nach unten. Ich versuche ihr klar zu machen, dass ich mich wahrscheinlich dort bewerben würde, aber nur wenn es eine Arbeit wäre, die nichts mit der Armee direkt zu tun hätte. Die Familienangehörigen müssen schließlich auch versorgt werden. Auf der anderen Seite kann man nicht wissen, ob sie mich überhaupt nehmen, abgesehen davon, dass sie vielleicht gar keine Arbeit haben. Christiane schweigt mehrere Minuten lang. Sie schlägt vor, ich könne Lebensmittel in Ost-Berlin kaufen, um Geld zu sparen. Doch ist es nicht erlaubt, alles mitzunehmen.

Unter der Brücke zu der Insel der Jugend stinkt es nach Urin. Beim Restaurant Zenner holen wir uns zwei Brausen und finden einen Tisch auf der Terrasse. Christiane will wissen, was ich in Frankreich gemacht habe. Ich denke nach und sage, ich habe gelebt. Aber sie will wissen, wovon ich gelebt hatte.

Ich erzähle von den Gelegenheitsjobs, die wir fanden: ein Haus anstreichen oder kleine Reparaturen durchführen. Ob man davon leben kann, fragte sie. Ich sage ihr, wenn man nicht viel Geld zum Leben braucht, dann ja. Wir hatten einen Garten. Wir heizten mit Holz, das wir aus dem Wald holten. Miete brauchten wir nicht zu bezahlen, denn das Haus gehört einem Freund, einem Journalisten aus der Schweiz.

Sie will wissen, was wir die ganze Zeit gemacht haben. Ich sage ihr, wir haben geschlafen, gegessen, gelesen, musiziert, nachgedacht, auch gearbeitet. Ein gutes Leben. Sie schaut mich an als hätte ich ihr gerade ein Märchen erzählt. Ob meine Freunde überhaupt vorwärtskommen wollen. Ich sage, dass ich diesen Eindruck nicht habe, was auch immer Vorwärtskommen bedeutet. Ob sie nicht etwas vom Leben haben wollen. Ich frage was sie damit meint. Ein bisschen Sicherheit, meine sie, ein bisschen Komfort. Ich sage, dass ich nicht den Eindruck habe, dass sie das wollen.

Christiane schüttelt den Kopf. In der DDR kann man nicht so leben und sicher würde niemand das wollen. Ich frage, wie die Menschen in der DDR leben wollen.

„Eben normal leben, heiraten, Kinder kriegen, eine Wohnung einrichten, ein Auto anschaffen, hin und wieder eine Reise machen, ganz normal."

Wir sind froh, wieder zusammen zu sein, aber wir spüren die Spannung. Zwei Welten treffen aufeinander. Nichts von dem, was uns auseinandergetrieben hatte, ist weggeräumt. Die Situation ist in keiner Weise einfacher geworden. Nur jetzt sind wir entschlossen, zusammenzubleiben und die Sache durchzustehen. Ich lebe noch im Westen, sie im Osten und es steht noch eine Mauer zwischen uns. Unausgesprochen wissen wir, dass wir eine enorme Herausforderung vor uns haben. Wir fordern einen Staat, eine herrschende Partei heraus, die jede empfundene Bedrohung absolut ernst nimmt. Die einzige Macht, die wir haben, sind unsere Gefühle für einander. Inmitten dieses Kampfes und dieser Absurdität versuchen wir unser Leben zu leben.

Als wir den Rosengarten im Treptower Park erreichen, sagt Christiane, sie hole sich ein paar Rosen. Ich muss sie entsetzt angeschaut haben. „Was hast du denn? Wenn man keine vernünftigen Blumen kaufen kann, dann, muss man sich selbst bedienen." Sie gibt mir ihre Tasche und fängt an Rosen abzuknicken. Ich gebe ihr mein Taschenmesser. Sie schneidet immer mehr ab. Ich sage, das seien doch genug. Christiane lässt sich nicht beirren. Sie sagt mir, ich soll lieber aufpassen, dass kein Polizist kommt.

Als sie endlich genug hat, gehen wir in Richtung S-Bahnhof Treptower Park. Aus dem Nichts – es ist schon ziemlich dunkel – taucht ein Volkspolizist auf. Ich sehe Christiane an. Sie sieht mich an. Der Polizist sieht die Rosen an. Ich denke, nun sind wir dran. Der Polizist schaut dann geradeaus und geht an uns vorbei.

Nach ein paar Schritten sage ich zu Christiane: „Ein Wunder."

„Quatsch. Er wird schon wissen, dass es keine Rosen zu kaufen gibt."

5

Es sind Tage vergangen und ich habe immer noch genauso wenig Aussicht auf Arbeit wie auf eine Wohnung. Trotzdem gehe ich so oft wie möglich nach Ost-Berlin. Ich komme dort in der Wohnung an und merke sofort, dass irgendwas anders ist. Christiane ist so wortkarg. Mir ist klar, dass sie die Unsicherheit meiner Situation in West-Berlin nicht unbeeindruckt lässt. Wenn sie still ist, kann man mit Sicherheit sagen: etwas bedrückt sie. Heute bringt sie kaum ein Wort über die Lippen.

Ich sitze auf ihrem grünen Sofa, während Christiane eine Kanne Kaffee und eine Kanne Tee bringt. Der Kaffeetisch ist schon mit ihrem Zwiebelmusterporzellan gedeckt. Ich frage, warum sie so still ist. Sie schüttelt den Kopf und sagt, sie sei ganz normal.

Ich schüttele den Kopf. Sie kippt Sahne in ihren Kaffee, rührt ihn um und legt den kleinen Löffel so auf die Untertasse, als ginge es darum, kein Geräusch zu machen. Wir schweigen. Dann fragt sie, ob ich zu den Amerikanern gegangen bin. Ich schüttelte den Kopf. Sie will wissen warum nicht. Ich erkläre ihr, dass ich am nächsten Tag dahin will, da ich inzwischen keine andere Möglichkeit sehe. Warum sie so unruhig sei?

Sie hebt Tasse und Untertasse mit der linken Hand und führt die Tasse mit der rechten Hand zum Mund. Dann kommt es. Sie fragt, warum ich nicht in die DDR ziehe. Ich würde Arbeit erhalten und nach unserer Hochzeit erhielten wir eine größere Wohnung.

Das haut mich um. Ich hatte gedacht, diese Frage sei längst geklärt, denn es war genau diese Frage, die uns schon einmal auseinandergetrieben hatte. Damals hatte sie sich bereit erklärt, einen Ausreiseantrag zu stellen und vorsorglich ihren amtlichen Wohnsitz von der Adresse ihrer Eltern nach Berlin verlegt, weil sie annahm, in Berlin würde man einen Antrag schneller und sachlicher bearbeiten, als auf dem Lande. Dann hatte ich aber zunehmend den Eindruck gewonnen, dass sie die DDR, oder genauer gesagt, ihre Familie nie verlassen würde. Ich hatte Berlin verlassen und monatelang hatten wir voneinander nichts gehört, als ich sie anrief. Ich schaue sie jetzt an.

Ob das ihr Ernst sei. Warum sollte sie unbedingt in den Westen ziehen. Ich könnte genauso gut hierherziehen. Das sei doch ganz normal.

Ja, aber die DDR ist nicht ganz normal, sage ich. Sie vermeidet meinen Blick. Ich frage sie, was ich in der DDR machen soll. „Arbeiten." Und was für eine Arbeit? Sie meint als Lehrer oder im Verlagswesen. Ich würde schon eine Arbeit finden.

Ich frage, ob sie da so sicher sei, und erinnerte sie an einen Rumänen und eine Russin, von denen sie mir erzählt hatte. Der Rumäne hatte in der DDR studiert, war mit einer deutschen Frau verheiratet: Es liefen sogar ein paar Patente unter seinem Namen. Dennoch musste er ewig warten, bis er eine Arbeit bekam, und eine Wohnung hatten sie auch nicht bekommen. Fast ein Jahr haben sie auf Campingliegen schlafen müssen in Christianes Wohnung. Schließlich hatte er aber eine Wohnung bekommen, wirft Christiane ein.

Und wie war es mit der Russin? Nach langer Arbeitslosigkeit durfte sie in einer Gärtnerei arbeiten, obwohl sie vom Beruf Ingenieurin war. Und das als Russin. Wie würden sie mit einem Amerikaner umgehen?

Das müsste man probieren.

Ich kann darauf nicht reagieren. Christiane nutzt die Pause, um sich erneut Kaffee einzuschenken. Sie schenkt mir auch Tee ein, obwohl meine Tasse gar nicht leer gewesen war. Sie legt ihre Hände in den Schoß und die Muskeln um ihr Kinn sind gespannt. So sieht sie nicht schön aus.

Es ist die alte Angst. Als Ausgleich für den Mangel an persönlicher Freiheit, für den Mangel an Wohlstand, für den Mangel an Freizeit und vieles mehr, bietet die Sozialistische Einheitspartei den Menschen eine Sicherheit, eine Sicherheit, für die jeder DDR-Bürger der Partei dankbar sein sollte. Diese Sicherheit bezieht sich aber allein auf einen sicheren Arbeitsplatz, denn die Wohnungssituation bleibt bis zuletzt katastrophal.

„Und wenn wir nach Amerika ziehen? Was hast du da? Kriegst du Arbeit?“

„Irgendetwas würde ich schon bekommen.“

„Irgendetwas würdest du auch hier kriegen. Und eine Wohnung hast du in Amerika auch nicht und auch kein Geld.“

„Wie sollte ich eine Wohnung haben? Ich bin schon Jahre weg.“

„Eben.“

„Irgendetwas würden wir schon finden.“

„Was?“

„Wie soll ich das wissen?“

„Das ist mir alles so unsicher.“

„Und hier hast du Sicherheit?“

„Ja. Das ist doch nicht zu verachten. Vieles stimmt hier nicht, aber niemand braucht zu hungern, und Arbeit hat auch jeder.“

„Ist das alles im Leben?“

„Ohne Arbeit kann man schließlich nicht leben.“

„Tatsache? Meinst du, ich hätte das nicht gewusst?“ Sie sieht mich enttäuscht an.

„Weißt du, ich glaube es ist einfacher für einen Menschen von Ost nach West zu ziehen als umgekehrt. Wir würden nicht hungern müssen. Im schlimmsten Fall würden meine Eltern uns helfen.“

„Willst du von deinen Eltern leben?“

„Habe ich das gesagt?“

Sie sieht so traurig aus.

„Aber hier bist du aufgewachsen. Hier sind deine Freunde und hier ist deine Familie, und das ist es, worum es dir wirklich geht, oder?“

„Zuhause ist Zuhause, auch wenn die Verhältnisse bescheuert sind.“

Ich trinke meinen Tee und lehne mich zurück. Da sind wir genau wieder da, wo wir vor einem Jahr gewesen waren. Christiane blickt in die Tasse, die sie in der Hand hält.

Die Anspannung, der Schlafmangel, die Unruhe der letzten Tage machen sich schlagartig bemerkbar. Ich bin erschöpft. Als die Zeit kommt und ich gehen muss, fällt mir jeder Schritt schwer.

6

Als ich den U-Bahnhof Oskar-Helene-Heim verlasse, kommen mir zwei schwarze Amerikaner entgegen geschlendert. Der eine trägt eine Baseballmütze von den Los Angeles Dodgers. Ich spreche sie an und frage. wo ich die Civilian Personnel Division finde. Zusammen führen sie mich zu der Ecke Clayallee/Argentinische Allee. Beide zeigen mir, wo ich entlanggehen muss, da, hinter den wartenden Bussen.

Ich finde den richtigen Eingang, gehe in das kleine Empfangsbüro hinein und erkläre der jungen Frau, wo ich hinmöchte. Sie, die deutsch ist, verlangt meinen Pass und stellt mir einen Passierschein aus. Noch muss ich an dem Wachhäuschen vorbei. Dort steht ein Deutscher in amerikanischer Uniform. Er sieht meinen Passierschein an und erklärt mir auf Englisch, wie ich dahin komme.

Die Frau, die mir den Bewerbungsbogen aushändigt, ist auch deutsch. Ich soll mich in den Warteraum setzen und den Bogen ausfüllen. Dort sitzen einige andere, Deutsche und Türken.

Die üblichen Angaben werden verlangt: Name, Geburtsort, Ausbildung und so weiter, ja, und auch wo und wann ich „gedient" hätte. Ich habe nie „gedient" und lasse die Stelle offen. Gefragt wurde auch, ob ich Bekannte, Freunde oder Familie in den „sozialistischen" Ländern hätte und ob und wenn ja, wie oft ich in solche Länder reise. Ich antworte wahrheitsgemäß. Ob ich Sozialist bzw. Kommunist sei, will man auch wissen. Nein. Abgesehen davon, dass ein ja bedeutet hätte, dass ich mit Sicherheit keine Arbeit bekommen hätte. Aber wie kommen sie überhaupt darauf, solche Fragen zu stellen? Meine politische Überzeugung ging sie ohnehin gar nichts an. Ich beschließe, die Frage gar nicht zu beantworten und liefere den Bogen bei der Sekretärin ab.

Als ich aufgerufen werde, sitze ich einem gewissen Kenneth Morris gegenüber. Ja, er hätte mir was zu bieten, aber ob ich, im Hinblick auf meine Ausbildung, Interesse hätte, das weiß er nicht. Ich erkläre ihm, dass meine Ausbildung nichts zur Sache tut. Ich brauche dringend eine Arbeit und habe keine Arbeitserlaubnis. Nun, es gäbe eine Stelle am US Army Hospital als Arbeiter. Ich hätte die Gehwege sauber zu halten, den Müll herauszutragen, im Herbst die Blätter zusammen zu harken und was sonst so anfallen sollte. Ob ich damit einverstanden wäre? Ich sage sofort ja. Gut, dann soll ich unverzüglich zum Krankenhaus in die Fabeckstraße fahren und am Tor sagen, dass ich zu Captain Rogers möchte.

Captain Rogers ergreift meine Hand und bittet mich Platz zu nehmen. Er grinst und spricht mich gleich mit Vornamen an. Nach so langer Zeit in Deutschland, ist mir das angenehm. Es fällt mir auf, dass ihm seine Uniform einwandfrei passt, er aber nicht in die Uniform passt. Er sieht aus wie ein groß gewachsener Junge samt unkontrollierbarem Haarschopf. In den Regalen hinter ihm steht eine beachtliche Sammlung von Sporttrophäen und Pokalen.

Durch das Fenster seines Büros zeigt er auf zwei Jungen, die gerade dabei sind, um die Mülltonnen herum sauberzumachen. Das sei die Arbeit, die er mir anbieten könne. Sonst machen meistens Jungendliche die Arbeit, aber bald beginnt die Schulzeit und da ist Not am Mann. Er erzählt mir, was noch alles zu meinen Aufgaben gehören würde. Ich erkläre ihm meine Lage, und wir sind uns schnell einig, dass ich in einer Woche anfangen kann.

Er legt beide Hände auf den Schreibtisch um mir näher zu kommen, und fragt, ob ich Baseball spielen kann. Ich sage ihm, als Jugendlicher hatte ich gespielt, worauf er mir erzählt, er führe die Baseballmannschaft des Krankenhauses und ist immer auf der Suche nach neuen Talenten. Falls ich im Frühjahr noch hier arbeite, könnte er mich gebrauchen.

7

Die Suche nach einer Wohnung gestaltet sich extrem schwer. Ich folge den Anzeigen in der *Morgenpost*, aber ohne Job nahm niemand mich ernst. Hinzu kommt mein Akzent. Hört man eine Stimme, die offensichtlich nicht deutsch ist, dann ist die Wohnung plötzlich nicht mehr frei.

In der Zeitung stand: „Einzimmerwohnung". Ich rief an. Diesmal fragte der Mann in der Leitung nicht nach meiner Nationalität oder danach, wo ich arbeite. Morgen früh um zehn Uhr könnte ich die Wohnung besichtigen. Er treffe mich vor dem Haus, Birkenstraße 56.

Auf den Stadtplan brauche ich gar nicht zu gucken. Durch die Birkenstraße war ich gelaufen, als ich ein paar Tage zuvor eine Wohnung in der Stendaler Straße besichtigt hatte. Als ich zu der Besichtigung kam, waren schon zwei Dutzend Menschen da. Wir sahen uns die Wohnung an, aber als der Vermieter nach den Lohnstreifen fragte, war ich gegangen.

Nun fahre ich ohne besondere Hoffnung wieder nach Moabit. Wie viele andere werden vor dem Haus warten?

Vor dem Haus steht aber nur ein Mann, und zwar der, mit dem ich am Telefon gesprochen habe. Er frage nach meinem Namen und sieht in seinem Notizbuch nach. Er sagt, es sollten noch zwei weitere kommen. Er raucht mit zackigen Bewegungen, die aber eher den Eindruck von Unsicherheit als von Selbstbewusstsein machen. Mit einem großen Taschentuch wischt er sich den Schweiß von seiner Glatze. Dabei ist es gar nicht warm. Er schaut auf seine Uhr. Nach ein paar Minuten schlägt er vor, hoch zu gehen.

Die Wohnung liegt im ersten Stock. Der Herr schließt mit Mühe eine seltsame Stahltür auf. Er muss an der Tür ziehen und gleichzeitig den Schlüssel drehen. Dahinter ist zu meiner Überraschung eine zweite Tür, eine normale aus Holz. Sie ist mit zwei Schlössern gesichert.

Als er auch die zweite Tür aufgeschlossen hat, bittet er mich, in die „Wohnung" einzutreten. Aber eine Wohnung ist dieser Raum nicht, und das sage ich auch.

„Da sind ein Waschbecken, ein Gaskocher und ein Heizofen. Das ist also eine Wohnung."

Nein, es ist keine Wohnung, sondern eine Rumpelkammer. Überall liegen alte Zeitschriften in Stapeln, schmierige Autoersatzteile, leere Pappkartons und sogar eine hellblaue Babybadewanne. Ich frage, was es kosten sollte. Neunzig Mark, sagt er, aber nur wenn die Besitzerin keine Einwände macht. Gegen mich oder gegen diese sogenannte Wohnung, frage ich.

Ich weiß, dass mir nichts anderes übrigblieb und sage ja. Er gibt mir die Telefonnummer der Besitzerin, die ich am Abend anrufen soll, und schlägt vor, uns am folgenden Tag zur gleichen Zeit hier zu treffen, um den Mietvertrag zu unterschreiben und den Schlüssel zu übergeben.

Als ich die Besitzerin anrufe, fragt sie, wo ich arbeite. Ich erzähle ihr, dass ich bei den amerikanischen Streitkräften beschäftigt bin. Sie gibt sich damit zufrieden. Dann frage sie, ob ich bereit sei die Wohnung im gegenwärtigen Zustand zu übernehmen? Ob ich über die Toilette Bescheid wüsste? Nach der Toilette hatte ich überhaupt vergessen zu fragen, bin aber davon ausgegangen, dass sie, wie in Altbauten üblich, eine halbe Treppe tiefer liegt. Es gibt keine, sagt sie. Sie erklärt mir, ich müsse eine Toilette mit zwei anderen Mietparteien im Seitenflügel teilen. Dafür würde ich einen eigenen Schlüssel erhalten. Was soll ich sagen?

Am nächsten Tag schließe ich die Tür zu meiner „Wohnung" hinter mir. Zunächst schaue ich das Zimmer genauer an. Der Fußboden ist mit grauem Linoleum gedeckt, der stark verdreckt ist. Auf dem Linoleum liegt ein Stück Teppich. Das eine Ende davon ist breiter als das andere und alle Ränder fransen aus. Rechts neben der Tür ist ein Waschbecken. Aus der Leitung kommt kaltes Wasser. Daneben steht der Schrank. Ich mache ihn auf. Es fehlen Regale und sogar eine Stange, um etwas aufzuhängen. Es ist nicht möglich, die Tür richtig zuzuschließen, denn der ganze Schrank steht schief. Zwischen dem Schrank und dem Fenster steht eine Liege, bezogen mit einem rot-grün karierten Stoff. Ich ziehe den Kasten darunter heraus, verblüfft, wie schwer er ist. Neben mindestens 50 Ausgaben von *Das Beste aus Reader's Digest*, Autozeitschriften und alten Zeitungen sind einige Kisten voll alter Zündkerzen. Auch liegen zwei schmierige Vergaser darin und überall alte Schrauben, Federn und kleine Autoteile, die mir völlig unbekannt sind. Ich schiebe den Kasten wieder rein.

Der Liege gegenüber befindet sich ein niedriger Tisch, darauf eine blaue Babybadewanne. Ich versuche, den Hebel zu drehen, um den Tisch hochzuschrauben. Es geht nicht. Damit fällt er als Schreibtisch aus. Neben dem Tisch ist ein Stuhl mit Beinen aus Aluminium, der Sitz mit blauem Plastik überzogen. Vorne, wo ein Stück des Bezugs abgerissen ist, guckt Schaumgummi heraus.

Ich stecke den Stecker vom Kühlschrank in die Steckdose. Der funktioniert wenigstens. Der Gaskocher steht auf einem kleinen weißlackierten Metalltisch zwischen dem Kühlschrank und dem Kachelofen. Er ist gelb von Fett. Ich will ihn ausprobieren, finde aber keine Streichhölzer. Ein Eimer neben dem Ofen ist voll Asche. Ich mache die Ofenklappe auf. Auch der Ofen ist voll Asche. Ich drücke auf den Lichtschalter. Es passiert nichts.

Ich setze mich auf den Stuhl. Er wackelt, eine Schraube fehlt in einem Bein. Das Fenster ist derart verdreckt, dass kaum Licht durchdringt. Ich sitze auf dem kaputten Stuhl und werde von Schwermut überfallen. Wie eine Zelle, muss ich denken, wie eine Zelle. Ich denke an Christiane. So nah ist sie und doch unerreichbar.

Ich raffe mich aber hoch. Der Mist muss aufgeräumt werden. Zuerst muss ich ein paar Sachen holen. Bloß wo? Ich kenne die Gegend nicht. Mir fällt der Toilettenschlüssel ein. Ich muss noch mit dem Nachbarn sprechen. Bei der Übergabe des Wohnungsschlüssels habe ich erfahren, dass ich einen Toilettenschlüssel nachmachen lassen müsse. Mein Vorgänger sei mit ihm verschwunden.

Ich verlasse das Zimmer, gehe die Treppe runter, durch das Vorderhaus, über den Hof, in den Seitenflügel, eine halbe Treppe hoch und klingele. Eine Frau um die Vierzig macht auf. Ich erkläre ihr, wer ich bin und worum es geht. Sie versteht kein Wort. Sie kann kein Deutsch. Ich hole meinen Zimmerschlüssel hervor und zeige auf die Toilettentür. Sie nickt und weiß offensichtlich Bescheid. Sie schließt die Tür auf und durch Handzeichen verstehe ich, dass ich die Tür solange auflassen soll. Als sie mir den Schlüssel in die Hand drückt, sagt sie, „Bremer Straße, Schlüssel". Sicher meint sie, dass ich in der Bremer Straße einen Schlüssel nachmachen lassen kann. Ich bedanke mich, aber sie schüttelt nur den Kopf. Sie hält meine Hand, damit ich sie anschauen muss. Sie will noch was sagen. „Morgen — ich reise – Schlüssel Briefkasten – ja?" Ich nicke.

In der Bremer Straße finde ich tatsächlich einen Schlüsseldienst. Morgen ist der neue Schlüssel fertig. Ich frage nach einem Kaufhaus in der Nähe und mir wird der Weg zu Hertie in der Turmstraße beschrieben.

Bei Hertie kaufe ich das Allernotwendigste: eine Glühbirne, eine kleine Bratpfanne, einen Kochtopf, Streichhölzer, einen Teller, eine Tasse, einen Löffel, ein Messer, eine Gabel, Reis, Saft, Allzweckreiniger, Scheuermittel, einen Besen, einige Schwämme.

Zurück in meinem Zimmer mache ich mich an die Arbeit. Ich repariere den Stuhl mit einer der verrosteten Schrauben, die sich in dem Kasten befinden. Ich stelle den Kaffeetisch unter die Deckenlampe, stelle darauf den Stuhl und klettere hoch. Auf Zehenspitzen kann ich die Glühbirne gerade noch herausschrauben und durch eine Neue ersetzen. Und es wird Licht.

Ich lasse Wasser in den Kochtopf laufen, tue einen Reisbeutel hinein und stelle ihn auf den Kocher. Mit einem Streichholz zünde ich das Gas an. Dann trage ich den Ascheimer hinunter. Als ich hochkomme, treffe ich im Treppenhaus einen über einen Stock gebückten alten Mann. Er schaut mich ängstlich an, reagiert aber nicht als ich „Guten Tag" sagte.

Bis das Wasser kocht, fülle ich den Eimer mit Asche aus dem Ofen, die Babybadewanne mit Gerümpel und gehe nochmal zu den Mülltonnen auf dem Hof. Als ich fertig bin, habe ich vier der zehn Tonnen gefüllt. Mit dem warmen Wasser muss ich das Waschbecken, die Wand um das Waschbecken, die Seite des Kühlschranks neben dem Gaskocher, welche mit einer dicken Schicht Fett verdreckt ist, sowie den Kocher selbst schrubben. Mit meinem Taschenmesser schneide ich die Fransen vom Teppich ab und drehe ihn um, klopfe ihn mit dem Besen und trampele mit den Füßen darauf herum, um zumindest einen Teil des Drecks herauszukriegen. Nachdem ich den Teppich zusammengerollt habe, fege ich aus. Unter dem Kaffeetisch sind Glassplitter. Bevor ich für diesen Tag aufgebe, leere ich noch den Kasten unter der Liege.
Es ist schon dunkel, als der Reis kocht.

8.

Das Gebäude Neustädtische Kirchstraße 4/5, in dem sich die Botschaft der Vereinigten Staaten von Amerika zu der DDR befindet, ist einer der klotzigen Bauten aus dem "zweiten Reich", als Deutschland nach Weltgeltung strebte. 1977 wurde es Sitz der Botschaft der USA.

Auf der anderen Straßenseite stand früher, und zwar über 250 Jahre, die Dorotheenstädtische Kirche. Im Kriege wurde sie von Bomben getroffen und die Ruine wurde später abgetragen. Der Botschaft gegenüber befand sich damals ein schattiger zweigeteilter Parkplatz. Auf dem einen Teil stehen Autos mit Kennzeichen von Diplomaten, auf dem anderen Teil stehen DDR-Autos.

Vor der Botschaft patrouillieren stets zwei Volkspolizisten. Sie schauen mich an, als ich durch die Tür gehe. Ich sage beim Empfang, ich hätte gern den Konsul gesprochen.

In der Konsularabteilung, hinter Sicherheitsglas, steht ein junger Deutscher. Er fragt nach meinem Namen und in welcher Angelegenheit ich den Konsul sprechen möchte. Ich sage, es ginge um die Eheschließung mit einer DDR-Bürgerin. Er bittet mich zu warten.

Ich setze mich auf ein Sofa. An den Wänden sind große Fotos von amerikanischen Landschaften. Auf dem Tisch liegen Zeitungen und Zeitschriften aus den USA und auch der **Tagesspiegel** aus West-Berlin.

Nach kurzer Zeit kommt der Konsul heraus und bittet mich in sein Büro. Er entschuldigt sich, weil die Gardinen abgenommen wurden und zeigte auf den Polizisten, der direkt vor dem Fenster steht: „Er ist neugierig"

Er fragt, was er für mich tun könne und ich erkläre ihm unsere Situation. Mit einer freundlichen Sachlichkeit fragt er, ob Christiane schon einen Antrag auf Eheschließung mit einem Ausländer gestellt hätte. Ich erkläre ihm, dass sie das noch nicht gemacht hat und dass ich den Eindruck habe, sie hätte große Angst davor.

Der Konsul sagt, Christiane sollte unbedingt zu ihm kommen. Er könne ihr erklären, was sie zu erwarten hätte. Seiner Erfahrung nach könnten wir aber mit Erfolg rechnen.

Wie lange das in der Regel dauert, möchte ich wissen, aber er meinte, eine Regel gibt es nicht. Seiner Erfahrung nach könnte es von einem Dreivierteljahr bis zu zwei Jahre dauern und das scheint ihm Methode zu sein. Die Erfolgschancen seien aber gut, versicherte er noch einmal. Er empfiehlt uns, mit ihm in Kontakt zu bleiben. Das bliebe nicht unbemerkt und trage dazu bei, die Behörden von der Ernsthaftigkeit unserer Bemühungen zu überzeugen. Der Konsul spricht ruhig und überzeugend.

Das hört sich ermutigend an, aber ich sage ihm, dass meine Freundin den Wunsch geäußert hat, dass ich in die DDR einwandere. Diese Möglichkeit muss ich ernsthaft prüfen und ich frage, was mich in einem solchen Fall erwarten würde.

Der Konsul sieht mich ernst, aber nicht ablehnend an. Er, der sich die ganze Zeit entspannt zurückgelehnt hatte, legt seine Hände zusammen und die Ellbogen auf die Schenkel. Die Gefühle meiner Verlobten seien ganz und gar verständlich.

Für einen Moment wendet er seine Augen ab, und dann blickt er mir in die Augen. Für meine Verlobte wäre es nicht einfach, ihre Heimat zu verlassen, aber er könne mir nur raten, nicht in die DDR zu ziehen. Am Anfang würde der Staat mich durchaus zuvorkommend behandeln und mir eine Arbeitsstelle zuweisen. Auf seine Frage hin, sage ich ihm, dass ich Germanistik studiert habe. Nun meint er, in dem Beruf würde ich sicherlich arbeiten können. Ein paar Jahre würden sie mich in Ruhe lassen. Doch mit Sicherheit käme der Tag, an dem sie an mich herantreten und von mir verlangen würden, für die DDR in einem ganz anderen Sinne zu arbeiten.

Ich nicke. Ich begreife schon, was er meint. Wenn ich ehrlich bin, habe ich gehofft, genau so etwas zu hören. Vielleicht bin ich nur gekommen, um solche Argumente einzuholen. Mein Gewissen gibt allerdings keine Ruhe

Ich bedanke mich für seinen Rat und stehe auf. Er begleitet mich zur Tür, gibt mir die Hand und wünscht mir alles Gute.

Ich gehe in Richtung Unter den Linden, will bis zum Alexanderplatz laufen, um über die Unterhaltung nachzudenken, bevor ich zu Christiane fahre. Ich biege links in die Straße Unter den Linden ein. Der Gehweg ist voll mit Menschen. Plötzlich versperrt mir ein Volkspolizist den Weg.

„Guten Tag. Ihren Ausweis bitte."

„Warum wollen Sie meinen Ausweis sehen?"

„Ihren Ausweis bitte!"

Die erste Aufforderung hatte einigermaßen höflich geklungen, die zweite nicht.

„Ich hätte gern vorher gewusst, warum Sie meinen Ausweis sehen wollen."

„Sie sind dazu verpflichtet, nach Aufforderung Ihren Ausweis vorzuzeigen."

„Das mag sein, aber Sie könnten so höflich sein und mir sagen, worum es geht."

Er tritt einen Schritt näher, und sein Gesicht ist nur ein paar Zentimeter von meinem entfernt. Sein Kollege kommt aus einem Aluminiumkasten, von denen es viele in der Ost-Berliner Innenstadt gibt, heraus. Einige Passanten schauen die

Szene im Vorbeigehen an. Keiner hält an. Der Polizist verlangt erneut meinen Ausweis.

Während ich meinen Pass aus der Tasche ziehe, frage ich, ist es, weil ich in der amerikanischen Botschaft gewesen bin?

Er behauptet, davon nichts zu wissen. Es sei eine Routinekontrolle.

Er studiert meinen Pass. „Sie sind also USA-Bürger?"

„Ich bin Amerikaner."

Er liest meinen Namen laut vor und fragt nach der Aussprache. Dann buchstabiert er meinen Namen.

„Geboren am 22.2.52 in Missouri, USA. Gut, Herr Shreve, Sie können weitergehen." Er gibt mir meinen Pass und grüßt militärisch.

9.

Da die Arbeit im Krankenhaus um sechs Uhr beginnt, muss ich schon um halb fünf aufstehen. Wenn ich morgens am Bahnhof Birkenstraße in die U-Bahn steige, bekomme ich selten einen Sitzplatz. Kurz vor fünf liest kaum einer die Zeitung. So früh machen die meisten Zeitungskioske gar nicht auf. Man starrt stumm vor sich hin. Nicht wenige halten die Augen zu. So gut wie nie hört man eine menschliche Stimme, nur die Türen, wenn sie aufgerissen werden oder sich automatisch schließen und die rollenden Räder.

Ich fahre bis U-Bahnhof Spichernstraße, steige dort in die Linie 2 um und fahre weiter bis Dahlem Dorf. Der zehnminutige Fußweg zum Krankenhaus führt an den Dahlemer Museen vorbei, wo ich auf dem Gehweg, neben einer mit dichten Büschen bepflanzten Grünanlage, oft Igel sehe. Die Fabeckstraße ist eine Straße mit alten Bäumen, großen Häusern und Universitätsinstituten. Das amerikanische Krankenhaus, ein moderner weißer Zweckbau mit einem riesigen Parkplatz im amerikanischen Stil davor, passt nicht gut in diese Straße.

Wie bei den meisten einfachen Arbeiten, gewöhne ich mich schnell an meine Aufgaben. Nach ein paar Tagen sind sie schon Routine. Den größten Teil meiner Zeit verbringe ich damit, den Gehweg vor dem Krankenhaus und dahinter, in der Kamillenstraße, zu fegen. Zweimal am Tag sollen sie gefegt werden, auch der Straßenrand. Wir machen die Arbeit zu viert: die beiden Jungen, auf die der Captain mich aufmerksam gemacht habe und ein anderer Amerikaner, der am gleichen Tag wie ich angefangen hat, ein ehemaliger Soldat aus Little Rock, Arkansas, der Clarence heißt.

Wenn man einen Gehweg so oft fegt, gibt es logischerweise nicht allzu viel zu fegen. Wir lassen uns Zeit. Die beiden Jungs arbeiten so gut wie gar nicht. Dafür reden sie ohne Unterbrechung: über Autos, Motorräder, Popmusik und Mädchen und alles, was sie mit ihnen machen wollen. Clarence lacht.

Gelegentlich kommt eine ältere Dame mit ihrem Pudel vorbei und macht uns Komplimente, wie ordentlich wir alles halten. Sobald sie die Grenze des Weges vor dem Krankenhaus überschreitet, lässt sie ihren Hund einen Haufen machen.

Eine andere wesentliche Aufgabe ist das Einsammeln aller Zigarettenkippen vom Parkplatz und auch das zweimal täglich. Die US-Armee liebt die Ordnung. Ansonsten tragen wir den Müll heraus, reinigen die Mülltonnen, wechselen Glühbirnen aus und einmal in der Woche – eine ausgesprochen angenehme Aufgabe – bringen wir frische Blumen auf alle Stationen des Krankenhauses. Die Blumen holen wir vom deutschen Gewächshaus, das auf dem Gelände hinter dem Krankenhaus liegt. Dort plaudern wir auf Englisch mit den Arbeitern und durften Birnen und Äpfel pflücken, so viele wir wollen. Ich verrate ihnen nie, dass ich Deutsch kann, und höre oft, wie sie sich über uns Amerikaner lustig machen.

Noch während der ersten Woche werden wir aufgefordert, uns im Hörsaal des Krankenhauses zu versammeln, wegen der Orientierung der neuen Mitarbeiter. Wir sitzen da, vielleicht dreißig Männer und Frauen, ich neben Clarence. Plötzlich geht die Tür auf. Ein Sergeant tritt in den Raum, steht stramm und brüllt: „Der Befehlshaber des US Army-Krankenhauses Berlin, Colonel White.“ Alle schießen von ihren Plätzen hoch, als ein kleiner Zahnarzt in Armeeuniform in den Saal marschiert kommt. Ich überlegte kurz, ob ich auch aufstehen soll, denke aber: Du bist gar nicht in der Armee. Ich sehe den Sergeant an, der mich anstarrt. Die anderen setzen sich.

Der Colonel begrüßt uns und erzählt irgendetwas von unserem Beitrag zu der „Mission“ der amerikanischen Streitkräfte in Berlin. Ich denke an die Hundescheiße auf dem Gehweg vor dem Krankenhaus.

Dann betritt der Sergeant das Rednerpult. Es ist seine Aufgabe, uns ein bisschen über die Stadt Berlin zu informieren: das Verkehrswesen, Reisen in den sowjetischen Sektor und ähnliches. Die meisten der neuen Mitarbeiter sind allerdings Putzkräfte, alle Türkinnen, die kein Wort Englisch verstehen.

Um uns über das Wesen des kommunistischen Regimes aufzuklären, erzählt er von einem besonders perfiden Trick des Ostens.

„Im Jahre 1963 besuchte der Präsident der Vereinigten Staaten von Amerika, John Fitzgerald Kennedy, die geteilte Stadt Berlin. Die Kommunisten im Osten ließen sich etwas Besonderes einfallen. Wenn Sie das Brandenburger Tor besichtigen, werden Sie sehen, dass oben auf dem Tor ein Wagen, gezogen von vier Pferden, zu sehen ist. Sie werden feststellen, dass die Pferde den Wagen Richtung Osten ziehen. Früher waren sie natürlich nach Westen gerichtet. Als die Kommunisten erfuhren, dass Präsident Kennedy nach Berlin kommt, haben sie die Pferde und den Wagen heruntergenommen und dann umgedreht damit der Präsident der Vereinigten Staaten von Amerika die Ärsche der Pferde anschauen musste.“ Die wenigen, die Englisch verstehen, lachen

Zum Schluss wünscht uns der Sergeant viel Erfolg bei unseren Aufgaben. Clarence fragt mich, wie man erfolgreich Gehwege fegen kann?

10

Unter den Bäumen in der Birkenstraße gibt es auch Birken. Dass Bäume überhaupt in dieser Straße wachsen, fällt mir erst mehrere Wochen nach meinem Einzug auf. Die Straße wirkt schmächtig und träge. Die donnernden Lastwagen, die die Straße als Abkürzung zwischen zwei Hauptverkehrsstraßen benutzen, quälen die Straße, statt sie zu beleben. Die Fassaden, die nicht längst geschliffen wurden, blättern ab. Hier ist nichts restauriert worden.

Ich wohne in der Birkenstraße 56. In der verblichenen gelben Fassade sind die Einschusslöcher vom letzten Krieg noch zu erkennen. Unter meinem Fenster befindet sich der Reifendienst Phoenix. Weil keine Garage vorhanden ist, müssen die Autos auf dem Gehweg fahren, direkt unter meinem Fenster. Tagein tagaus höre man das Zzzzzt des Luftdruckschraubenschlüssels und den Krach aus dem Radio unten, RIAS 2.

Der Hof, der durch einen Drahtzaun vom benachbarten Hof getrennt ist, ist betoniert. Da hängt ein Schild: Hier darf man Teppiche nicht klopfen und Kinder dürfen hier nicht spielen, auch nicht im Treppenhaus. Auf einem zweiten Schild heißt es: „Hunde sind an der Leine zu führen." Daran hält sich keiner. Und wenn ich mal nachts über den Hof zur Toilette gehe, höre ich aus den offenen Fenstern Musik aus Anatolien.

Im Haus Nummer 55 wird in dieser Zeit eine Imbissstube eröffnet. Vor Nummer 54 gibt es ein umzäuntes Kohlenlager. Graue und schwarze Bretter, die durch den gusseisernen Zaun geschoben worden sind, sollen die Bestände absichern. Der Laden des Kohlenhändlers befindet sich nebenan im Haus Nummer 53 und sieht so verkommen aus wie das ganze Haus. Ein alter Mann ohne Stimme arbeitet dort. Er trägt ein Sprechgerät bei sich. Hält er es an seinen Hals, kann man metallische Klänge wahrnehmen, die der deutschen Sprache ähneln. Im selben Haus gibt es eine türkische Kneipe und an der Ecke befindet sich Joe's Musik-Café. Gegenüber ist die Paech-Brotfabrik. Mache ich mich morgens auf den Weg zur

Arbeit, fahren die Lieferwagen aus der Garage heraus, die meinem Fenster direkt gegenüber liegt.

Das einzige Angenehme in dieser Straße ist der Hof der Heilig-Geist-Kirche an der Ecke Perleberger Straße. Hinter einem gusseisernen Zaun wirkt der Hof des roten Backsteinbaus altertümlich. Die Bäume, die hier am Straßenrand stehen, waren hochgewachsen, so dass der Hof stets im Schatten liegt. Ich schaue diesen Hof oft und lange an. Es sieht so aus als wäre er immer so gewesen.

Lehne ich mich abends aus dem Fenster meines Zimmers, höre ich vor allem die Autos, die durch unsere Straße rasen. Aber ich höre auch die spielenden Kinder. Eine ganze Meute spielt Fangen, Fußball oder fährt Fahrrad. Es sind keine deutschen, sondern ausschließlich türkische Kinder. Ich beobachte, wie die großen Kinder auf die kleinen aufpassen oder auch nicht.

Abends sind die Straßen in den überwiegend von Deutschen bewohnten Vierteln fast leer. Nur selten trifft man einen einsamen Spaziergänger. Unter meinem Fenster gibt es ein richtiges Straßenleben. Türkische Paare flanieren den Bürgersteig entlang, als wäre er eine Promenade. Auch Gruppen junger türkischer Männer stolzieren unter meinem Fenster und alle drehen die kleinen Ketten, die sie in den Händen tragen.

Kinder toben und Männer sitzen an runden Tischen vor der türkischen Kneipe. Überall, wo es eine Sitzgelegenheit gibt, sei es eine Bank oder eine niedrige Mauer, sitzen Gruppen von Türken. Die Frauen versammeln sich, meist mit ihren kleinen Kindern auf dem Arm oder in der Nähe, zum Stricken und zum Plaudern. Männer setzen sich zusammen um zu diskutieren, Zeitungen zu lesen, zu rauchen oder einfach beisammen zu sein. Die einzigen Deutschen, die ich abends auf der Straße sehe, gehen mit ihren Hunden spazieren. Einige andere lehnen sich aus den Fenstern, die Ellenbogen auf Kissen gestützt und beobachteten das Treiben von oben herab. Viele nimmt man nur durch das flimmernde Licht hinter den Gardinen wahr.

Da, wo die Birkenstraße die Perleberger Straße kreuzt, steht eine kleine Bibliothek, ein neuer Flachbau. Diese Bibliothek wird zur Erweiterung meines Zimmers. Wenn es mir zu eng wird, gehe ich dort hin. Ich lese Zeitungen und Kurzgeschichten. Manchmal sitze ich nur da und genieße die Ruhe. Dank der Isolierfenster ist hier der Straßenkrach ausgesperrt. Des Öfteren lese ich Bücher zur Geschichte Berlins und sehe mir die Bildbände an, in denen die Vergangenheit der Stadt festgehalten wird. Diese Bilder faszinieren mich. Vor mir auf dem Tisch liegt eine Stadt, die ich nicht kenne, die zwar gewisse Ähnlichkeiten mit dem neuen Berlin hat, aber nicht die gleiche Stadt ist. Das sind Bilder einer untergegangenen Stadt. Der Alexanderplatz, der Spittelmarkt und die alten Kopfbahnhöfe. Alles dahin. In einem Buch sind Bilder aus den 50er Jahren. Hier ist schon wieder eine andere Stadt, aber mit dieser Stadt kenne ich mich eher identifizieren. Ruinen in denen Bäume wachsen, brachliegende Flächen, wo einst Häuser standen, in denen Menschen gewohnt und gearbeitet hatten, Trümmerberge, all das gibt es noch, auch wenn die Ruinen immer weniger geworden und inzwischen recht verwittert sind.

Ich entdecke ein Buch zur Geschichte des Brandenburger Tores. Durch das Tor sind allerhand Leute marschiert: Napoleon, auch deutsche Kaiser, 1918 die zurückkehrenden Soldaten sowie die Truppen der Revolution, 1920 die Truppen der Konterrevolution, die Nationalsozialisten, später die Rotarmisten. Jetzt stand das Tor sinnlos herum, wie in einer Art innerer Emigration. Da fällt mir ein Bild auf, es zeigt das Brandenburger Tor im Jahre 1793. Dahinter ist der Tiergarten zu sehen. Ich sehe mir das Bild genau an. Die Pferde, die ziehen nicht zum Tiergarten hin, sondern gegen Osten. Ich blättere weiter und finde noch ein Bild vom Tor, ein Foto aus der Zeit der Revolution von 1918/1919. Einige Männer haben mit einem Maschinengewehr Stellung auf dem Brandenburger Tor bezogen und zwar neben einem der Räder des Wagens. Im Hintergrund ist der Reichstag zu sehen. Das heißt, die Pferde schauen auf den Pariser Platz. So ist es auch auf dem Foto, das ein paar Seiten weiter zu sehen ist. SA-Männer marschieren vom Westen nach Osten durch das Tor. Die Pferde ziehen den Wagen in dieselbe Richtung. Also stimmt das nicht, was der Sergeant zum Besuch von John Kennedy gesagt hat. Der hat gesponnen.

11

Christiane und ich essen immer in der Wohnstube. Es ist das angenehmste Zimmer in der Wohnung. Christiane hat es geschafft, die Wohnung selbst zu möblieren. In einer Betriebswohnung ist das sonst nicht gestattet. Es wird auch nicht gern gesehen, aber am Ende hat Christiane sich durchgesetzt. Die Wohnungen, die vom Betrieb gestellt werden, sind mit kalten, hässlichen Möbeln ausgestattet, die aussehen, als stammten sie aus einer Kaserne.

Mit einem geliehenen Barkas haben ihr Vater und ihr Bruder einen von ihnen selbst gebauten Schrank und einen dazu passenden Kaffeetisch nach Berlin gebracht. Christiane kaufte dazu ein Sofa und zwei Sessel und von irgendwoher hatte sie einen Teppich im Perserstil.

Die Betriebsmöbel wurden im Schlafzimmer abgestellt. Eigentlich mietet Christiane nur eins der drei Zimmer, wobei ein Zimmer ein „Durchgangszimmer" ist. Das heißt, ein Mieter müsste, um zum eigenen Zimmer zu gelangen, durch das Zimmer eines anderen Mieters gehen.

Zu der Zeit hat sie aber die ganze Wohnung für sich. Eine der beiden anderen Frauen ist zu ihrem Freund gezogen, bleibt aber hier polizeilich gemeldet. Christiane bezahlt die Miete für beide, insgesamt 40 Mark. Das dritte Zimmer ist vorübergehend leer. Die Frau, die es bis vor kurzem zusammen mit ihrem Pudel bewohnt hat, ist zur Geliebten ihres Chefs avanciert. Er hat ihr eine schönere Wohnung besorgt.

Wir essen also im Wohnzimmer. Zwar gibt es einen Tisch in der Küche, aber man hat sich an das Wohnzimmer gewöhnt. Erstens ist die Küche nicht beheizbar und fällt im Winter schon wegen der Temperatur aus. Und als die Pudelfrau — ja, die beiden haben ähnliche Frisuren — noch hier wohnte, war es ein Problem mit dem Waschen. Man muss sich im Stehen in der Küche waschen. Es gibt nämlich kein Bad. Das erfordert eine gewisse Planung. Um die Küche nicht zu lange zu belagern, ist Christiane auf den Kaffeetisch in der Wohnstube ausgewichen. Dabei ist es nicht bequem, an diesem Tisch zu essen. Er ist zu niedrig, das Sofa und die Sessel zu weich und man muss ständig aufpassen, dass man nichts verschmutzt.

Zum Abendbrot hat Christiane Stullen geschmiert, damit wir nicht alles hin und herschleppen müssen. Das Zimmer ist von zwei Kerzen beleuchtet. Ich habe eine aus dem Westen mitgebrachte Platte auf den neuen Plattenspieler gelegt, Arlo Guthrie, „Outlasting the Blues“

Es klingelt. Wir schauen einander fragend an. Christiane schaltet das Licht an, als sie hinausging.

Als sie wiederkommt, wird sie von einer alten Frau begleitet. Diese blickt mich skeptisch an. Ich erhebe mich und gebe ihr die Hand.

Christiane stellt mir ihre Nachbarin Frau Ebert vor, die in der ersten Etage wohnt. Die alte Dame merkt, dass wir gerade beim Essen sind und entschuldigt sich. Christiane fragt sie, was wir für sie tun können. Sie müsse zum „Zuckerdoktor“ und befürchte, ihre Werte seien zu hoch. Ob Christiane ein paar Zitronen hätte.

Christiane geht in die Küche und kommt mit drei Zitronen in einer Papiertüte zurück. Sie legt sie vor Frau Ebert auf den Tisch. Die alte Frau nimmt sie heraus. „Die sind aber klein. Na ja.“

Frau Ebert schaut mich neugierig an. Ich frage sie, wie lange sie in dem Hause wohne.

Seitdem sie von den Amerikanern ausgebombt wurden, sagt sie. Christiane fragt, wo sie früher gewohnt hatte. In der Alexandrinenstraße. „Viele Nächte und auch viele Tage saßen wir im Luftschutzkeller und dann eines Tages traf es unser Haus. Alles hin, alles hin. Wir konnten nichts retten.“ Sie schüttelt den Kopf und schaut zu Boden. „Seit dreißig Jahren wohne ich alleine. Erst starb mein Sohn und dann mein Mann. Alle tot, alle tot." Sie schüttelt den Kopf. Dann sieht sie mich an und will wissen, wo ich wohne, und ich sage, in Moabit.

„Im Westen?" Sie fragt Christiane wie sie mich kennengelernt hat. Christiane erzählt es ihr.

„Aus West-Berlin", stellt Frau Ebert erneut fest. Nun wolle sie nicht weiter stören, und sie erhebt sich und wendet sich zur Tür. Ich stehe auf und reiche ihr die Zitronen nach, die sie völlig vergessen hatte.

Christiane kommt wieder und setzt sich mir gegenüber. Frau Ebert sei wohl neugierig gewesen. Sonst sei sie zu dieser Zeit längst im Bett. Sie habe mich vom Fenster aus gesehen und wollte endlich wissen, wer ich sei.

Frau Frieda Ebert wird ein Teil unseres Lebens. Sie war so alt wie das Jahrhundert, hatte zwei Weltkriege überlebt und in vier politischen Systemen gelebt. Ihre einzige „Familie" war ihre „Schwiegertochter", eine Frau, die mit ihrem Sohn verlobt gewesen war.

Gegen halb elf sagt mir Christiane, dass ich gehen muss. Sie fragt, wann ich zu Hause bin. Zwischen halb zwölf und zwölf. Und dann muss ich um halb fünf aufstehen. Christiane meint, ich werde ganz schön fertig sein.

Ich wollte sagen: Kannst du dich nicht bald entscheiden mit der Ausreise, aber ich schwieg. Sie kam mir zuvor. Ja, sie wisse, dass sie sich bald entscheiden müsse, wie es weitergeht mit uns. Ich küsste sie und machte mich auf den Weg zum S-Bahnhof.

12

Wir gehen durch den Fußgängertunnel unter der Elsenstraße auf das Hauptgebäude zu. Dort soll das Fest stattfinden. Hier hatte Christiane ihr Arbeitsleben begonnen und ihre ersten Erfahrungen mit der Planwirtschaft der DDR gemacht. Was sie mir erzählt, führt dazu, dass ich mich über die Mängel im

Arbeiter- und Bauernstaat nicht wundere. Natürlich wird gearbeitet und wie den meisten Menschen, fällt es ihr zunächst schwer, acht Stunden an einer Stelle still zu sitzen. Aber mit der Arbeitsmoral nimmt man es offensichtlich nicht so genau. Es geht alles seinen sozialistischen Gang. Auf Grund der schwierigen Versorgungslage ist es gang und gebe, dass Frauen während der Arbeitszeit kurz oder länger den Betrieb verlassen, wenn es z.B. etwas beim Fleischer gibt. Jeder hat dafür Verständnis. Christiane erzählt, wie sie, wenn es Anlass zu feiern gibt – und den scheint es recht oft zu geben – vom Gelände geschickt wird, um Schnaps zu holen. Auf dem Betriebsgelände sind alkoholische Getränke verboten, aber sie werden regelmäßig hineingeschmuggelt. Christiane sieht unschuldig aus und wird daher am Tor nicht kontrolliert.

Christiane entdeckt auch bald die wahre Natur der Planwirtschaft. Wenn die Ergebnisse der Produktion nach oben gegeben werden, werden sie geändert. Im Bericht sind die Zahlen stets besser als die Wirklichkeit. Als sie auf die falschen Zahlen aufmerksam macht, wird sie ermahnt. Sie erzählt auch über die Widersprüche im Betrieb. Am Ende eines „hochmodernen" Produktionsbandes werden die fertigen Waren von Frauen mit Schubkarren abtransportiert. Kollegen, die Betriebe des NSW (Nicht-Sozialistischen Wirtschaftsgebiet) besuchen dürfen, stellen immer wieder fest, wie rückständig die DDR-Produkte sind. Japanische Schaltanlagen kann man in der Hand halten, die aus der DDR-Produktion sind so groß wie Kühlschränke. Dann gibt es das Problem mit der Zahlungsmoral „der Freunde", also der Sowjetunion. Sowjetische Betriebe neigen dazu, die ihnen gestellten Rechnungen gar nicht zu bezahlen. Wenn die Zahlung angemahnt wird, wird gefragt, wer den Krieg gewonnen habe.

Inzwischen hat Christiane die Abteilung gewechselt. Sie sitzt in einer der Baracken auf der anderen Seite der Spree. Man kann sie von der S-Bahn aus sehen. Es sind baufällige, windschiefe Bauten, die man beim Wiederaufbau des im Krieg zerstörten Bahnhofs Ostkreuz für die Arbeiter gebaut hatte. In der kalten Jahreszeit klagt Christiane ständig über die Kälte in den kaum zu beheizenden Räumen. Sie hält ihre Füße den ganzen Tag in Heizpantoffeln.

Wir gehen auf das Tor des Hauptgebäudes der Elektro-Apparate-Werke Treptow zu. Christiane erklärt mir, dass ich das Gebäude überhaupt nicht betreten dürfte, „theoretisch". darfst du überhaupt nicht hier rein", sagt Christiane.

Ich frage, wieso nicht, und sie erklärt, weil ich dort nicht arbeite, aber vor allem, weil ich Ausländer sei. Ich könnte irgendwelche Geheimnisse ausspionieren, zum Beispiel wie völlig überaltert die Technik sei.

Ich halte sie am Arm fest. „Wenn ich nicht hineindarf, was machen wir dann hier?"

Sie geht weiter. „Ich sagte, theoretisch." Bei einem „Kulturabend" würde es sicherlich keine Kontrolle geben. „Und wenn schon, dann gehst du einfach locker vorbei." Es gibt keine Kontrolle.

Wir betreten einen noblen, mit Holz getäfelten Fahrstuhl, wohl aus der Zeit, als der Betrieb der AEG gehörte und bevor er in „Stalinwerke" umgetauft wurde. Es gibt sogar einen Fahrstuhlführer, der sagt, es sei seine letzte Fahrt heute. Die anderen Gäste würden wohl zum Kultursaal hochlaufen müssen. Mir fällt auf, wie verdreckt dieser edle Fahrstuhl ist.

Wir geben unsere Jacken bei der Garderobe ab und suchen einen Platz. Um eine offene Fläche herum sind einfache Tische mit weißen Tischdecken und je vier Stühle arrangiert. Sogleich treffen wir eine Kollegin von Christiane; sie führt uns zu ihrem Tisch. Die beiden Damen unterhalten sich. Die Kollegin erzählt, sie habe sich gerade von ihrem Freund getrennt. Sie ist geschieden und sie beklagt sich, wie schwer es sei, einen netten Freund zu finden. Entweder wollen die Männer nur eins oder sie sind nett, aber sie mag sie nicht. Christiane fragt, ob sie es mit einer Anzeige probiert hätte.

Hat sie schon längst, aber das sei nichts für sie. Man trifft sich damit einem wildfremden Menschen, und keiner weiß so recht, was er sagen soll. Es sei irgendwie verkrampft, oder der Herr rede ununterbrochen auf einen ein, weil er entweder unsicher sei oder eingebildet. „Diese Tour“ habe sie satt.

Sie schüttelt den Kopf und schaut über die Schulter. Nervös, dachte ich.

Von einem jungen Mann werden alle im Saal gebeten, sich in einen kleinen, durch eine Gardine abgetrennten Raum zu begeben. Dort sind Stühle in Reihen aufgestellt. Mit viel Gepolter und Lachen nehmen wir Platz. Der gleiche junge Mann, der uns herüber gebeten hatte und uns durch den Abend „begleiten“ soll, wie er sagt, stellt sich auf eine kleine Bühne und mit einer weißen Karte in der Hand heißt er uns alle zu diesem Kulturabend der Elektro-Apparate-Werke Treptow willkommen. Er wünscht uns viel Vergnügen. Dann schaut er auf seine Karte und erzählt uns, was uns bevorsteht. Nachdem Kurt Demmler, der auf einem Stuhl hinter ihm sitzt, uns mit seinen Liedern unterhalten hat, werde Herr Kaum vom Fernsehen der DDR einige Geheimnisse seines Berufes lüften. „Dann können wir zum gemütlichen Teil des Abends übergehen. Aber zuerst Kurt Demmler.“

Der Sänger nimmt den Platz des Ansagers ein. Er steht da mit Gitarre, aber ohne Mikrofon. Hat er auch nicht nötig. Seine tiefe, laute Stimme drängt in jede Ecke des Raumes, als er seine Lieder über den DDR-Alltag singt, satirische Lieder, sentimentale Lieder. Mit seinen Liedern kann sich jeder dort, außer mir, identifizieren. Er sieht so bieder aus, mit Polohemd und Brille und Bart. Er singt über die „Feten aus dem ersten Semester, von Rotweintrinken aus Zahnputzbechern und ‚leichter‘ Liebe in Doppelstockbetten“. So war es doch, höre ich jemanden sagen. Und dann singt er ein Lied über FKK, wie die Männer darauf scharf seien, die Ehefrauen der Freunde nackt zu sehen. Man lacht. Eine Zugabe wird verlangt und gegeben, und dann kehren wir zu unseren Tischen zurück.

Wir dürfen dann den angekündigten Mitarbeiter des Fernsehens der DDR erleben. Sein Gebiet ist „*special effects*“. Wenn einer erschossen werden muss, musste Blut fließen, war er der Mann. Er rief Zuschauer auf und sie wurden zu

Versuchskaninchen. Er auf mich, den Amerikaner, der gar nicht hier sein durfte. Christiane sieht mich entsetzt an. Ich stehe auf und gehe zu ihm.

Ob ich bereit sei mitzumachen? „Klar." Darauf bindet er ein Ding aus Lederriemen und Plastik um meinen Oberkörper. Er stellt sich etwa fünf Meter von mir entfernt hin und schießt mit Pfeil und Bogen auf mich. Das Publikum klatscht. Mir wird das Ding abgebunden, ich verbeuge mich vor dem Publikum und es wird wieder geklatscht.

Nach diesen Darbietungen beginnt der „gemütliche Teil des Abends": es wird gesoffen. Wir tanzen, und auch die Kollegin wird aufgefordert.

An solchen Abenden, meint die Kollegin, kommen die meisten lieber ohne Ehepartner. Sobald sie genug getrunken haben, wird angefasst und herumgeschmust und dann wollen sie mit dir nach Hause gehen. Am nächsten Tag wollen sie dann von der Sache nichts mehr wissen.

Wir erleben den größten Teil des „gemütlichen Teils" des Abends nicht mehr. Meine Zeit läuft ab, und ich muss über die Grenze. Am S-Bahnhof Treptower Park müssen Christiane und ich in entgegen gesetzte Richtungen fahren. Christiane steht auf einem Bahnsteig, ich auf dem anderen. Ihr Zug kommt zuerst.

13

Es ist ein Donnerstag, kurz vor Feierabend. Die Sekretärin sagt mir, der Major will mich sprechen. Er ist der direkte Vorgesetzte des baseballspielenden Captains. Ich ahne nicht, dass meine ohnehin komplizierte Situation schlagartig erst recht kompliziert werden soll. Als ich sein Büro betrete, erhebt er sich und bittet mich, Platz zu nehmen. Ich denke, es hat mit der Tatsache zu tun, dass am darauffolgenden Tag meine Probezeit zu Ende geht. Der Captain hat schon angedeutet, dass ich, sobald meine Probezeit zu Ende ist, möglicherweise eine besser bezahlte Aufgabe übernehmen könnte. Sicher geht es darum, denke ich. Ich bemerke dann den ernsten Blick des Majors – dabei sieht er mich nicht direkt an – und ahne plötzlich, es muss um etwas anderes gehen.

Er erzählt mir, er sollte es mir nicht sagen, aber er will fair sein. Ich werde am folgenden Tag fristlos entlassen. Mr. Morris von der Civilian Personnel Division wird mich zu sich bitten. Er könne mir nicht Genaueres sagen. Ich denke an Christiane und spüre, wie diese Wende unsere Situation bedroht.

Ich frage warum. Schließlich sei ich mehrmals gelobt worden, weil ich meine Arbeit so gut mache. Der Captain habe mir sogar eine bessere Arbeit in Aussicht gestellt. Der Major schweigt einen Moment, als dächte er nach. Ich müsse Verständnis haben, dass er mir die Gründe nicht nennen darf.

Ich frage, ob er die Gründe kennt. Er atmet tief durch und nickt. Hinter ihm hängt die amerikanische Fahne. Es geht nicht um die Qualität meiner Arbeit. Weil ich gut arbeite, findet er es unfair, dass ich es morgen unvorbereitet erfahren soll. Er bittet um Vertraulichkeit.

„Wenn Sie die Gründe kennen, dann können Sie mir doch sagen, worum es geht." Es fallen mir die Orden an seiner Brust auf. Den Silbernen Stern hat er. Also war er in Vietnam gewesen. Ich bitte ihn erneut zu sagen, worum es geht. Ich werde es morgen von Mr. Morris erfahren. Warum soll ich es erst morgen erfahren? Er wisse es doch. Er legt seine Hände ineinander, holt Luft und bittet um Vertraulichkeit. Selbstverständlich. Seit längerer Zeit werde ich von der Sicherheit untersucht.

Da ist es. Also geht es um Christiane, um die Tatsache, dass ich so oft nach Ost-Berlin fahre. Etwas anderes kann es gar nicht sein.

Ich nicke. Er nickt. Ich stehe auf. Der Major springt auf.

„Es tut mir leid." Das sagt er. Vielleicht meint er es auch ehrlich. Vielleicht nicht. Er bittet noch mal um Vertraulichkeit.

Ich fahre nicht direkt nach Hause, sondern steige am Kurfürstendamm aus und wandere hoch und runter. Es scheint mir unmöglich, dass morgen mein letzter Tag im Krankenhaus sein soll. Was dann? Wie soll ich es Christiane mitteilen? Da fällt es mir ein, dass ich sie, anders als sonst, nicht vom Krankenhaus aus angerufen habe. Ich halte schnell einen Passanten an und frage, wie spät es ist. „Siebzehn Uhr fünf." Zu spät. Sie ist nicht mehr bei der Arbeit. Vielleicht ist es besser so. Ich hätte mich verstellen müssen. Am nächsten Tag will ich ohnehin hinüberfahren.

14

Am Freitag fahre ich wie gewohnt zur Arbeit. Als ich dabei bin, mit einem dicken Wasserschlauch um die Mülltonnen herum sauberzumachen, kommt eine der Sekretärinnen und teilt mir mit, ich werde bei der Civilian Personnel Division erwartet. Ich darf gleich zu ihm fahren.

Ich nehme mir Zeit und gehe langsam die Fabeckstraße hoch. Das letzte Mal? Heute wäre der letzte Tag meiner Probezeit gewesen. Ginge ich einfach nicht hin? Ob ich meine Entlassung dann wegen des Kündigungsschutzes anfechten könnte? Sinnlos. Ich weiß es. Mit der U-Bahn fahre ich zwei Stationen, bis Oskar-Helene-Heim.

Ich melde mich bei der Civilian Personnel Division. Sogleich kommt Mr. Morris und er kommt sofort zu Sache und teilt mir mit, ich sei fristlos entlassen und zwar aus dem Grund, dass ich eine Freundin in Ost-Berlin habe und häufig dahinfahre.

„Na und?"

Er begreift nicht, was ich meine. Ich frage ihn, was es ihn oder sonst jemanden angehe, wo meine Freundin wohnt und wie oft ich sie besuche.

Die Tatsache, dass ich eine Freundin in Ost-Berlin habe, sei nicht mit einer Beschäftigung bei den Streitkräften der Vereinigten Staaten zu vereinbaren.

Ich gebe zu bedenken, dass ich auf dem Bewerbungsformular zugegeben hatte, dass ich eine Freundin in Ost-Berlin habe. Warum wurde ich überhaupt eingestellt und könnte ich nicht eine Beschwerde einlegen?

Die Sache scheint ihm unangenehm zu sein. Ja, eine Beschwerde kann ich einlegen, aber, weil er weiß wie schwer es sei, Arbeit zu finden, mache er mir den

Vorschlag, dass ich selber kündige. Dann könnte ich noch einen Monat weiterarbeiten, während ich eine andere Arbeit suche. Ich frage ihn, wie das gehen solle, wenn ich den ganzen Tag arbeite. Nun, er könnte es veranlassen, dass ich freigestellt werde. Bezahlt? Ja.

Die Sache ist mir nicht koscher. Wenn ich wegen meiner Freundin so gefährlich sein soll, warum haben sie mich überhaupt eingestellt und wie könne er es verantworten, mich weiterarbeiten zu lassen. Irgendwas an der Geschichte ist faul.

Dazu könne er nichts sagen. Ich frage, wer mir das sagen könnte. Höchstens die Leute von der Sicherheit, aber ob sie Zeit für mich hätten, könne auch er nicht sagen. Er könne anrufen und fragen. Ich bitte ihn darum. Er nickt.

Bevor er geht, gibt er mir einen Kugelschreiber und ein Stück Papier, damit ich meine Kündigung schreiben kann.

Ich willige ein und schrieb:

„Hiermit kündige ich meine Stelle am US Armee Krankenhaus Berlin. Diese Kündigung geschieht nicht freiwillig und trotz meines Protestes. Falls meine Beschwerde in dieser Angelegenheit Erfolg haben sollte, wird diese Kündigung gegenstandslos."

Als Mr. Morris zurückkommt, sagt er mir, er könnte mich zu einem Mr. Taft führen, der mir erklären wird, warum ich entlassen werden soll. Ich gebe ihm meine Kündigung, die er liest. Glücklich scheint er nicht darüber zu sein, erklärt sich aber bereit, sie so anzunehmen. Der Name dieses Mannes ist erfunden, da ich seinen richtigen Namen vergessen habe. Er erinnerte mich spontan an Präsident William Howard Taft, nur ohne Schnauzbart.

Mr. Morris begleitet mich zu einem anderen Gebäude des Komplexes im Hauptquartier der amerikanischen Streitkräfte in Berlin. Über allem ragen die großen Abhörgeräte. Klein dagegen sind die Kiefern, die im Innern des Komplexes wachsen. An einer Tür werden wir von zwei bewaffneten deutschen Wächtern empfangen. Mr. Morris gibt an, er werde von Mr. Taft erwartet. Einer der Soldaten ruft an und nachdem er aufgelegt hatte, begleitet er uns nach oben. Wir gehen in ein großes Büro. Mr. Morris meldet sich bei der Sekretärin an. Als wir den Gang zum Büro von Mr. Taft entlanggehen, sehe ich ein Poster. Hinter der Silhouette des Brandenburger Tores ist eine diabolische schwarze Figur gegen einen roten Himmel zu sehen. Die Figur sieht aus wie ein Spion aus einem Comic-Heft. Sie hält einen Dolch in der Hand. Ich weiß, dass ich keine Chance habe.

Auch das Büro von Mr. Taft ist groß. Er sitzt hinter einem massiven Schreibtisch und erhebt sich nicht, als wir den Raum betreten. Mr. Morris stellt mich vor und zieht sich zurück. Wir sitzen gut zwei Meter von einander entfernt. Ich schätze Mr. Taft auf Mitte sechzig. Er scheint aus seinem Anzug platzen zu wollen. Sein weißer Kragen drückt in das Fleisch seines Halses. Sein Gesicht ist rot und Schweißperlen stehen auf seiner Stirn. Hinter ihm hängt in einem Ständer schlaff die amerikanische Fahne. Ronald Reagan lächelt freundlich von der Wand. Mr. Taft schaut mich lange an, als wolle er mich einschätzen oder einschüchtern. Ich gebe mir Mühe, seinen Blick solange wie möglich stand zu halten. Die Unterhaltung habe ich später protokolliert.

„Ich möchte wissen, warum ich rausgeschmissen werde."

„Sie haben selber gekündigt", sagt er kühl und souverän.

„Lassen wir den Unsinn." In dem Moment fallen mir seine blauen Augen auf.

„Sie haben eine Freundin in Ost-Berlin?"

„Das wissen Sie schon."

Er lässt sich Zeit. „Haben Sie eine Ahnung", sagt er, „wie kompliziert die Situation in Berlin ist?"

„Ja"

„Das bezweifle ich."

„Sie irren Sich."

Er hebt den Zeigefinger seiner rechten Hand. „Können Sie mit Sicherheit wissen, dass Ihre Freundin keine Spionin ist?"

„Ja."

„Das können Sie mit letzter Sicherheit nicht wissen."

„Doch.“

„Mr. Shreve, Sie sind etwas naiv.“

„Nein, ich kenne meine Freundin.“

Er sitzt zurückgelehnt in seinem Bürosessel und dreht ihn leicht hin und her.

„Schließlich wären auch Sie“, er zeigt mit dem erhobenen Zeigefinger auf mich, „in der Position Spionage zu betreiben.“ Ich lache unfreiwillig. Er wird ernst. Plötzlich verschwindet der Zeigefinger.

„Ich wäre weder bereit für die DDR noch für die USA Spionage zu betreiben.“

Sein Gesicht wird röter, er geht aber nicht darauf ein.

„Was sollte ich dem Osten mitteilen können, wieviel Toilettenpapier im Krankenhaus verbraucht wird oder etwa wie viele Hunde auf den Gehweg davor scheißen?“

Mr. Taft grinst, fast. Dann ist er wieder souverän und der Zeigefinger tritt erneut in Erscheinung. „Es gibt allerhand Möglichkeiten, der anderen Seite dienlich zu sein und sei es durch die Einrichtung eines sogenannten toten Briefkastens, einer Stelle, wo Informationen deponiert werden können, bis sie abgeholt werden und sei es nur als Bote. Schließlich gehen Sie oft über die Grenze. Sie...“

„Woher wollen Sie wissen, wie oft ich über die Grenze gehe?“

„Stimmt es etwa nicht?“

„Woher Sie das wissen wollen“, frage ich. Er antwortet nicht. „Tatsache ist, wie oft ich nach Ost-Berlin reise geht weder Sie, noch sonst jemanden etwas an. Es ist ja nicht verboten, und als ich meine Stelle am Krankenhaus antrat, ging ich keinerlei Verpflichtungen ein.“

Der Zeigefinger richtet sich wieder auf mich. „Sie sollten sich lieber daran erinnern, für wen Sie arbeiten, nämlich für das Verteidigungsministerium der Vereinigten Staaten von Amerika.“

„Ich beziehe meinen Lohn vom Land Office for Occupation Costs und nach meiner Ansicht arbeite ich für das Land Berlin.“

„Unsinn.“

Er hat natürlich Recht. Ich mache mir was vor, um mein Gewissen zu besänftigen, weil ich für die Armee arbeite. Ich erinnere mich an den Tag, an dem ich in die Lagerhalle gegangen war, um Toilettenpapier zu holen. Auf einmal stand ich vor einem Stapel Aluminiumsärgen, die gleiche Sorte, wie die, in denen so viele tote Soldaten, auch Freunde von mir, aus Vietnam nach Hause zurückgekehrt waren. Ich dachte an Charlie von der Leichtathletikmannschaft und auch an Ernie, der aus der Schule geekelt wurde. Ernie kam allerdings nicht in einem solchen Sarg zurück, sondern in einer Plastiktüte. Lange musste ich diese Särge anschauen.

Mr. Taft stützt seinen rechten Ellenbogen auf die Lehne seines Sessels. Er bewegt seine Finger als hätte er Murmeln in der Hand.

„Sie haben nie beim Militär gedient?"

„Nein. Aber das wissen Sie schon längst. Warum fragen Sie überhaupt?"

„Das interessiert mich eben", sagt er und schaut an mir vorbei.

„Was hat das mit der Sache zu tun?"

„Nur so." Er sieht mich jetzt direkt an. „Wie können Sie es rechtfertigen, jetzt für die Armee zu arbeiten?"

„Ich fege Gehwege und trage Müll hinaus."

Er hebt die Augenbrauen. „Ihre Arbeit unterstützt die militärische Mission der US Armee in Berlin." Wieder hat er Recht.

„So sehe ich das nicht. Was hat all das mit meiner Entlassung zu tun? Wollen Sie sagen, es bestehe ihrer Meinung nach die Gefahr, ich könnte Spionage betreiben?"

„So ist es."

„Haben Sie Beweise dafür?"

„Nein."

"Das heißt, ich soll für etwas bestraft werden, das ich nachweislich nicht getan habe."

Er lächelt halb. „Aber Sie dürfen das nicht als Bestrafung verstehen."

„Für mich ist es aber eine Bestrafung, denn ich werde ohne Einkommen sein."

„Nun, Mr. Morris hat mir gesagt, Sie dürfen noch einen Monat arbeiten, so dass Sie Zeit haben, eine neue Stelle zu suchen."

„Sie stellen sich das einfach vor."

„Sie sollten für diese Frist dankbar sein."

„Ich bin dafür nicht dankbar. Ich soll weiterarbeiten dürfen."

Er legt beide Hände flach auf den Schreibtisch. „Die amerikanische Regierung ist keine Wohlfahrtsinstitution."

„Das ist mir schon längst aufgefallen."

„Hören Sie mal!" Er regt sich schrecklich auf und zeigt mit seinem Finger auf mich, aber diesmal über den Schreibtisch gelehnt. Er grollt mich an: „Ich habe Besseres zu tun, als mit Ihnen hier zu diskutieren. Ich habe Sie nur empfangen, um Ihnen einen Gefallen zu tun."

„Ich verbitte mir diesen Ton."

„Der Fall ist sowieso abgeschlossen."

„Ich werde Beschwerde einlegen."

„Das ist Ihr gutes Recht."

In dem Moment kommt ein Mann ins Zimmer. „Entschuldigen Sie die Störung. Eine Tasche ist in der Nähe der Mauer des Komplexes gefunden worden. Sie wird untersucht, ob es eine Bombe sein könnte."

„Sie sollen mir sobald wie möglich Bericht erstatten."

Der Mann geht. Mr. Taft beherrscht sich wieder. In seinen Stuhl zurückgelehnt, sieht er mich an, als wollte er sagen: Sehen Sie.

„Ich werde mich an meine Repräsentanten im Kongress wenden."

Das scheint ihn nur zu ärgern. „Das wird Ihnen nichts nützen. Das eigentliche Sagen hat Colonel Deasy vom militärischen Nachrichtendienst." Unvermittelt sagt er dann: „Ich finde es merkwürdig, dass Sie in Ihren Arbeitssachen bei mir erscheinen."

„Ich komme schließlich von der Arbeit."

„Nun ja, als ich Ihren Bewerbungsbogen studierte, fiel mir auf, dass Sie einen Magister in Deutsch haben. Ich finde es merkwürdig, dass Sie sich mit einer solchen einfachen Arbeit abfinden."

„Was heißt hier, abfinden? Haben Sie in der letzten Zeit Arbeit hier gesucht und das ohne Arbeitserlaubnis? Was sollen diese Bemerkungen? Ich dachte es geht darum, ob ich ein Spion bin oder nicht."

„Oder werden könnten", wirft er mit erhobenem Zeigefinger ein.

„Sie meinen, ich könnte für die DDR Spionage betreiben?"

„So ist es."

„Und wenn ich sage, das ist absurd, es besteht nicht die geringste Gefahr?"

„Ich muss Sie aufklären. Sie gehören zu einer Gruppe Menschen, die grundsätzlich als Erpressungskandidaten und daher als Sicherheitsrisiko gelten. Sie wollen doch Ihre Freundin aus dem Osten herausbringen?" Ich reagiere nicht. Was geht das ihn an? „Was würden Sie tun, wenn man Ihnen ein Angebot machen würde, Sie tun der DDR einen Gefallen und Ihre Freundin kann ausreisen?"

„Ich würde ablehnen."

„Sind Sie so sicher?"

„Ja, weil uns das nicht helfen würde. Ließe ich mich einmal erpressen, dann kämen sie immer wieder."

„So ist es."

„Also besteht keine Gefahr, dass ich eine solche Dummheit mache."

„Können Sie sicher sein, dass Sie so willensstark sein würden?"

„Mit Willensstärke hat das gar nichts zu tun. Es geht darum, dass ich weiß, dass es uns nichts nutzen würde, und deswegen gibt es keinen Grund mich zu entlassen, weil ich weder erpressbar noch ein Sicherheitsrisiko bin."

Er schüttelt den Kopf. „Das muss ich anders sehen." Er sieht mich lange an. „Mit Sicherheit haben Sie es in Erwägung gezogen, Ihre Verlobte aus Ost-Berlin heraus zu schmuggeln."

Ich schüttele den Kopf, aber er achtet nicht darauf. „Ich muss Sie davor warnen. Das ist nicht ungefährlich."

„Das ist mir bekannt, aber auf die Idee wären wir nie gekommen." Auch diesen Satz scheint er zu überhören.

„Würden Sie bei einem solchen Versuch erwischt und käme es heraus, dass Sie für die Alliierten arbeiten, ja, das könnte diplomatische Unannehmlichkeiten mit sich bringen."

„Ich habe Ihnen gerade gesagt, dass wir nie darüber nachgedacht haben."

„Aber die Möglichkeit liegt doch auf der Hand."

„Wozu sollten wir das aber machen? Von dem amerikanischen Konsul in Ost-Berlin haben wir erfahren, dass unsere Chancen sehr gut stehen, die legale Ausreise meiner Freundin zu erreichen. Warum sollten wir ein solches Risiko eingehen?"

„Vielleicht reicht Ihre Geduld nicht aus."

„Selbst dann, würde meine Freundin sich auf ein solches Abenteuer nicht einlassen. Das ist ausgeschlossen." Mr. Taft schüttelt wieder den Kopf.

Mir wird klar, dass meine gedankenlose Ehrlichkeit mich in diese Situation gebracht hat. „Und was wäre passiert, wenn ich auf meinem Bewerbungsbogen meine Freundin in Ost-Berlin verschwiegen hätte?"

„Dann hätten wir darüber sicher nichts erfahren und Sie hätten wahrscheinlich weiterarbeiten können."

„Und jetzt soll ich für den Rest meines Lebens mit dieser absurden Geschichte belastet sein?"

„Wenn Ihre Verlobte die DDR verlassen hat, dann ist die Geschichte vergessen."

„Das soll ich glauben?"

„Selbstverständlich."

„Das glaube ich aber nicht. Wie soll ich das meiner Freundin erklären? Sie will ein Land verlassen, in dem das Gesetz keinen Schutz vor der Willkür des Staates bietet, und jetzt muss ich ihr sagen, das Gleiche geschieht mir."

„Es ist nicht das Gleiche!"

Wieder tritt der Mann ins Zimmer. Entwarnung wegen der Tasche.

„Natürlich ist es das Gleiche. Sie handeln wie Ihre Kollegen im Osten. Ich werde verurteilt, obwohl ich nichts getan habe. Sie meinen nur, ich könnte etwas tun."

Sein Gesicht läuft rot an. Er erhebt sich halb. Er schreit: „Sie haben keine Ahnung von der Wirklichkeit hier in Berlin. Diese ganze Unterhaltung hat keinen Sinn. Ich habe Besseres zu tun. Ich habe Sie nur aus Höflichkeit empfangen."

Bevor er den Satz beendet hat, stehe ich auf und verlasse den Raum.

15

Die Unterhaltung mit dem Mann von der CIA lässt mich aufgekratzt, wütend und deprimiert zurück. Vor allem fühle ich mich ohnmächtig. Ich habe durchaus die Absicht, mich zu wehren, und gleichzeitig weiß ich genau, dass ich keine Chance gegen die CIA und das amerikanische Militär habe. Dennoch bin ich überzeugt, dass ich mich wehren muss. Eine solche Denk- und Verhaltensweise darf nicht unwidersprochen bleiben. Bisher haben wir gegen die Macht der SED zu kämpfen gehabt. Nun ist es ein Zweifrontenkrieg geworden.

Der Rausschmiss bereitet mir aber vor allem ganz praktische Probleme. Wovon soll ich leben? Wie soll ich es Christiane beibringen? Wie soll es mit uns weitergehen?

Christiane hört meine Beschreibung der Ereignisse, ohne mich nur einmal zu unterbrechen. Also laufe es im Westen wie im Osten, meint sie. Die Reaktion ist zu erwarten. Sie ist verständlich und gleichzeitig falsch. Als ich versuche, ihr den Unterschied zu erklären, ist mir klar, dass ich vor einem grundsätzlichen Problem stehe. Wie erklärt man einem Menschen hinter der Mauer den gewaltigen Unterschied zwischen Ost und West ohne besserwisserisch, ohne arrogant zu klingen.

Ich sage ihr, ich hätte mich auf diese Sache nie einlassen dürfen. Es läuft nicht alles im Westen wie im Osten, aber Armee ist Armee und Geheimdienst ist Geheimdienst. Da gibt es wohl keinen großen Unterschied. Da mache ich mir keine Illusionen.

Christiane will wissen, worin der Unterschied besteht. Als ich sage, im Westen kann ich mich verteidigen, sieht sie mich skeptisch an und fragt, was mir das nutzen würde. Ich muss zugeben, dass es in diesem Fall nichts nutzen wird. Also was nutzt mir die große Freiheit der westlichen Welt? Ich kann zu ihr fahren, sie aber nicht zu mir. Ich will mehr sagen, aber ich kann nicht. Christiane bleibt skeptisch.

Ich sage ihr, dass ich ab Montag die Volkshochschulen anschreiben will. Vielleicht kann ich dort Unterricht geben. Als sie mich nach meinen Chancen eine Arbeit zu bekommen fragte, muss ich zugeben, dass ich keine Ahnung habe.

„Bei euch kommt mir alles so unsicher vor."

„Ist es auch."

„Gefällt dir das? Fühlst du dich wohl dabei?"

„Ich bin an nichts anderes gewöhnt."

„Und ich bin an nichts anderes gewöhnt als das hier. Es gibt auch Gutes an dem System hier."

Das mag sein, sage ich, glaube es aber nicht. Auch wenn es einzelne Ideen in der DDR gibt, die in Ordnung sind, ist das System als Ganzes verwerflich. Ich bringe das Beispiel der Bücher vor. Hier wird von oben entschieden, was man lesen darf. Ob das im Western wirklich so anders sei, will sie wissen. Hier entscheidet der Staat, dort die Konzerne.

Wie erklärt man einem eine Wirklichkeit, die außerhalb ihrer Lebenserfahrung, außerhalb ihrer Vorstellungskraft liegt? Die Verleger im Westen, versuche ich ihr klar zu machen, drucken alles, was ihnen einen Profit bringt und richten sich nicht nach dem Inhalt des Werkes. Ich habe die sogenannte „rote Bibel" von Mao Zedong zu Hause, und sie wird von einem großen renommierten Verlag veröffentlicht. Es gibt so viele kleine Verleger, die vieles veröffentlichten, was die Großen ablehnen. Im Grunde kann alles erscheinen.

Aber was nutzt diese Freiheit, wenn man keine Arbeit hat, keine Sicherheit? Bücher seien für die meisten Menschen nicht so wichtig, sie wollen Sicherheit. Die DDR sei für den normalen Arbeiter besser. Man habe immer eine Arbeit und zu einer Wohnung kommt man irgendwann auch.

Es ist eine schwierige Kiste. Christiane lebt in einer Kiste und ich lebe außerhalb der Kiste. Sie hat nie etwas anderes als die Begrenztheit der Kiste gekannt, die räumliche Enge, die stickige Luft, und kann sich eine andere Welt nicht vorstellen. Ich kenne die Weite und frische Brise und das Innere der Kiste ist mir unerträglich. Für sie ist es die Welt, ihr Zuhause, für mich eben eine Kiste.

Ich sage ihr, ja, die große Freiheit des Westens ist ein Mythos, aber es gibt so viele kleine Freiheiten und sie sind kein Mythos, sondern Wirklichkeit.

Christiane sieht mich an und ich weiß, sie wird dazu nichts sagen.

„Ich nehme an, du bist wegen meiner Entlassung noch unschlüssiger als bisher über den Ausreiseantrag."

„Kannst du das nicht verstehen? Es ist mir alles so unsicher."

„Ja, es ist auch unsicher."

Als ich später auf dem S-Bahnsteig stehe und auf meinen Zug warte, bin ich niedergeschlagen wie selten in meinem Leben. Ich sehe etwas und erkenne, dass es grün ist: Christiane sieht das gleiche Objekt und meinte, es sei gelb. Ich stoße gegen Mauern ganz anderer Art, als die, durch die ich in der Nacht wieder hindurch reisen werde. Wieder stellt sich die Frage, ob wir je heiraten werden, je unter einem Dach leben werden oder ob die Hindernisse, die die SED uns bereitet, doch unüberbrückbar sind.

16

Montag bei der Arbeit brauche ich keinem einzigen Menschen von meiner Entlassung zu erzählen. Alle wissen es, so scheint es mir jedenfalls. Offensichtlich nehmen viele an, mit mir sei etwas nicht in Ordnung, denn sie meiden mich. Der einzige, der zu mir hält, ist Clarence. Der lächelnde Captain sagt lediglich, es tue ihm leid. Ansonsten wirkt er verlegen. Ich frage ihn, ob er nicht daran denke, dagegen zu protestieren. Schließlich hat er mich ständig als seinen besten Arbeiter gelobt. Nun, das gehe doch nicht. Wenn die da oben etwas entschieden haben, dann könne er als kleiner Captain das nicht in Frage stellen.

„Warum nicht?"

„Schau mal, dies hier ist die US Army. Man wird ausgebildet, Entscheidungen in die Tat umzusetzen und nicht in Frage zu stellen."

„Das heißt, du hast deine Meinungs- und Redefreiheit gegen eine Karriere eingetauscht."

„Die Armee schützt zwar die Demokratie, aber sie ist nicht demokratisch. Eine demokratische Armee funktioniert nicht."

Bis zu meinem letzten Tag wechseln wir kein weiteres Wort mehr. Will ich wegen der Arbeitsuche freigestellt werden, informiere ich bloß die Sekretärin. Ich frage nie nach Erlaubnis und mache liberalen Gebrauch von dieser Möglichkeit. Außerdem habe ich 24 Überstunden, die es gilt abzubummeln, natürlich durch freie Tage ganz zum Schluss.

Nach der Arbeit gehe ich in die Bibliothek in der Perleberger Straße und hole die Adressen der Volkshochschulen und der privaten Sprachschulen und verbringe den Abend damit, einen Bewerbungsbrief zu verfassen. Nachdem ich den Text genauestens durchgelesen habe, um die grammatischen Fehler zu korrigieren, beginne ich ihn immer wieder abzuschreiben, jeweils mit einer anderen Adresse. Am nächsten Tag, auf dem Weg vom Krankenhaus, bringe ich sie zur Post. Dafür habe ich selbstverständlich eine Stunde frei genommen.

Am Mittwoch, während der Mittagspause, werde ich zur Sekretärin gebeten, ein Anruf für mich. Es ist Frau Brett von der Volkshochschule Wedding. Sie hätte was für mich. Zwei Dozenten sind unerwartet abgesprungen. Das Semester hat schon am Montag angefangen, also müsste ich bereit sein, sofort einzuspringen. Es wären vier Kurse. Ob ich interessiert sei. Natürlich. Könnte ich heute Nachmittag vorbeikommen? Ja. Als ich auflege, schaut die Sekretärin, deren Ehemann Offizier ist, mich erwartungsvoll an. Ich sage nur, dass ich eine Stunde eher nach Hause gehe.

Nahe U-Bahnhof Wedding steht ein altes Schulgebäude aus Backstein. Ähnliche Gebäude findet man überall in der Stadt. Dort treffe ich Frau Brett, eine energische Frau um die vierzig, mit kurzen Haaren und einer großen Brille. Sie scheint sich zu freuen, dass ich gekommen bin. Nur kurz fragt sie nach meiner Ausbildung und Erfahrung. Sie ist zufrieden. Sechs Kurse sind es inzwischen geworden, falls ich dazu bereit bin. Sie steht auf und holt ein Lehrbuch. Dieses soll ich benutzen. Ein zweites muss ich vom Verlag holen. Sie gibt mir die Adresse.

„Wann fange ich an?"

„Eigentlich jetzt", und sie schaut auf die Uhr. „Aber den Unterricht haben wir schon abgesagt. Morgen um 18 Uhr geht es los."

Sie gibt mir die Adressen der Unterrichtsstätten. Keine ist dort im Hause. Vier sind an verschieden Stellen im Bezirk verteilt und zwei waren in anderen Bezirken.

Den folgenden Nachmittag nehme ich mir frei. Ich fahre in die Lützowstraße, um das Lehrbuch abzuholen. Das ist schnell erledigt. Danach gehe ich die Potsdamer Straße entlang. Ich muss die Stelle, wo der junge Mann gestorben ist, gar nicht erst suchen. Auf beiden Seiten der Straße sind die Fenster mit Brettern zugenagelt. Dabei liegt der Krawall schon einige Tage zurück. Die eine Fahrbahn ist noch gesperrt. Für den Verkehr ist die Stelle zum Nadelöhr geworden. Hinter den Scheiben der Autos sind verärgerte Gesichter zu sehen. Was hier den Verkehr behindert, macht böses Blut.

Vor der Berliner Commerzbank, deren Fenster auch zugenagelt sind, liegen viele Blumen auf der Straße. Das Straßenschild ist überklebt. Ich lese: „Rattay-Str.“ Hier ist am 21. September der erst 18-jährige Klaus-Jürgen Rattay also gestorben, hinter seiner schwarzen Maske. Viele Passanten halten hier an, aus Neugier. Andere gehen mit zur Schau getragener Gleichgültigkeit vorbei. Ich blicke um mich herum. Aus der Richtung unter der seit der Trennung der Stadt stillgelegten Hochbahnbrücke ist der 48er Bus gekommen. Der Bus hat ihn 80 Meter mitgeschleppt. Er war mit anderen von der Polizei aus der Bülowstraße getrieben worden. Dort hatte Innensenator Heinrich Lummer das Haus Nummer 89, das am selben Tag von der Polizei geräumt worden war, besichtigt. Es verbleiben in der Stadt noch 148 besetzte Häuser und das sorgt für Spannung.

An diesem Abend brannten zwischen der Bülowstraße und der Göbenstraße die Barrikaden, und die Luft stank nach Tränengas. Sogar die Prostituierten mussten in Deckung gehen. Die Atmosphäre der Stadt war schon lange geladen und hatte nur auf den ersten Toten gewartet. Drei Wochen zuvor hatte es nach einer Friedenskundgebung Straßenkämpfe am Kurfürstendamm gegeben. Vor einer Woche war während des Besuchs von Alexander Haig in der Stadt gekämpft worden. Immer standen dieselben, mit schwarzen Skimasken vermummten Straßenkämpfer denselben, mit Helmen vermummten Polizisten, gegenüber. Jede Seite wusste, dass sie recht hatte und die andere Seite unrecht. Im Krankenhaus hatte ich am Mittagstisch gehört, wie mehrere Soldaten sagten, sie hofften bald selber in der Stadt aufräumen zu dürfen.

Ich eile nach Hause. Ich muss einen Blick in die Lehrbücher werfen, ehe ich zu meinem ersten Unterricht fahre.

Die folgenden drei Wochen, bis ich im Krankenhaus aufhöre, sind etwas hektisch: Aufstehen um halb fünf, sieben bis acht Stunden Arbeit, eine Stunde unterwegs, zwei bis drei Stunden Unterricht, neue Gesichter und Namen lernen. Meinen Unterricht muss ich während der Mittagsstunde und spät abends vorbereiten. Englisch hatte ich nie unterrichtet. Selten komme ich vor elf oder zwölf Uhr ins Bett. Hinzu kommt mein Kampf gegen meine Entlassung aus dem Krankenhaus. Finanziell bin ich nicht mehr davon abhängig, aber die Sache lässt mich nicht los. Ich verfasse eine Beschwerde in der Form eines zehnseitigen Briefes gegen meine Entlassung und schicke ihn an diesen gewissen Colonel Deasy. Ich nehme einen Nachmittag frei und fahre zum Amerikahaus, wo ich mir die Adressen einiger Repräsentanten und Senatoren in Washington hole. Spät abends schreibe ich Briefe, beschreibe meine Lage und bitte um Hilfe gegen meine Entlassung. Von meinen Repräsentanten im Kongress erhalte ich keine einzige Antwort.

An den Wochenenden gehe ich wie immer nach Ost-Berlin, kurz nach Mitternacht in der Nacht von Freitag zu Sonnabend, dann kurz vor Mitternacht zurück über die Grenze, kurz nach Mitternacht wieder nach Ost-Berlin und Sonntag, kurz vor Mitternacht, komme ich wieder über die Grenze zurück. Gegen eins bin ich zu Hause, um dann um halb fünf aufzustehen, um zur Arbeit zu fahren. Am zweiten Wochenende schlafe ich am Nachmittag auf Christianes Sofa ein.

„Warum bist du immer so müde?“ fragt sie.

17

Die entscheidende Wende in unserer Geschichte kommt völlig unerwartet. Ich hatte mir vorgenommen, Christiane nicht unter Druck zu setzen; die Situation an sich übt schon genug Druck auf sie aus. Am S-Bahnhof Baumschulenweg schaue ich mir das Kinoprogramm an. Wir wollen heute Abend weggehen.

Als Christiane die Tür aufmacht, will ich gleich vorschlagen, welchen Film wir uns anschauen könnten. Ich komme gar nicht dazu. Schon ist sie dabei, in aller Eile ihre Schuhe anzuziehen. Sie huscht an mir vorbei und teilt mir mit, dass wir zum Rathaus fahren. Als ich nach dem Grund frage, teilte sie mir mit, dass sie einen Ausreiseantrag stellen will.

Ich kann kaum Schritt halten und stolpere über eine Unebenheit auf dem Gehweg.

„Hast du dir das genau überlegt?"

„Ja, das habe ich mir genau überlegt. Jetzt überlege ich mir das nicht mehr. Jetzt mache ich es."

Es ist der 27. Oktober 1981. Ich weiß zunächst gar nicht, was ich sagen soll. Auf der einen Seite freue ich mich. Auf der anderen Seite habe ich das Gefühl, sie dazu gezwungen zu haben. Als hätte sie meine Gedanken gelesen, sagt sie, es könne nicht so weiter gehen. Sie glaube nicht, dass ich in der DDR leben könnte und das ewige Hin und Her sei auch keine Lösung.

„Du brauchst kein schlechtes Gewissen zu haben. Ich habe die Entscheidung alleine getroffen."

Wir steigen in die S-Bahn, um die eine Station nach Plänterwald zu fahren. Vom Bahnhof Plänterwald kann man in den Westen schauen. Über die Mauer, die hier eine Schrebergartenkolonie trennt, kann man riesige weiße Wohnblöcke sehen, den „goldenen Westen".

Das Treptower Rathaus, mit Türmchen und imponierendem Eingang, steht in der Neuen Krugallee. Wir melden uns beim Pförtner und Christiane darf hochgehen. Ich als Ausländer, darf nicht mit und muss mich an einen Tisch oben an der Treppe setzen, neben mir ein Fahnenständer mit drei Fahnen: die der DDR, die der FDJ, die von Ost-Berlin.

Ich versuche mir vorzustellen, was da oben vor sich geht. Christiane ist die große Treppe hinter den Glastüren, vor denen ich saß, hochgegangen. Ich kann mir aber kein Bild davon machen. In einer solchen Situation, wie die, in der Christiane sich jetzt befindet, bin ich nie gewesen. Nichts anderes hatte ich seit Jahren gewollt, als dass sie einen Ausreiseantrag stellt. Weil sie es damals nicht fertiggebracht hatte, war ich weggegangen. Ich meinte damals, das Hin und Her nicht mehr aushalten zu können. Nun sitze ich da und von Freude oder Genugtuung ist keine Spur. Ich glaube die Einsamkeit, die Christiane jetzt fühlen muss, zu spüren. Ich sitze da in einer mir fremden Welt, in einer Welt, die mir sogar bedrohlich vorkommt. Doch für Christiane ist diese Welt vertraute Heimat. Nun sitzt sie in einem Büro und bittet einen fremden Menschen um Erlaubnis, diese vertraute Welt zu verlassen und ins Ungewisse zu fahren. Sie tut nicht weniger als ihre Loyalität gegenüber diesem autoritären Staat aufzukündigen.

Christiane kommt schnell die große Treppe herunter. Ich springe auf und laufe ihr hinterher und frage, was passiert war. Sie habe einen Antrag auf Eheschließung mit einem Ausländer und anschließender Ausreise gestellt. Ein Mann mit dem Parteiabzeichen der SED am Revier hält uns die Tür auf.

Christiane läuft schnell, ist aber ruhiger als vorher. Was hat er gesagt. Christiane sagt, dass Er eine Sie war und sie hat gefragt, ob ich mir das richtig überlegt hätte.

„Ich habe ihr gesagt, ich habe mir das richtig überlegt, sonst wâre ich nicht gekommen. Dann hat sie gefragt, warum du nicht in die DDR übersiedelst. Ich habe gefragt, was du hier für eine Arbeit machen könntest, ob du als Lehrer oder im Verlagswesen arbeiten könntest. Sie hat gemeint das ginge sicherlich nicht, weil du aus dem kapitalistischen Ausland kommst. Da habe ich gesagt, das bedeute also Berufsverbot. Sie hat gemeint, das sei doch etwas ganz anderes. Dann habe ich ein Formular ausgefüllt. Danach wurde sie auf einmal halbwegs freundlich. Ich sollte es noch mal überdenken. Ich könnte jederzeit den Antrag zurückziehen. Das kann sie aber vergessen."

MfS Dokument 2

Rat des Stadtbezirks Berlin-Treptow

- Abteilung Innere Angelegenheiten –

KEAW „Friedrich Ebert"

Kaderabteilung

z.H. des Leiters

1193 Berlin

Hoffmannstr.

29.10.1981

Friedrich, Christiane, geb. am 13.08.1954 in Wiesenburg/Belzig

wh.: 1195 Berlin, Marienthaler Straße 4

O. g. Bürgerin ist seit dem 1. Oktober 1977 als Diplom-Ing.-Ökonom bei Ihnen beschäftigt. Seit dem 1. Oktober 1981 ist sie als amtierender Abteilungsleiter der Abteilung Absatz für Schaltgeräteersatzteile im Bereich für Schaltgeräte/Elektronik eingesetzt.

Zu Ihrer Information möchten wir Ihnen mitteilen, dass Frau F. ein Ersuchen auf Eheschließung mit dem USA-Bürger Shreve, John, geb. am 23.2.1952,* wohnhaft 21 Berlin West, Birkenstraße 56, gestellt hat.

Wir bitten, uns mitzuteilen, ob o.g. Bürgerin Geheimnisträger oder VS-verpflichtet ist. Welche Sicherheitsmaßnahmen von Ihrer Seite eingeleitet werden.

Wir möchten Sie bitten, auf Ihre Kollegin erzieherisch einzuwirken, um zu erreichen, dass sie das Ersuchen evtl. zurücknimmt.

[Unterschrift]

Jäger

Abteilungsleiter

[*Das Geburtsdatum ist falsch.]

MfS Dokument 3

Rat des Stadtbezirks Berlin, den 29. 10. 1981

Berlin-Treptow

Abt. Innere Angelegenheiten

Information

Ersuchen F r i e d r i c h, Christiane

geb., 13. August 1954 in Wiesenburg Krs. Belzig wohnhaft: 1195 Berlin, Marienthaler Str. 4

Bürgerin der DDR

Partner:

S h r e v e, John

geb. 23. Februar 1952 [sic] in St. Joseph, Missouri/USA

wohnhaft: 3318 South 30th St. Joseph, Missouri/USA Nebenwohnung: 21 Berlin West, Birkenstr. 56 Staatsbürgerschaft USA

[geschwärzte Zeile]

Antragsteller lernten sich im September 1977 durch eine Arbeitskollegin der Friedrich kennen. F. teilte mit dieser Kollegin, H[...] eine Absolventenwohnung, die sie gemeinsam vom KEAW Berlin-Treptow in 1193 Berlin, Beermannstr. 12 erhalten hatten. H[...] stand mit Shreve längere Zeit brieflich in Verbindung.

F. besuchte in Belzig die EOS und studierte anschließend, von 1973 bis 1977, die TU in Dresden. Das Studium schloß sie als Diplom-Ingenieur-ökonom ab. 1977 kam sie als Absolventin in das KEAW „Friedrich Ebert“ Berlin-Treptow. Sie arbeitete als Gruppenleiter im Betriebsteil Schaltgeräte/Elektronik. Seit dem 1. Oktober 1981 fungiert sie als amtierender Abteilungsleiter. Der Betrieb wurde über das gestellte Ersuchen durch uns informiert. Sie ist im FDGB, DSF und DSTB organisiert.

Frau F. ist ledig, Herr Shreve war einmal verheiratet, geschieden 1976. Sie haben kein gemeinsames Kind. Der gemeinsame Wohnsitz nach der Eheschließung soll in den USA sein.

Shreve war erstmalig von 1977 bis 1978 In Berlin West, wo er ein Teilstudium an der „Freien Universität“ absolvierte, dann lebte er wieder in den USA, seit dem 20.7.1981 ist er wieder in Berlin West. Seit August 1981 ist er Lehrer für Englisch an der Volkshochschule Wedding in Berlin West. Er ist nicht organisiert.

Im Gesprächsverlauf stellte sich heraus, dass Frau Friedrich im Betrieb die langjährige Verbindung zu dem USA-Bürger, wegen ihrer betrieblichen Karriere, verschwiegen hat.

[Unterschrift]

Schmidt

Kombinat VEB Elektro-Apparate-Werke „Friedrich Ebert“

18

Die Begegnung mit dem Oberbefehlshaber des Krankenhauses ist, wie ich vermutet hatte, sinnlos. Ich muss im Vorraum kurz warten. Die Sekretärin ist durchaus freundlich. Der Teppich ist weich, die Grünpflanzen angenehm. Der ganze Raum ist geschmackvoll eingerichtet. Aber der Stil scheint direkt aus einem *Army Training Manual* zu kommen. „Die Grünpflanzen haben genau 12 Inches von der Wand entfernt zu stehen." So ungefähr. Ich denke an die „Gebrauchsanweisung für Handschuhe", die ich am Tag zuvor gefunden hatte.

Die Sekretärin lässt mich in das Büro von Colonel White eintreten. Der kleine Colonel empfängt mich stehend. Steif gibt er mir die Hand und bittet mich, Platz zu nehmen. Er setzt sich mir gegenüber, zwischen uns ein niedriger Kaffeetisch aus schwarzem Glas. Sein Büro sieht fast genau aus wie der Vorraum, bloß gibt es mehrere Fenster. An der Wand, über der amerikanischen Fahne, hängt ein Portrait eines lächelnden Ronald Reagan.

„Haben Sie meinen Brief gelesen?" Ich habe ihm einen Brief geschrieben, in dem ich meine Seite der Geschichte ausführlich dargestellt habe. Ja, bestätigt er und er habe sich um meinen Fall sachkundig gemacht. Es sei eine bedauerliche Situation.

Ich frage ihn, ob er mir helfen wird.

Er legt die Arme übereinander und sagt mir, er hätte den Brief mit meinen Gedanken, „die Sie sehr logisch und ausführlich darstellten", an Mr. Taft weitergeleitet. Mehr könne er nicht in seiner Position tun. Ich frage, ob er zu meinen Gunsten nicht ein Wort einlegen könnte.

Der Colonel erzählt mir, er habe sich bei meinem Vorgesetzten erkundigt und erfahren, dass ich ein hervorragender Arbeiter sei. Er würde es gerne sehen, dass ich weiter beschäftigt werden könnte, aber die Entscheidung darüber liege nicht in seinen Händen.

Ich schaue seine Orden an. Es sind nicht allzu viele. Ich frage, ob er glaube, dass ich ein Sicherheitsrisiko bin. Das Urteil darüber liege bei der „*Intelligence*". Er zeigt keine Gefühlsregung. Außerdem geht es nicht darum ob ich ein Sicherheitsrisiko bin, sondern ob ich das werden könnte. Ich bohre weiter und bitte noch mal um seine eigene Meinung. Mr. Taft habe ihm mitgeteilt, dass ich auf Grund meiner besonderen Situation zu einer Kategorie gehöre, die grundsätzlich als Sicherheitsrisiko zu verstehen sei. Aber ich hatte die Argumente in meinem

Brief entkräftet. Mr. Taft sei in diesem Bereich ein erfahrener Mann. Das sähe ich ein, aber er sei auch voreingenommen.

Der Colonel ändert seine Haltung geringfügig. Er erklärt mir, die Situation in und um Berlin sei äußerst kompliziert. Von Mr. Taft habe er erfahren, dass ich eine Freundin in Ost-Berlin habe, und versuchen will, sie aus der DDR herauszuschmuggeln. Das könnte für die USA Schwierigkeiten bereiten.

Das stimmt natürlich nicht. Ich protestiere gegen die Tatsache, dass Mr. Taft falsche Informationen verbreitet.

Ich weiß, dass der kleine Colonel nichts zu sagen hat, und just in dem Moment sagt er, die Entscheidung in dieser Angelegenheit liege nicht in seinen Händen. Die Entscheidung werde von Colonel Deasy getroffen. Ich frage, wie er zu dieser Entscheidung komme. In seinen Augen glaube ich, ein Zeichen von Ungeduld zu sehen. Seine Entscheidung wird auf Grund einer Empfehlung der zivilen Sicherheit getroffen. Und wer gibt ihm diese Empfehlung? Mr. Taft. Das ist ein abgekartetes Spiel, und das sage ich ihm.

„Das ist die uns vorgegebene Entscheidungskette, und die haben wir zu respektieren."

„Ich habe hier gar nichts zu respektieren. Das ist eine Posse."

Ja, ich hatte recht gehabt. Es ist Ungeduld gewesen, die ich in seinen Augen zu sehen glaubte. Nun höre ich sie auch in seiner Stimme. Er fände es nicht gut, wenn ich jedem im Krankenhaus von dieser Angelegenheit erzähle. Ein bisschen mehr Diskretion wäre zu empfehlen. Da reißt mir der Geduldsfaden.

„Diskretion? Ich werde hier in einem völlig undemokratischen Verfahren abgesägt und soll auch noch den Mund halten. Jeder soll wissen, was in diesem Krankenhaus läuft."

„Das ist sehr zu bedauern."

Er braucht sich nicht allzu große Sorgen machen, tut er sicherlich auch nicht, denn es ist mein letzter Arbeitstag. Ich stehe auf. Der Colonel springt auf.

„Es tut mir leid."

19

Nachdem Christiane die Anträge gestellt hat, verändert sich unser Verhältnis spürbar. Eine Entscheidung ist getroffen worden, die Weichen sind gestellt. Die Spannung, die seit einiger Zeit in unser Verhältnis gekommen war, weicht spürbar. Für Christiane hat sich die Situation aber am meisten verändert. Die Ängstlichkeit, die Unsicherheit ist verschwunden. Nun ist sie entschlossen, die Sache durchzuziehen. Nie wieder erlebe ich ein Zögern ihrerseits.

Eines Tages, als ich in die Wohnung komme, ist sie noch nicht zu Hause, obwohl sie sonst immer vor mir da ist. Dabei bin ich später dran als üblich. Ich schaue in der Küche nach, ob ein Zettel auf dem Tisch liegt. Nichts. Die Stille ist beunruhigend. In dem Moment höre ich einen Schlüssel im Schloss und gehe in den Flur. Sie trägt eine große Einkaufstasche.

Sie ist später als sonst einkaufen gegangen und da die Kaufhalle kurz vor Ladenschluss stets voll ist, habe es länger als sonst gedauert. Die Verspätung hängt auch damit zusammen, dass sie ins Rathaus gefahren ist, um wegen des Antrages nachzufragen. Ihr wurde gesagt, dass sie nicht wiederkommen sollte. Man würde sie benachrichtigen, wenn eine Entscheidung getroffen sei. Die Dame hat Christiane auch gefragt, ob sie sich auch in der amerikanischen Botschaft aufgehalten hatte, was sie bestätigte. Ihr wurde gesagt, dass ohne Erlaubnis des Außenministeriums ein DDR-Bürger eine ausländische diplomatische Vertretung nicht betreten dürfe. Christiane fragte, wie sie die notwendigen Formalitäten erledigen sollte, wenn ihr Wunsch, die Botschaft aufzusuchen, abgelehnt wird, was sicherlich der Fall gewesen wäre? Dann hat man eben nicht hinzugehen. Daraufhin hat sie gefragt, was passiert, wenn sie trotzdem hinginge, ob es eine Strafe geben würde. Die Frau antwortete: „Das ist doch verboten." Christiane lächelt. „Als käme man nie auf die Idee, etwas Verbotenes zu tun."

Ich frage, ob sie es vorhat, in Zukunft wieder nachzufragen. „Natürlich werde ich das tun und zwar jede Woche. Ich lasse mich von ihr nicht abschrecken."

Christiane fragt, ob ich gern etwas Warmes zu essen hätte. Ich setze mich an den Tisch, während Christiane die Bratpfanne auf den Herd stellt. Aus dem Kühlschrank holt sie Eier und ein großes Stück Schinken, das sie von Zuhause mitgebracht hatte.

Während sie das Essen vorbereitet, erzählt sie, dass die Nachricht, dass sie einen Ausreiseantrag gestellt hatte, auch im Betrieb angekommen ist. „Meine sozialistische Karriere ist damit im Eimer."

Sie ist zum stellvertretenden Direktor gerufen worden. Er sagte ihr, dass er mit so etwas nie gerechnet hätte, und fragte, ob sie sich über die Konsequenzen im Klaren sei. Sie würde all ihrer Ämter enthoben, auch verliere sie, dem Namen nach, ihre Position als amtierender Abteilungsleiter. Die Arbeit machte sie allerdings weiter. Ein Lehrgang in Grünau, zu dem sie als Kadernachwuchs delegiert worden war, wurde gestrichen. Ich fragte, ob sie deswegen traurig sei.

„Eigentlich nicht. Weit hätte ich es als Frau ohnehin hier nicht bringen können. Außerdem, die Betriebsdirektoren kriegen alle Herzinfarkte. Sie machen sich fertig."

„Die müssen auch in der Partei sein, oder?"

„Das auch noch. Ich wurde schon gefragt, ob ich nicht Genossin werden wollte, aber ich wollte nicht."

Ich stelle fest, dass sie einen ganz schön miesen Tag hinter sich hatte. Da lacht sie und sagt, dass es auch ein bisschen Heiterkeit gegeben hat.

„Nachher gab es ein Gruppenleitertreffen. Da gab der stellvertretende Direktor bekannt, dass die Kollegin Friedrich aller Ämter enthoben worden war, weil sie einen Ausreiseantrag gestellt hatte. Dann sagte er: ‚Ihr Schritt ist aber nicht als ein Verrat am Sozialismus zu bewerten. Sie will heiraten.' Da fragte einer ganz aufgeregt, ob ich ‚in den Busch ziehen' wollte. Aus irgendwelchem Grund nimmt er an, ich wollte einen Afrikaner heiraten. Da mussten alle lachen."

„Und hast du sie aufgeklärt?"

„Als ich sagte, ich will einen Amerikaner heiraten, waren sie noch verblüffter." Vielleicht doch ein Verrat am Sozialismus, sage ich, sie laufe schließlich direkt zum imperialistischen Feind über. „Das soll mir egal sein."

Sie fragt nach meinem Tag. Ich erzähle vom meinem letzten Tag am Krankenhaus und meiner Unterhaltung mit dem Colonel.

Dann essen wir Rühreier mit Schinken, trinken Tee und lassen es uns gut gehen.

MfS Dokument 4

Berlin, den 17.11.1981

2461 –awe-

A k t e n n o t i z

Über ein Gespräch zwischen Genossen Hube, Direktor SE-A und Genossin Awe, SE-PK am 17.11.1981

Ausgangspunkt der Aussprache war die Information der Abteilung Kader, durch Genossin Awe, Kaderinstrukteur SE-PK über ein Ersuchen der Kollegin

F r i e d r i c h, Christiane

geboren am 13. 08.1954 in Wiesenburg/Belzig

wohnhaft: 1195 Berlin, Marienthaler Straße 4

auf Eheschließung mit einem USA-Bürger, dessen zeitweiliger Aufenthalt 21 Berlin, Birkenstraße 56 ist.

Ziel und Aufgabenstellung ist es:

1. Die staatliche Leitung hat in Zusammenarbeit mit dem Parteisekretär des Bereiches ein persönliches Gespräch mit Kollegin Friedrich zu führen und

erzieherisch auf sie einzuwirken, dass sie dieses Ersuchen zurückzieht, da dieses Ansinnen eine politische Entscheidung ist.

Termin: 1981

2. Mit Wirkung vom 11. 1981 wird Kollegin Friedrich VD entpflichtet. Die erforderliche schriftliche Entpflichtung wird am 11. 1981 bei SE-P durchgeführt.

3. Da für die Funktion als amtierender Abteilungsleiter der Abteilung Absatz für Schaltgeräteersatzteile im Betrieb SE-A eine VD Verpflichtung erforderlich ist, wird Kollegin Friedrich mit Wirkung vom 30.11.1981 von dieser Funktion entbunden.

4. Kollegin Friedrich ist in dem zu führenden Gespräch davon in Kenntnis zu setzen.

5. Es ist ein anderer Arbeitsplatz vorzubereiten. Die Entlohnung erfolgt entsprechend der Klassifizierung des vorzubereitenden Arbeitsplatzes.

6. Kollegin Friedrich ist darüber zu belehren, dass die einzuleitenden Maßnahmen auf der Grundlage der „Anordnung zum Schutze der Dienstgeheimnisse“ basieren, sie ist über die Verhaltensweisen im Betrieb zu belehren.

7. Durch den zuständigen staatlichen Leiter sind quartalsweise Kaderaussprachen zu diesem Sachverhalt zu führen. An den Aussprachen hat der Gruppenorganisator und der gewerkliche Vertreter teilzunehmen. Die Protokolle sind jeweils in zweifacher Ausfertigung an SE-PK zu geben.

8. Durch den Direktor SE-A, Genossen Hube, ist bis zum 19.11.1981 eine Beurteilung zu fertigen.

Awe Hube

SE-PK Direktor SE-A

Verteiler:

SE-A

SE-PK (?)

SE-PA

MfS Dokument 5

SE-AA, Taebli

SE-AA, Hube

„Friedrich Ebert“

Rat des Stadtbezirkes Treptow

Abt. Innere Angelegenheiten

Genossen Jäger

1193 Berlin

Neue Krugallee 4

SE-AA/Tae/Sm. 1.12.1981

F r i e d r i c h, Christiane, geb. 13.8.54 in Wiesenburg/Belzig

Wohnhaft 1195 Berlin, Marienthalerstr. 4

Werter Genosse Jäger!

Mit der Kollegin Friedrich wurde am 1.12.81 ein persönliches Gespräch geführt. Im Ergebnis dieses Gespräches wurde die Antragstellung der Kollegin Friedrich aufrecht erhalten.

Als Begründung wurde die Unmöglichkeit der Beschäftigung des USA-Bürgers Shreve, John als Dozent im sprachlichen Zweig angeführt.

Kollegin Friedrich wurde mit Wirkung vom 1.12.81 VD-entpflichtet.

Auf Grund des Antrages der Kollegin Friedrich auf Ausreise wurde sie mit Wirkung vom 1.12.81 von ihrer Funktion als amtierender Abteilungsleiter der Abteilung Absatz für Schaltgeräte-Ersatzteile im Betrieb SE entbunden.

Bis zum 13.12.81 wird für die Kollegin Friedrich ein anderer Arbeitsplatz vorbereitet. Die Kollegin Friedrich wurde darüber belehrt, dass die eingeleiteten Maßnahmen auf der Grundlage der Anordnung zum Schutz der Dienstgeheimnisse basieren, und sie wurde über ihre Verhaltensweise im Betrieb belehrt.

Quartalsweise werden mit der Kollegin Friedrich Kaderaussprachen zum o.g. Sachverhalt durch den zuständigen Leiter geführt.

Mit sozialistischen Gruß

M a t s c h u k

Direktor für Kader und Bildung

[Unterschrift]

Vert.: SE-P 2X

SE-A

SE-AA

20

Nachdem Christiane den Antrag gestellt hat, beginnt so etwas wie ein normales Leben, das heißt, solange ich in Ostberlin bin. Ich muss nach wie vor zwischen den beiden Welten pendeln. Wir gehen öfter weg, ins Kino oder in ein Restaurant. Nur am Ende des Abends, muss ich zurück zur Grenze.

Eines Tages empfängt mich Christiane freudestrahlend. Ihre Freunde Paul und Paula hätten auch für uns Karten für eine Disko besorgt. Die beiden arbeiten in Ministerien, er ist Genosse, hat also gute Beziehungen. Ich wäre am liebsten nach West-Berlin zurückgefahren.

Christiane kann meine Zurückhaltung nicht verstehen. Sie erzählt mir, als Studentin war sie immer in die Disko gegangen. Ich sage ihr, ich ging lieber in die Bibliothek. Dort war es ruhiger. Sie sagt, sie hätten immer viel lernen müssen, aber das Studium sei die Zeit, in der man die größte Freiheit genießt. Man hatte nicht zu viel Geld, aber man war zum ersten Mal von Zuhause weg und musste noch nicht arbeiten. Jedenfalls, nachdem Paul und Paula uns die Karten besorgt hatten, müssten wir hin.

Wir gehen über den Alexanderplatz, an der Buchhandlung „Das gute Buch“ vorbei, wo ich flüchtig ins Schaufenster schaue. Die beiden warten vor dem Haus des Lehrers. Ich frage, wo hier eine Disko sei. Im Haus des Lehrers, sagt

Christiane, nicht immer, aber heute Abend. Ein Diskjockey macht heute Abend Disko.

Paul und Paula kommen uns ein paar Schritte entgegen. Ich hatte sie nur ein Mal, etwas mehr als ein Jahr zuvor, flüchtig kennengelernt, seltsamerweise an meinem Geburtstag. Sie hatten mir sogar ein Buch geschenkt, Bruno Apitz, **Nackt unter Wölfen**. Wir geben uns die Hand und gehen durch die Glastür. Um die Treppe herum stehen mindestens zwanzig junge Menschen, DDR-einheitlich gekleidet in grünen Kutten, Jeans und mit langen Haaren. Auf der untersten Stufe steht einer, der aussieht wie ein Oberkellner, schwarz und weiß gekleidet, ein merkwürdiger Kontrast zu den Rausschmeißern in den Diskotheken im Westen. Paul zeigt ihm unsere Karten und er lässt uns die Treppe hochgehen. Ich frage Paul, warum er die anderen nicht hinauflässt. Die haben eben keine Karten. Er erklärt mir, dass es viel zu wenige Karten gibt, und wenn man nicht Karten verkaufte, wäre es hier überfüllt. Sollten ein paar Plätze frei sein, werden einige hineingelassen.

In der Tat, wenn man abends spontan weggehen will, ist es immer ein Abenteuer, ein Abenteuer, das meistens frustrierend ausgeht. Das Angebot ist, wie in den Geschäften, bescheiden. Diskos gibt es zu wenige und die wenigen Kinos sind schnell ausverkauft. Abends sieht man stets Gruppen von jungen Menschen, die durch die Stadt fahren, um ihr Glück hier oder dort zu versuchen und meistens in einem Hotelrestaurant landen. Anders als in der Konsumwirtschaft überlegt man nicht, was man machen will, sondern geht los, um zu sehen, was es gibt. Sitzt man in einem Restaurant, wird man von den Kellnern wie ein lästiger Eindringling behandelt.

Die DDR lobt sich, dass die Arbeiter an der Kultur teilnehmen können, aber das ist mehr Propaganda als Wirklichkeit. Gemeint ist natürlich die „hohe Kultur“ der klassischen Musik und der Oper, die Aufführungen werden gruppenweise besucht und gebucht wird oft ein Jahr oder mehr im Voraus. Die meisten

Menschen sind sicherlich dankbar, wenn irgendetwas „geboten“ wird, aber eine Freiheit der Auswahl ist nicht vorhanden.

An der Tür zur „Diskothek“ steht wieder ein Kellner. Er nickt.

Die Disko ist schon verdunkelt. Hinten hat der Discjockey seine Gerätschaften aufgebaut. Er spielt noch keine Musik. Es gibt eine kleine Tanzfläche. Rundherum sind kleine viereckige Tische artig aufgestellt, an jedem vier Stühle. Die Tische sind mit weißen Tischdecken gedeckt und es stehen Kerzen darauf. Ein Kellner ist dabei, mit einem Feuerzeug, einem „Westfeuerzeug“, die Kerzen anzuzünden.

Wir nehmen Plätze am äußersten Rand des Raumes ein, um nicht direkt vor einem Lautsprecher zu sitzen.

Endlich ist Musik zu hören: Cat Stevens, “Another Saturday night and I ain’t got nobody.“ Paul schlägt den Takt mit den Fingerspitzen auf dem Tisch und bewegt seinen Oberkörper dazu. Ich kenne Diskotheken nur aus Fernsehen und Film, aber der Raum sieht nicht aus, wie ich mir eine Diskothek vorstelle.

Ein Kellner kommt, zündet unsere Kerze mit seinem Westfeuerzeug an und fragt uns, ob wir etwas bestellen möchten. Die Drei entscheiden sich für einen Riesling.

Paul reckt seinen Kopf, als hätte er seine Krawatte zu eng gebunden. Dabei trägt er keine. Er holt aus der Tasche, die er mit sich führt, ein Päckchen Zigaretten heraus, Marke „Cabinet“. Mit dem Zeigefinger klopft er auf das Päckchen, bis zwei Zigaretten herausguckten. Er bietet sie uns an. Wir beide winken ab, aber Paula nimmt eine heraus, während sie uns erklärt, sie sei „eigentlich Nichtraucherin“. Paul nimmt sich auch eine. Er hebt die Kerze und hält sie Paula hin. Auch seine Zigarette zündet er damit an.

Wären wir im Westen gewesen, hätte ich Paul als Bankkaufmann oder ähnliches eingeschätzt. Ein junger dynamischer Typ, denke ich. Er hat einen modischen Haarschnitt und fasst seine Haare öfter an, um sich zu vergewissern, dass sie ordentlich sitzen. Aber er lebt in der DDR. Er hat Staatsrecht und Marxismus-Leninismus studiert und macht Karriere im Staatsapparat.

Der Kellner bringt den Wein. Er stellt vier Gläser auf den Tisch und zeigt mir – ausgerechnet mir, wahrscheinlich weil ich am ältesten aussehe – die Flasche, als sollte ich etwas davon verstehen. Ich soll nicken. Ich nicke. Er schenkt mir ein bisschen ein. Ich soll ihn probieren. Ich tue es. Ich finde den Wein etwas sauer und zum Entsetzen der anderen sage ich es auch. Christiane greift ein und bittet den Kellner, den Wein einzuschenken. Von oben herab sieht der Kellner mich an. Ich bestelle ein Wasser. Als er weg ist, meint Christiane, ich sei unmöglich. Wir stoßen an. Dann tanzen wir.

Wieder am Tisch stelle ich fest, dass der Diskjockey viel Musik aus dem Westen spielt. Paul sagt, er würde viel mehr spielen, wenn er dürfte. Er klärt mich auf, dass mindestens 40% des Programms aus Stücken aus der DDR oder anderen sozialistischen Ländern bestehen muss, sonst verliert der Diskjockey seine Lizenz. Lizenz? Ja, ein Diskjockey in der DDR muss sogar eine Prüfung ablegen.

Christiane schaut auf die Uhr. „Gleich halb zwölf."

„Kommst du wieder?" Ich bejahe die Frage.

Paula nimmt einen Schluck Wein. „Das ist wirklich blöd."

Christiane bringt mich zur Tür. „Bis bald."

Ich laufe bei Rot über die Straße und gehe in den U-Bahn-Eingang neben dem „Guten Buch", komme aber nicht weit. Das Tor ist zu. Auf einem Schild heißt es, der Verkehr sei wegen einer Reparatur unterbrochen. Im Eilschritt mache ich mich auf den Weg zum Grenzübergang Friedrichstraße/Zimmerstraße. Am Hausvogteiplatz habe ich plötzlich Angst, zu spät zu kommen und fange an zu joggen. Als ich schwitzend die Grenze erreiche, schaut der Soldat am Gittertor auf seine Uhr. „Aber gerade so."

In dem kleinen länglichen Raum mit dem hohen Tisch in der Mitte warten einige Männer. Es ist die Passkontrolle. Es dauert lange bis ich dran bin. Bei der

Zollkontrolle gibt es die üblichen Fragen. Der Zöllner sieht meine Zollerklärung an.

„Haben Sie alles eingetragen?"

Ich nicke. Ich hatte nichts eingetragen, sondern nur einen Strich quer durch das Blatt gemacht.

„Haben Sie noch Mark der DDR?"

„Nein."

Er sieht mich mit dem einstudierten Blick, der heißen könnte: „Ich glaube Ihnen kein Wort", gibt mir aber meinen Pass wieder.

Obwohl es schon nach Mitternacht ist, kann ich mich nicht einfach bei der Passkontrolle für die Einreise anstellen. Ich muss tatsächlich über die Grenze gehen, denn bei der ersten Sichtkontrolle bekommt man einen Zettel mit einer Nummer. Ohne diesen Zettel kommt man nicht durch. An dem Gittertor tut der freundliche Soldat Dienst, den ich hier schon oft gesehen hatte und der mich oft gesehen hatte.

„Na, so spät?"

„Es wird noch später."

„Ich verstehe, Sie wollen wiederkommen."

Wir spielen beide unsere Rolle. Er drückt auf den Öffner. Ich mache das Gittertor auf, mache es hinter mir zu. Über den weißen Strich, der den amerikanischen vom sowjetischen Sektor trennt, gehe ich nicht. Ich warte vor dem Tor. Der Soldat drückt auf den Öffner. Ich mache das Gittertor auf. Der Soldat gibt mir einen Zettel.

„Na, wie geht es der Freundin?" Ich lächle.

„Bis heute Abend", sagt er.

Bei der Passkontrolle bin ich der Einzige. Es dauert trotzdem lange. Als ich zu der Zollkontrolle komme, stehe ich dem gleichen Zöllner gegenüber wie bei der Ausreise. „Schon wieder da. Wohl kein Zuhause?"

Ich gebe ihm keine Antwort.

„Dann wollen wir mal sehen, was Sie mit sich führen. Kommen Sie mit."

Er führt mich in einen kleinen Raum und macht die Tür hinter uns zu. In dem Raum steht nur ein Tisch. „So, leeren Sie ihre Taschen." Ich tue es. Als alles auf dem Tisch liegt, tastet er mich von oben bis unten ab. Er steckt seine Finger auch in meine Hemd- und Hosentaschen. Dann kommt der Inhalt der Taschen dran. Meine Brieftasche leert er auf den Tisch. Er zählt das Geld und schaut meine Zollerklärung an. Durch die vielen Zettelchen und Karten, die er aus der Brieftasche genommen hatte, blättert er. Ganz genau studiert er eine alte Fahrkarte.

„Sie können alles einpacken."

Der Zöllner geht dann zur Kasse hinüber. Ich gebe ihm fünfundzwanzig Deutsche Mark, und er gibt mir fünfundzwanzig in Plastik eingeschweißte Mark der DDR.

Die letzte Kontrolle erfolgt schnell und wortlos, und ich betrete wieder die „Hauptstadt der Deutschen Demokratisch Republik", die ich eigentlich nie verlassen hatte.

Da ich bis zum Alexanderplatz laufen muss, ist es fast eins, bevor ich wieder vor dem Haus des Lehrers eintreffe. Die drei warten vor dem Eingang. Ich erzähle ihnen meine Geschichte. Weil es so spät ist, bringen Paula und Paul uns in ihrem Trabant nach Hause.

21

Ich hatte die erste U-Bahn vom Bahnhof Birkenstraße genommen, und als ich am Bahnhof Kochstraße aussteige, weiß ich, dass ich nicht zu früh gekommen bin. Es steigen andere aus und ihrem Äußeren nach zu urteilen wollen auch sie zur Ausländerpolizei. Am Fotoautomaten vor der Treppe warten einige junge Männer.

Solange ich bei den Amerikanern gearbeitet hatte, brauchte ich keine Aufenthaltserlaubnis, oder genauer gesagt, ich durfte wegen des Besatzungsrechts keine haben. Jetzt brauchte ich eine. Ich hatte bei der Polizei angerufen und mir wurde geraten, so früh wie möglich zu kommen.

„Was heißt, so früh wie möglich?"

„Fünf Uhr wäre bestimmt nicht zu früh."

Es ist noch nicht fünf, als ich in die Puttkamer Straße einbiege. Die Menschenschlange reicht fast bis zur Ecke. Es sind mindestens hundertfünfzig Menschen vor mir und innerhalb der nächsten Stunde kommen noch mal so viele dazu. Die meisten sind Männer, aber auch Frauen und sogar einige Kleinkinder sind dabei.

Die Straße liegt noch im Dunkeln. Dennoch versuchen einige, bunte türkische Zeitungen zu lesen. Andere reden miteinander. Die Mehrheit steht stumm da und wartet ergeben. Es wird geraucht. Ein Baby heult und heult.

Ein Café auf der anderen Straßenseite hat schon auf. Es gehen welche rüber. Sie kommen mit Plastikbechern voll mit dampfendem Kaffee zurück. Ein türkischer Bäcker geht die Schlange mit einem Korb über dem Arm auf und ab. Er verkauft Brotringe mit Sesam, allerdings nicht viele.

An einem anderen Eingang steht eine zweite, fast eben so lange Schlange, aber anders als die Schlange, in der ich stehe, die eine bunte internationale Mischung ist, besteht jene andere anscheinend nur aus Tamilen, Flüchtlingen aus Sri Lanka, die Asyl beantragen wollen.

Ab sechs Uhr kommen nach und nach Menschen aus den gegenüberliegenden Wohnhäusern heraus. Sie fahren mit dem Auto davon. Uns beachten sie nicht.

Die Zeit will nicht vergehen. Die Länge der Schlange hat sich mindestens verdoppelt. Ich habe kalte Füße und stehe abwechselnd auf dem einen oder anderen Bein. Hinter mir blättert ein Mann durch irgendwelche Unterlagen und beschimpft seine Frau auf Arabisch. Die Frau schimpft zurück.

Um sieben Uhr wird die Tür aufgemacht. Langsam bewegen wir uns vorwärts, zuerst zur Ecke des Gebäudes, dann die Treppe hoch, durch die Eingangstür. Ein Polizist in grauer Uniform schaut uns dabei zu. Ich sehe, dass jeder die Bildseite seines Passes vorzeigt. Als ich an der Reihe bin und vor einem kleinen Fenster stehe, tue ich dasselbe. Daraufhin bekomme ich ein Ticket mit der Ziffer 27. Der Polizist, der hinter dem Glas sitzt, sagt mir die Zimmernummer.

Nach einigem Suchen finde ich das Zimmer auf einem langen schmalen Gang, der kaum passierbar ist. Es stehen und sitzen Menschen auf beiden Seiten. Viele halten ihr Ticket fest in den Händen. Ich stehe vor der Tür, da beäugt mich misstrauisch ein junger Kerl. Ich frage ihn, wann sie aufmachen. Um acht, sagt er. Es ist halb acht.

Ich gehe zum Wartezimmer. Es ist genauso voll wie der Gang. Jeder Platz ist besetzt, und manche sitzen sogar auf den Tischen. Andere lehnen sich an die Wand. Auf den Tischen und hier und da auf dem Fußboden sieht man Blechbüchsen mit zwei eingedrückten Stellen, die als Aschenbecher dienen. Schon jetzt sehen die Menschen, die dort warten, durch den Rauch grau aus. Manche haben die Augen geschlossen. Ein alter Mann mit einem Stoppelbart hat den Hinterkopf gegen die Wand gelehnt. Sein Mund steht offen. Direkt neben der Tür sprechen eine Amerikanerin und eine Japanerin Englisch miteinander.

Bevor ich mir einen Platz auf dem Gang suche, gehe ich auf die Toilette. Durch das offene Fenster kann ich auf den Hof sehen. Da warten die Tamilen. Sie müssen draußen bleiben. Da schlängelt sich die Menschenmenge hin und her entlang der grauen Sperrgitter, damit bei den Wartenden Ordnung herrscht.

Ich finde einen Platz direkt gegenüber der Tür des Zimmers, in das ich hineinmuss. Ich setze mich auf den Fußboden und nehme ein Buch aus der Innentasche meiner Jacke. Nachdem ich eine Seite gelesen habe, muss ich feststellen, dass ich nichts verstanden habe. Das Buch verschwindet wieder in meiner Jacke. Ich schaue auf die Armbanduhr einer jungen Frau, die neben mir sitzt und einen kanadischen Pass in der Hand hält. Es ist genau 7 Uhr 47. Nicht mehr lange, denke ich. Dann fällt mir ein, dass ich um acht Uhr noch lange nicht dran bin. Ich nehme mein Ticket aus der Tasche. Nummer 27. Das kann noch lange dauern.

Um acht Uhr wird die Tür einen Spalt geöffnet. Einige Leute springen auf. Die Stimme einer unsichtbaren Frau ruft: „Die Nummern eins, zwei und drei.“ Es verschwinden drei Menschen hinter der Tür. Es dauert einige Minuten, bis einer wiedererscheint. „Nummer vier“, sagt dieser. Und so geht es eine ganze Weile. Ein paar Mal vergehen mehr als zehn Minuten zwischen den Aufrufen. Ich verfolge das Geschehen auf der Uhr meiner Nachbarin. Zwischendurch gehen welche, die schon drin gewesen sind, wieder ins Zimmer, um ausgefüllte Formulare abzuliefern. Um halb zehn wird die Nummer 17 aufgerufen. Meine Nachbarin fragt, welche Nummer ich habe. Ich sage es ihr. Sie hält mir ihr Ticket vor, Nummer 37. „Du kannst aber lange warten.“

Ich kreuze meine Arme auf die Knie und lege den Kopf darauf. Ich mache die Augen zu und döse vor mich hin. Als ein Mann schreit, schrecke ich hoch. Da ist eine Frau zusammengebrochen. Sie ist hochschwanger. Zwei Männer heben sie auf und helfen ihr den Gang entlang zum Wartezimmer. Kein Wunder, dass sie ohnmächtig wurde. Es ist heiß auf dem Gang. Fast alle haben die Jacken ausgezogen. Es riecht nach Schweiß und Zigarettenqualm.

„27.“ Ich springe auf und gehe durch die Tür.

„Und was kann ich für Sie tun?“

„Eine Aufenthaltserlaubnis brauche ich.“

„Pass, polizeiliche Anmeldung haben Sie dabei?“

„Ja“, und ich hole sie aus meiner Tasche.

„Wovon leben Sie?“

„Ich unterrichte an der Volkshochschule Wedding.“

„Können Sie das beweisen?“

„Ja, indem ich das sage.“

„Ich brauche einen schriftlichen Arbeitsnachweis.“

„Den habe ich auch.“

„Warten Sie bitte.“

Während dieser Unterhaltung spielt sich neben mir eine laute Szene ab. Einem libanesischen Paar fehlt irgendein Dokument. Sie können kein Deutsch, aber die Frau hinter der Theke redet immer wieder auf sie ein, sie müssen ihre Eheurkunde vorlegen, sonst könne die Frau nicht in Berlin bleiben. Sie verstehen nur Bahnhof. Die Frau von der Polizei wird immer lauter, als müsste die gesteigerte Lautstärke die Deutschkenntnisse der Libanesen schlagartig verbessern. Die junge Libanesin – sie sah höchstens wie 17 aus – fängt an zu weinen. Ich tippe ihrem Mann auf die Schulter und frage, ob er Englisch verstünde. „Yes."

„Der Mann versteht Englisch und Sie können bestimmt auch Englisch. Warum fragen Sie nicht auf Englisch, was Sie von ihm haben wollen?"

Die Frau jenseits der Theke starrt mich an.

„Deutsch ist hier Amtssprache."

„Aber sie verstehen kein Deutsch. So kommen Sie doch gar nicht weiter, auch wenn Sie sie noch so laut anschreien."

Sie schaut das völlig eingeschüchterte Paar an, sagt aber zu mir: „Warum kommen die überhaupt hierher, wenn sie kein Deutsch können?" Dann sieht sie mich an. „Was geht das Sie an."

„Es wäre eine Kleinigkeit, Englisch mit ihnen zu reden."

„Sie haben sich hier nicht einzumischen."

Ich sage dem Libanesen, "You must show her your marriage license." Er wendet sich zu der Beamtin und zeigt ihr seinen Ehering, greift nach der Hand seiner Frau und hält auch ihren Ehering hoch. „Eheurkunde", sagt die auf der anderen Seite nur. Das Paar stürmt aus dem Büro und die Beamtin setzt sich an ihren Schreibtisch und scheint von der Geschichte nicht weiter berührt zu sein.

„Bitte füllen Sie diesen Antrag aus und bringen Sie ihn gleich wieder."

„Muss ich noch mal aufgerufen werden?"

„Nein, nein, kommen Sie unaufgefordert wieder rein. Fordern Sie bitte die Nummer 28 auf."

„28."

Ich fülle den Antrag aus und bringe ihn zurück. Ich soll im Wartesaal warten, bis ich aufgerufen werde. Ich stelle mich an die breite Tür. Einen Sitzplatz gab es sowieso nicht. Es krächzte eine Stimme aus dem Lautsprecher direkt über meinem Kopf, eine deutsche Stimme, die einen türkischen Namen ausspricht. Ein Mann springt auf. Lange stehe ich da. Hin und wieder knarrt es im Lautsprecher und es eilt jemand aus dem Raum. Ich höre genau hin, aus Angst meinen eigenen Namen nicht verstehen zu können. Dann bin ich tatsächlich dran. Mein Name ist kaum zu verstehen, aber die Stimme hat „der Amerikaner" davor gesagt. Ich gehe den Gang entlang und um die Ecke, bis ich die Tür finde, die aufgerufen wurde. Ich trete ein.

Da sind zwei zusammen geschobene Schreibtische und zwei Polizeibeamte in Zivil. Sie plaudern gemütlich miteinander. Einer gibt mir kommentarlos meinen Pass wieder.

„Und?" frage ich.

Er unterbricht einen Satz und sieht mich an.

„Was ‚und'?"

„Habe ich eine Aufenthaltserlaubnis bekommen oder nicht?"

Ich blättere durch meinen Pass und stelle fest, die Erlaubnis gilt bloß für drei Monate.

„Was soll denn das, nur für drei Monate?"

„Ja, mein Herr, dann müssen Sie wiederkommen."

„Um dieses ganze Theater noch einmal durchzumachen? Das ist doch eine Frechheit."

„Seien Sie froh, dass Sie überhaupt eine Aufenthaltserlaubnis bekommen haben. Guten Tag."

Er wendet sich seinem Schreibtisch zu und betrachtet den nächsten Antrag. Ich gehe. Als ich den U-Bahnhof Kochstraße betrete, ist es 11 Uhr 57.

22

Spätabends, auf dem Weg von Christiane zum Grenzübergang Friedrichstraße/Zimmerstraße, will ich am Alexanderplatz umsteigen. Ich hatte die Erfahrung vom Abend nach der Disko vergessen und der U-Bahnhofeingang war wieder geschlossen. Da hängt ein Schild mit der Information, dass auf Grund von Wartungsarbeiten der Verkehr der U-Bahnlinie für mehrere Wochen ab 22 Uhr unterbrochen ist. Also muss ich zum S-Bahnhof zurück, den ersten Zug Richtung Bahnhof Friedrichstraße nehmen und die ganze Friedrichstraße bis zum Grenzübergang laufen. Bis dahin hatte ich nie daran gedacht, im Bahnhof Friedrichstraße über die Grenze zu gehen. Das kam erst später. Also nehme ich mehrere Male diesen umständlichen Weg zum Grenzübergang.

Eines Abends, als ich an dem Metropa Restaurant im Bahnhof vorbeigehe und die paar Stufen zur Straße hinabsteige, steht ein Polizeiwagen vor dem Bahnhof. Vier Männer sitzen im Auto. An der Barriere zur Straße lehnen vier weitere Polizisten. Als ich rechts abbiege und Richtung Grenzübergang gehe, folgen mir die vier Polizisten zu Fuß sowie auch der Wagen.

In Ost-Berlin bin ich schon öfter beschattet worden, von auffallend unauffälligen jungen Männern, die zufällig den gleichen Weg hatten, doch bisher von keinen Uniformierten.

Beim Überqueren der Georgenstraße überholen mich zwei der Polizisten, so dass zwei vor mir gehen und zwei hinter mir laufen. Ich frage mich natürlich, was dieses Geleit zu bedeuten hat. Als ich die nördliche Seite der Straße Unter den Linden überquere und auf dem Mittelstreifen war, drehen sich die beiden Polizisten vor mir um und bleiben vor mir stehen. Der Wagen hält an und die vier Insassen steigen aus und stellen sich zu den anderen vier, so dass ich von acht Polizisten umringt bin. Ich versuche weiter zu laufen, aber mir wird der Weg blockiert. Einer fragt nach meinem Ausweis. Ich frage nach dem Grund. Er antwortet, es sei eine Routinekontrolle. Ich frage, ob es üblich sei, acht Polizisten bei einer Routinekontrolle einzusetzen. Ich erhalte keine Antwort und wieder wird mein

Ausweis verlangt. Ich gebe ihm meinen Reisepass. Der Polizist blättert durch meinen Pass und schaut abwechselnd das Bild und mein Gesicht an. Er fragt, was ich zu dieser Uhrzeit „in der Hauptstadt“ zu suchen habe. Ich teile ihm mit, dass ich Freunde besucht habe. Wie kommt es, fragt er, dass ein „Bürger der USA“ Freunde „in der Hauptstadt der Deutschen Demokratischen Republik“ hat. Ich erkläre ihm, wir sind Freunde geworden wie Menschen überall Freunde werden. Es sei aber nicht üblich, dass „Bürger der USA“ Freunde in der Deutschen Demokratischen Republik haben. Ich sage ihm, ich jedenfalls habe Freunde hier. Wieder blättert er durch meinen Reisepass, lässt sich Zeit und schaut sich jede Seite an. Ich weiß, dass es bald Mitternacht wird und vermute, dass ich zu spät zum Grenzübergang kommen soll. Ich warte. Dann gibt er mir meinen Pass zurück und sagt, ich darf gehen, aber ich sollte mich beeilen, es sei bald Mitternacht. Betont langsam überquere ich die andere Seite der Straße Unter den Linden, dann fange ich zu joggen an. Als ich am Grenzübergang ankomme, schaut der Soldat, der dasteht, demonstrativ auf seine Uhr. „Na ja, gerade so.“

23

Nachdem ich im Krankenhaus aufgehört hatte, bekommt mein Leben einen anderen, ruhigeren Rhythmus. Nicht länger brauche ich um halb fünf aufzustehen. Besonders montags, nach drei langen Nächten, tut es gut, mich ausschlafen zu können.

Morgens stehe ich auf, wasche mich, ziehe mich an und gehe zum Bäcker schräg gegenüber, um Schrippen zu holen. Ich mache mir dann eine Tasse Tee und während ich frühstücke, arbeite ich an meinen Vorbereitungen für den Unterricht am Abend. Danach, wenn ich etwas brauche, gehe ich zum Kaufhaus Hertie in der Turmstraße, in die Lebensmittelabteilung. Ich kaufe aber wenig, denn ich habe mich schnell daran gewöhnt, alles was erlaubt ist, aus Ost-Berlin mitzubringen, und auch ein paar Sachen, die nicht erlaubt sind. Ich gewöhne mich auch daran, buchstäblich jeden Pfennig, den ich ausgebe, zu notieren. Für die Zeit nach der Ausreise muss ich so viel wie möglich sparen und daher will ich meine Ausgaben unter 25 Mark die Woche halten. Nur weil ich im Osten so viel einkaufe, ist das möglich.

Nach dem Einkauf lese ich meistens ein paar Stunden. In dieser Zeit lese ich sehr viele Bücher und muss ständig Nachschub aus der Bibliothek in der Perleberger Straße holen. Beim Lesen fällt mir dann immer wieder auf, wie laut es in meiner „Wohnung" ist: das Radio und das Luftdruckwerkzeug vom Reifendienst unten und die vielen Autos, insbesondere die Lastwagen, die, wie es mir scheint, stets leer fahren. Abends dagegen, wenn ich vom Unterricht komme, ist es ruhig, außer wenn es im Fernsehen ein Fußballspiel gibt. Da dreht mein Nachbar die Lautstärke auf und jubelt oder schimpft mit.

Nachmittags spiele ich meistens Gitarre und singe. Ich versuche, jede Woche zwei neue Lieder zu lernen, und das gelingt mir auch. Die Liederbücher hole ich aus der Amerika Gedenkbibliothek. Ich höre auch Radio. Dietmar und Kathy haben mir ein kleines Transistor-Radio geschenkt. So oft es geht, höre ich die Country-Musik-Sendung von Gene Price und seinem Kumpel Willard W. Willard über AFN. Auch die Meldungen des Suchdienstes des Deutschen Roten Kreuzes höre ich gelegentlich: wer hat nach dem 14. Februar 1945 auf der Frischen Nehrung oder in Pillau ein dreijähriges Mädchen mit blonden Haaren, blauen Augen, einem dunkelblauen Mantel und einer Pelzmütze gesehen. Sie wurde am 21. Juni 1941 in Loschkeim, Kreis Bartenstein geboren und hörte auf dem Namen „Sieglinde".

Bevor ich zum Unterricht fahre, rufe ich Christiane aus einer Telefonzelle an. Das erfordert viel Geduld. Es ist ein Ferngespräch zum Ortstarif. Ich muss die Vorwahl 0372 wählen. Meistens muss ich mehrmals wählen, ehe es mit der Vorwahl klappt. Wenn es nicht klappt, höre man ein Knattern in der Leitung. Ist die Verbindung nach Ost-Berlin hergestellt, wähle ich schnell die Nummer des Apparates von Christianes Büro. Zu Hause hat sie natürlich kein Telefon. In der

Regel bekomme ich ein- oder zweimal „Kein Anschluss unter dieser Nummer“ zu hören. Oder es passiert gar nichts, nachdem ich gewählt habe, tote Leitung. Hin und wieder, wenn es bei Christiane klingelt und sie den Hörer abnimmt, kann ich sie hören, sie mich aber nicht. Man muss wieder von vorne anfangen. Es passiert auch, dass ich, obwohl ich Christianes Apparatnummer gewählt habe, mit der Telefonzentrale des Betriebs verbunden werde. Ich verlange in solchen Fällen „Kollegin Friedrich“ und werde verbunden.

Ein anderes Problem beim Telefonieren sind die alten Frauen in Moabit, von denen es, wie in allen ärmlicheren Teilen von Berlin, viele gibt. Allem Anschein nach haben dort wenige alte Frauen Telefone in der Wohnung, denn die Telefonzellen werden von ihnen ständig belagert. Beinahe täglich, wenn ich eine Zelle gerade betreten habe, höre ich ein Klopfen. Wenn ich nicht bald Schluss mache, wird wieder geklopft. Spreche ich immer noch weiter, wird die Tür aufgerissen: „Wird’s bald?“ Räume ich, nach ein paar vergeblichen Versuchen durchzukommen, die Telefonzelle, haben die alten Damen es nie eilig, mich wieder vor zu lassen. Wage ich, nach, sagen wir, zehn Minuten, leise anzuklopfen, weil ich Angst habe, Christiane macht Feierabend, ehe ich durchkomme, werde ich giftig angefaucht: „Man wird doch wohl noch ausreden dürfen!“ Trotz aller Schwierigkeiten gelingt es uns fast jeden Tag, zumindest ein paar Minuten miteinander zu sprechen.

Während der Woche habe ich jeden Abend Unterricht und das bedeutet, dass ich ständig unterwegs bin, denn ich unterrichte an fünf verschiedenen Orten. Im Bezirk Wedding unterrichte ich in einer Schule in der Ravenéstraße, bei der Firma Schering in der Müller Straße und in der Lessingschule in der Schöningsstraße. Dann bin ich in der Schering-Fabrik in der Max-Dohrn-Straße in Charlottenburg und schließlich gebe ich Unterricht in einem Hochhaus am Kurfürstendamm. Bis auf einen Abend komme ich nicht vor zehn Uhr nach Hause. Mit einer Ausnahme sind es Anfängerkurse. Die Anfängerkurse kommen alle unterschiedlich voran, einer trifft sich dreimal wöchentlich, einer zweimal und zwei nur einmal in der

Woche. Da aber das Lehrbuch für alle Kurse das gleiche ist, spare ich viel Vorbereitungszeit. Ich verbringe umso mehr Zeit in der U-Bahn. Hat die U-Bahn Verspätung oder gibt es eine Panne, komme ich zum zweiten Kurs zu spät und bin außer Puste.

24

Eines Tages, als ich gerade nach dem Briefkasten geschaut habe, treffe ich den alten Mann aus dem zweiten Stock. Ich habe ihn schon öfter gesehen. Auf meinen Gruß hat er immer mit einem misstrauischen Blick reagiert. Heute hängt er am Treppengeländer. Mit der anderen Hand versucht er, einen Eimer Kohle und seinen Stock von einer Stufe zur nächsten zu heben, immer eine Stufe und dann eine Pause.

Ich frage, ob ich ihm helfen könne. Er schaut mich zunächst an als verstünde er mich nicht. „Baum, zwei Treppen. Baum."

Ich trage den Eimer hoch und stelle ihn vor der Tür ab, auf der der Name „Baum" steht. Ein paar Tage später treffe ich die alte Frau Baum, wie sie sich mit zwei Eimern voll Kohle abplagt. Ihr biete ich auch meine Hilfe an. Wieder stelle ich die Eimer vor die Tür. Sie versucht, mir zwei Mark in die Hand zu drücken. Ich lehne ab, sage ihr aber, ich wäre gerne bereit, für sie die Kohle hoch zu tragen, wenn sie mir nur Bescheid sagt. Daraus entwickelt sich eine Bekanntschaft. Zunächst schleppe ich zweimal in der Woche zwei Eimer Kohlen hoch. Als es allmählich kälter wird, ist es täglich. Eines Tages bittet Frau Baum mich, ein Bündel Kohle vom Kohlenhändler zwei Häuser weiter zu holen. Ich frage sie wozu, denn ihr Keller ist voll mit Kohle. Sie meint, es könne möglicherweise nicht ausreichen, wenn sie nicht zwischendurch was hole. Also schleppe ich ein- oder zweimal die Woche auch zwei Pakete Kohle hoch. Es sind etwa 20 Briketts, die mit einer Plastikstrippe verschnürt sind. Sie schneiden schnell in die Hand und ich verdrecke dabei meistens meine Hose.

Seit ihrer Hochzeit wohnt das Ehepaar Baum in dieser Wohnung, hat dort ihre Kinder großgezogen. Ein Babybett steht noch in einem der Räume. Die Wohnung ist inzwischen viel zu groß für sie, und Frau Baum kommt mit dem Putzen gar nicht mehr nach. Ob ihre Kinder ihnen nicht helfen könnten? „Von ihnen können wir nichts erwarten“, sagt Frau Baum. Sonst spricht sie nie von ihren Kindern. Auf der alten Kommode mit den Löwenfüßen in der Wohnstube stehen Fotos von ihren Enkelkindern, aber ich bekomme diese nie zu Gesicht und das, obwohl ich fast jeden Tag in ihrer Wohnung bin. Einmal habe ich eine Dame in der Wohnung gesehen, fein angezogen, mit Armreifen an beiden Armen und mehreren Ringen an den Fingern. Nachher erklärte mir Frau Baum, es sei ihre Tochter gewesen. Alle paar Monate lasse die Tochter das alte Paar mit einem Taxi zu sich kommen.

Später begann ich, Bierkästen für Herrn Baum zu holen, vom „Getränke Hoffmann“ in der Rathenower Straße. Ich bin völlig durchgeschwitzt, wenn ich in der Wohnung ankomme. Gelegentlich kommt eine Flasche Schnaps hinzu. Immer öfter klopft Herr Baum bei mir an. Im Bolle-Laden Ecke Stendaler Straße/Rathenower Straße gebe es Jacobi Weinbrand im Sonderangebot, ob ich eine Flasche holen könne. Oder zwischendurch bittet er mich, einzelne Flaschen Bier zu holen.

„Aber meiner Frau nichts sagen.“

Der Alte bittet mich, für ihn im Keller Holz klein zu hacken. Während ich hacke, holt er eine Flasche Bier aus der „Luftschutzapotheke“, die an der Wand hängt.

„Mein Geheimvorrat“, erklärt er mir. „Aber meiner Frau nichts sagen.“

Bei dieser Gelegenheit finde ich im Kellergang einen alten verwaisten Schreibtisch. Ich erkundige mich bei Frau Baum, ob sie wisse, wem er gehört. Sie sagt, der steht seit Jahren da. Ich trage ihn hoch und stelle ihn neben meinen Kühlschrank. Das ist ein Gewinn für mich. Das Essen und das Schreiben können endlich in einer dem Rücken schonenden Haltung vorgenommen werden. Was sollte es mich stören, dass jemand mit einer Spraydose auf den Schreibtisch mehrmals „Elvis“ geschrieben hatte.

MfS Dokument 6

VPI Berlin-Treptow den 15.12.1981

- Der Leiter –

[handschriftlich: „zur Meinungsäußerung“]

Rahmengliederung

Zum Vorschlag auf Ablehnung einer Eheschließung mit anschließender Übersiedlung.

1. Angaben zum DDR-Bürger:

-Friedrich, Christiane

-geb. am 13.08.1954 in Wiesenburg

-wh. 1195 Berlin-Baumschulenweg, Marienthaler Str. 4

-ledig

-keine Kinder

-Diplom-Ingenieur-Ökonom

-Abteilungsleiter

-Komb. EAW „Friedrich Ebert“, 1193 Berlin, Hoffmannstr.

Betriebsteil Schaltgeräte/Elektronik

-Geheimnisträger, VD verpflichtet und hatte Einsicht in VS-Unterlagen.

Kein ehemal. Ang. der bewaffn. Organe, der Zollverwaltung bzw. der Staatsanwaltschaft der DDR

-kein Mitglied der Partei, Mitglied des FDGB, der DSF und im DTSB

-nicht vorbestraft

-kein Rückkehrer bzw. Zuziehender

-kein Doppelstaatler

2. Eheschließung und Übersiedlung mit bzw. zu:
-Shreve, John
-geb. am 23.02.1952* in St. Joseph
-wh. 3318 South 30th St. Joseph, Missouri Land: USA
NW 21 Berlin(West) Birkenstr. 56
-geschieden
-Staatsangehörigkeit USA
-Lehrer für Englisch an der Volkshochschule Wedding/WB
3. Sachverhalt:
3.1. Frl. Friedrich studierte von 1973 bis 1977 an der TU Dresden und schloß das Studium als Diplom-Ing.-Ökonom ab. Seit 1977 arbeitet sie im KEAW Treptow. Der Betrieb schätzt sie arbeitsmäßig sehr gut ein, durch gute fachliche Leistungen hatte sie einen schnellen Aufstieg. Eine gesellschaftliche Arbeit wurde nicht geleistet. Die langjährige Verbindung mit dem USA-Bürger hat sie, wegen ihrer betrieblichen Karriere, dem Betrieb gegenüber verschwiegen.
Im Wohnhaus hat sie keinen Kontakt zu anderen Mietern, sie ist ruhig und zurückhaltend. Im Wohnhaus und im Wohngebiet wird keine gesellschaftliche Arbeit geleistet, eine politische Meinungsäußerung erfolgt nicht.
Frl. Friedrich bewohnt eine modern eingerichtete Eineinhalbzimmerwohnung.
In polizeilicher Hinsicht ist sie nicht in Erscheinung getreten.
3.1.2 Keine gesundheitlichen Schäden, bezieht keine Rente oder andere staatliche Zuwendungen.
3.2. Antragssteller haben sich im Sept. 1977 kennengelernt, Herr. S. studierte damals in Berlin(West). Von 1978 bis Juli 1981** lebte er wieder in den USA und es bestand nur eine briefliche Verbindung. Sie haben die Absicht zu heiraten und der gemeinsame Wohnsitz nach der Eheschließung soll in den USA sein.
Bisher keine weiteren Aktivitäten.
3.3. Es wird eingeschätzt, dass es sich nicht um eine echte Bindung handelt.
3.4. Frl. F. ist nicht im Besitz von ausländischen Personaldokumenten.

Es ist nicht bekannt, ob es bereits Bemühungen zum Erhalt einer Einreiseerlaubnis gibt.

3.4. Es gibt keine Hinweise auf rechtswidriges Verhalten.

3.5. Bei Genehmigung erfolgt Eheschließung und Ausreise, bei Ablehnung ist mit weiteren Ersuchen zu rechnen.

3.6. Die Arbeitsgruppe hat das Ersuchen geprüft und schätzt ein, dass mit der Eheschließung nur die Ausreise aus der DDR erreicht werden soll. Gemeinsame Kinder sind auch nicht vorhanden. Ausschlußgründe nach Ziffer 6.1.3. liegen vor durch die Geheimnisträgerschaft von Frl. Friedrich sowie der Schwester und des Schwagers. Von seiten des Betriebes, dem KEAW Treptow wird auch eine Ablehnung vorgeschlagen.

Abstimmung mit der KD des MfS ist erfolgt und es wird eine Ablehnung vorgeschlagen.

4. Schriftliche Stellungnahme des KEAW Treptow, wird nach erhalt nachgereicht.

5. Der Leiter der KD des MfS und ich schlagen eine Ablehnung des Ersuchens vor.

[Unterschrift]

Friedrich

Oberstleutnant d. VP

[*Das Geburtsdatum stimmt nicht

**Die Angabe ist falsch.]

25

Christiane meint, sie sei schwanger. Das weiß ich. Diese Vermutung wird vom Arzt bestätigt. Über das Thema hatten wir nie gesprochen. Wir brauchten darüber nicht zu reden. Wir hatten beide den Wunsch nach Kindern. Ein Kind ändert alles, schon vor seiner Geburt.

„Jetzt muss etwas geschehen.“

„Ich weiß nicht", meint Christiane, „vielleicht ändert sich tatsächlich etwas dadurch. Ich kann mir aber nicht vorstellen, dass ich vor der Geburt ausreisen darf."

„Das heißt, dieser Staat würde eine Familie mit Gewalt trennen."

„Na und? Das wäre nicht das erste Mal. Außerdem, für den Staat sind wir erst eine Familie, wenn wir verheiratet sind."

„Aber der Staat hindert uns daran zu heiraten."

„Hier bestimmt der Staat die Spielregeln und seien sie noch so absurd."

„Ja, aber woher nehmen sie das Recht dazu?"

„Das leiten sie aus der Geschichte ab. Die Geschichte steht eben auf ihrer Seite."

„Wer sagt das?"

„Die Partei sagt das."

„Die Partei hat immer recht?"

„Meistens hat sie tatsächlich recht. Ich meine, es ist doch so, dass die da oben einen besseren Überblick haben."

„Und ihr hier unten habt zu gehorchen?"

„Was soll man machen?"

„Hat die Partei recht, wenn wir nicht heiraten dürfen?"

„In diesem Fall, nein."

„Wieso nicht? Die da oben haben doch den besseren Überblick."

„Weißt du, ich glaube, dass die meisten Menschen hier sich keine Gedanken darüber machen."

„Wie ist es mit den vielen Ausreiseanträgen?"

„Ja, es sind eine ganze Menge, aber weit über sechzehn Millionen haben eben keinen Antrag gestellt. Sie haben sich mit der Situation abgefunden. Die meisten sind unzufrieden, aber sie sind aus dem Grund unzufrieden, weil sie keine vernünftige Wohnung finden, weil sie vierzehn Jahre auf ein Auto warten müssen, weil schöne Sachen zu teuer sind. Sie denken nicht politisch. Die Deutschen sind keine Rebellen."

„Dann sind sie an ihrer Situation selber schuld."

„Ja, natürlich. Jeder meckert, aber nicht jeder ist ein Held. Ich auch nicht."

„Das ist aber traurig."

„Bei euch sind auch nicht alle Helden."

„Natürlich nicht, aber wir sind in der Lage, nicht so oft Helden sein zu müssen. Wenn man sich bei uns gegen Missstände auflehnt, riskiert man nicht so viel."

„Ihr habt leicht reden."

„Mag sein."

„Ändern tut es trotzdem nichts."

„Wie kommst du darauf? Druck von unten hat vieles bei uns geändert. Denk an die Bürgerrechtsbewegung oder den Krieg in Vietnam."

„Und wie viele Schwarze sind ermordet worden, weil sie sich für ihre Rechte einsetzten?"

„Sie haben aber vieles grundsätzlich verändert."

„Und vieles nicht."

„Das bestreitet kein Mensch. Aber Tatsache ist, es gab Helden, als man sie nötig hatte."

„Das waren Menschen, die nichts mehr zu verlieren hatten. Nur solche Menschen gehen auf die Barrikaden."

„Und was ist mit euch? Was habt ihr zu verlieren?"

„Jede Menge. Jedenfalls sehen die meisten es so. Wir haben Arbeit, genug zu essen. Die meisten wollen das, was sie haben, nicht riskieren. Schließlich haben wir mehr Sicherheit als ihr."

„Und wenn unser Kind zur Welt kommt, werden seine Eltern wahrscheinlich nicht verheiratet sein."

„Ist das so schlimm?"

„Natürlich ist das schlimm, weil wir nicht heiraten dürfen. Der Staat verbietet es uns, wie ein strenger Vater, der glaubt, alles besser zu wissen. Und das Schlimme ist, wer ist der Staat, wer ist die Partei? Die Partei, der Staat entscheidet nicht über unser Schicksal. Das sind sowieso nur theoretische Gebilde. Irgendein mieser kleiner Funktionär entscheidet über unser Schicksal und gibt sich als ‚der Staat' aus. Mein Gott, wie ich dieses Land hasse."

„Das hilft auch nicht. Schließlich sind wir von diesem miesen, kleinen Funktionär abhängig. Ärgern tut es mich auch, aber warum soll ich mich darüber aufregen. Das ändert doch nichts."

„Und was ändert etwas?"

„Das weiß ich auch nicht."

Als ich in der Nacht von Sonntag zu Montag zu Hause ankomme und in den Briefkasten schaue, finde ich einen Brief. Auf dem Umschlag steht: „*Department of the Army*". In fünf Zeilen wird mir mitgeteilt, dass mein Beschwerdebrief eingetroffen sei, aber nach „sorgfältiger Erwägung" aller Aspekte meines Falles, die Entscheidung, mich zu entlassen, bestätigt wird. Unterschrieben wurde der Brief von,

William T. Deasy

Colonel, GS

Deputy Chief' of Staff, Intelligence

So einfach ist das.

DEPARTMENT OF THE ARMY
HEADQUARTERS, US COMMAND, BERLIN, AND US ARMY, BERLIN
OFFICE OF THE DEPUTY CHIEF OF STAFF FOR INTELLIGENCE
APO NEW YORK 09742

AEBA-IO

24 September 1981

Mr. John Shreve
Birkenstrasse 56
1000 Berlin 21

Dear Mr. Shreve:

Receipt of your letter of 22 September 1981 is acknowledged.

After careful consideration of all aspects of your case, including the information you provided in your letter, I stand with my previous recommendation to Commander, US Army Berlin, concerning your employment.

I have forwarded your letter to the Director, Civilian Personnel.

Sincerely,

William T. Deasy
WILLIAM T. DEASY
Colonel, GS
Deputy Chief of Staff, Intelligence

26

Trotz der neuen Salamanderstiefel, die ich in dem Schuhladen an der Ecke Böhmschulenstraße und Behringstraße gekauft hatte, werden meine Füße langsam kalt. Wir haben schon Mitte Dezember und minus sechs Grad. Am 13. Dezember war in der Volksrepublik Polen das Kriegsrecht verhängt worden. Menschen wurden verhaftet, die Bewegung für mehr Selbstbestimmung wurde abgewürgt.

Um mich herum höre ich fast nur Polnisch. Die Menschen tragen Pelzmützen und weiß-rote Plaketten. Es stehen nur wenige Polizeiwagen vor dem Rathaus Schöneberg. Doch Tausende Demonstranten sind gekommen. Polen steht seit sechs Tagen unter Kriegsrecht, aber Polen ist weit weg. Von Berlin sind es fast hundert Kilometer zur polnischen Grenze. Einige wenige Menschen tragen Transparente.

„Keine Unterstützung der Militärdiktaturen in Polen, El Salvador und der Türkei"?

„Nieder mit dem Stalinismus – Freiheit und Sozialismus für Polen"

Es sind auch Schilder auf Polnisch zu sehen.

Der Berliner DGB-Vorsitzende Walter Sickert tritt ans Mikrofon. Er fordert den Militärrat in Polen auf, „das Blutvergießen unschuldiger Menschen zu beenden." Er nennt die *Solidarność* eine „freiheitliche Gewerkschaftsbewegung", ohne die es „keine Chance, die gegenwärtige Krise in Polen zu bewältigen," gebe. Die Berliner sollen den Polen mit Spenden helfen.

Ein zweiter Gewerkschaftsfunktionär berichtet von der Verweigerung des polnischen Botschafters in Bonn, einen Protest des DGB nach Warschau weiterzuleiten, weil dies eine Einmischung in die inneren Angelegenheiten Polens sei. „Wenn die internationale Solidarität mit in Bedrängnis geratenen Gewerkschaften eine Einmischung in nationale Angelegenheiten darstellt, dann erkläre ich hier, dass wir uns diese Form der Einmischung nicht nehmen lassen."

Alle klatschen, auch wenn manche Polen nicht alles verstanden haben werden. Aber den nächsten Redner verstehen sie. Er ist ein Vertreter der Berliner Sektion der *Solidarność*, die vier Tage nach dem Putsch gegründet wurde. Seine Stimme klingt traurig, weniger kämpferisch, als die der anderen beiden Redner. Nachdem er das Mikrofon verlässt, kommt ein polnischer Priester. Zuerst spricht er, dann betet er und zum Schluss wird auf Polnisch gesungen.

Die Kundgebung ist zu Ende, aber auf dem Kennedy-Platz bleiben kleine Gruppen zusammen und diskutierten.

Hinter der rot-weißen Absperrung steht ein Reporter. Er hält ein Mikrofon und spricht Englisch. Ihm gegenüber hält einer eine Kamera, auf der „CBS" zu lesen ist. Der Reporter spricht von der Betroffenheit der Berliner und von ihrer Bereitschaft, den Polen beizustehen. Mir geht etwas ganz anderes durch den Kopf, andere Szenen mit anderen Berlinern.

Paul und Paula waren bei Christiane zu Besuch gewesen, als wir in der Tagesschau die Nachricht von dem Putsch hörten. Die flimmernden Bilder lähmten mich. Es war, als wäre eine persönliche Hoffnung zerschlagen worden. Christiane und ich sahen uns an. Alle waren still. Da waren sie, die Bilder der Soldaten, die ihre eigenen Landsleute jagten. Die alte Geschichte. Als der Nachrichtensprecher endlich zu einem anderen Thema überging, sagte Paula: „Gott sei Dank."

Ich sah sie an und begriff nicht, was sie meinte. Gott sei Dank, der Bericht sei vorbei? Oder dass es nicht zu einer sowjetischen Invasion gekommen war? Oder was? Da sagte Paul: „Es musste dazu kommen. Alles wollten sie haben, aber nicht arbeiten."

„Ich finde es traurig", sagte Christiane, aber das schien Paul nicht gehört zu haben. Er drückte seine Zigarette im Aschenbecher aus.

„Nun haben wir es hinter uns."

„Was willst du damit sagen? Das klingt, als wärst du erleichtert", sagte ich.

„Meinst du, das hätte auf uns keine Auswirkungen gehabt? Es konnte nicht zugelassen werden, dass der Sozialismus in Polen abgeschafft wird. Das durfte die Sowjetunion sich nicht bieten lassen. So musste es kommen."

„Ich begreife sowieso nicht, was sie wollten. Nur streiken. Das geht doch nicht", sagte Paula.

Ich hätte gedacht, sagte ich, den DDR-Menschen würde *Solidarność* Hoffnung geben.

„Wieso? Das fördert nur Instabilität und am Ende werden wir auch bedroht."

„Warum sollen wir das, was wir erreicht haben, riskieren?"

Der Reporter ist fertig. Er fragt den Kameramann, ob das in Ordnung sei. Dieser bestätigt es und packt seine Kamera zusammen. Ich gehe auf den Reporter zu.

Ich sage ihm, dass das, was er gesagt hat, nur zum Teil stimmt.

Er sieht mich fragend an.

„Als der Putsch in Polen bekannt wurde, saß ich mit Freunden vor dem Fernseher. Sie sahen die Lage ganz anders, als die Menschen auf dieser Kundgebung. Sie waren erleichtert."

„Ich verstehe nicht."

„Ich war in Ost-Berlin und als der Putsch bekannt wurde, gab es dort nicht allzu viel Unterstützung für die *Solidarność*. Viele hatten Angst, der Funke könnte überspringen."

„Das müssen sie doch gehofft haben."

„Nee, nee. Die Menschen, mit denen ich gesprochen habe, hatten mehr Angst vor dem Chaos als vor der Unterdrückung. Sie bangten um ihren bescheidenen Wohlstand."

„Aber so gut haben es die Ost-Berliner auch nicht."

„Trotz alledem besser als die Polen. Meine Freunde waren nicht betroffen von dem Putsch, geschweige empört. ‘So musste es kommen. Das hätten sie erwarten können. Sie sollen arbeiten. Solche Sprüche habe ich gehört."

„Wissen Sie, das ist alles sehr interessant, aber ich muss jetzt gehen und meinen Beitrag fertigmachen. Schön, mit Ihnen gesprochen zu haben."

Er geht.

27

Es ist ein Abend wie so viele andere. Das Unzumutbare ist längst zur Gewohnheit geworden. Gegen 22 Uhr 45 verlasse ich Christianes Wohnung, laufe zum S-Bahnhof Baumschulenweg, fahre mit der S-Bahn bis Alexanderplatz, laufe über den Platz bis zum U-Bahn Eingang, fahre bis U-Bahnhof Stadtmitte und gehe über die Grenze. Kurz vor halb zwölf überquere ich über den weißen Streifen. Bis die zwölfte Stunde schlägt, laufe ich, um die Zeit zu vertreiben, einfach hin und her. Kurz nach Mitternacht gehe ich wieder Richtung Osten. Ich habe den Grenzübergang schon so oft passiert, dass mein Gesicht bekannt ist. Bei den Grenztruppen, die die Pässe kontrollierten, werde ich nicht unfreundlich begrüßt, fast wie ein alter Bekannter. Der für den ich ein paar Mal gedolmetscht habe, hat in dieser Nacht Dienst. Wir plaudern bei der Einreise über Nichtigkeiten.

Danach kommt die Zollkontrolle. Der junge Mann, den ich hier noch nie gesehen hatte, auch nicht bei der Ausreise, nimmt meinen Pass und meine Zollerklärung entgegen. „Haben Sie alles eingetragen?"

Er blättert langsam durch den Pass, schien sich für jeden Stempel zu interessieren. Er fragt, ob ich in der „Hauptstadt" arbeite.

Was an diesem Abend anders ist als sonst, war die Tatsache, dass ich eine blaue Jacke mit einigen Farbklecksen darauf trage. Wir hatten den ganzen Tag und Abend damit verbracht, Christianes Wohnzimmer zu renovieren. Die Wohnungsfrage ist in der DDR auch mehr als 45 Jahre nach dem Krieg noch immer aktuell. Neue Plattenbauten werden aus dem Boden gestampft und obwohl die Qualität dieser Wohnungen zu wünschen übriglässt, sind die Menschen froh, etwas Komfort zu haben. Die Altbauten werden dagegen vernachlässigt. Die niedrigen Mieten erlauben weder Modernisierung noch Instandsetzung. Sie verkommen. Wasserrohrbrüche sind z.B. keine Seltenheit. Als Christiane nach einem Besuch bei den Eltern nach Hause gekommen war, stand ihre Wohnung unter Wasser. In der Wohnung über ihr war ein Rohr gebrochen. Also müssen wir, nachdem alles trocken war, renovieren. Ich hatte vergessen, die Jacke auszuziehen. Daher die Frage.

Ich habe keine Ahnung, wovon die Rede ist. So angezogen, und er zeigt auf meine Jacke, könne ich nicht in die DDR reisen. Ich bin völlig übermüdet.

„Wieso?"

„So angezogen können Sie nicht in die DDR einreisen." Ich bin völlig überrascht und dazu übermüdet. Ich schaue diesen aufgeplusterten jungen Mann an und erkläre ihm, dass ich dabei bin, eine Wohnung zu renovieren. Er sagt wortwörtlich: „So angezogen fährt man nicht ins Ausland." Ich schaue ihn an und sage, ich fahre nicht ins Ausland, sondern von einem Stadtbezirk zum anderen. In einer lauten Stimme sagt der junge Mann, wenn ich in die Deutsche Demokratische Republik reise, habe ich mich „anständig" anzuziehen. Ich frage, was an dieser Jacke, einer Arbeiterjacke, unanständig sein soll. Schließlich behauptet die DDR, ein Arbeiterstaat zu sein. Ich bin hundemüde. Diese Jacke sei, sage ich, schließlich aus Baumwolle im Gegensatz zu seiner Uniform aus billigem Kunststoff. Er sieht mich kalt an. Ich nenne das Ganze eine „Schweinerei" und er fragt gleich, was ich gesagt hätte, obwohl er es sicherlich verstanden hatte. Ich wiederhole das Wort. Ich sage es etwas zu laut. „Sie reisen nicht ein."

Er geht an mir vorbei, Richtung Passkontrolle. Meinen Pass hat er in der Hand. Es bleibt mir nichts anderes übrig, als ihm zu folgen. Der Grenzsoldat bei der Passkontrolle, derjenige, mit dem ich ein paar Minuten zuvor einen gemütlichen Plausch gehalten hatte, ist verblüfft, sagt aber kein einziges Wort. Der Zöllner gibt ihm meinen Pass und verzieht sich. Der Soldat reicht den Pass durch das kleine Fenster. Gleich kommt er wieder heraus.

Mit dem dunkelhaarigen Grenzsoldaten, der an diesem Abend die Pässe kurz vor dem Ausgang kontrolliert, habe ich öfter Ärger gehabt. Er war der, der mich beschimpft hatte, weil ich einmal, weil ich beide Hände voll hatte, das Gittertor mit dem Fuß aufgestoßen habe. Als er mich jetzt sah, lächelt er.

Er fragt, ob ich es mir mit der Einreise anders überlegt hätte. Ich gönne ihm keine Antwort. Wider Erwarten stehe ich erneut auf der westlichen Seite des weißen Streifens. Ich fahre nach Hause.

Die Nacht kann ich nicht schlafen. Ich liege angezogen auf meiner Liege, aus Angst, ich darf gar nicht mehr einreisen. Ich habe Sehnsucht nach Christiane. Warum habe ich mich bloß so aufgeregt? Natürlich gibt es keine Möglichkeit, ihr Bescheid zu sagen, dass ich nicht komme. Kurz nach sechs Uhr fahre ich los und zwar zum Grenzübergang Bahnhof Friedrichstraße. Vor lauter Aufregung habe ich vergessen, die blaue Jacke auszuziehen, komme dennoch ohne Zwischenfall über die Grenze. Als ich bei Christiane eintreffe, sagt sie, sie habe auch nicht geschlafen.

MfS Dokument 7

Berlin, den 23.12.1981

Kaderaktenauswertung / 2. Einschätzung zur Person

Kolln. Friedrich arbeitet seit dem 1.09.1977 nach Abschluß ihres Hochschulstudiums im VEB EAW. Sie ist als Fachgebietsleiter bei SE-A tätig. Sie zeichnet sich durch rasche Auffassungsgabe, hohe Arbeitsdisziplin und hohe Arbeitsintensität aus. Sie erledigt ihre Arbeitsaufgaben mit guter Qualität und mit viel Initiative. Ihr kameradschaftliches und konsequentes Auftreten im Kollektiv ließ sie zu einer geachteten Kollegin im Fachbereich werden.

In Diskussionen zu gesellschaftlichen Problemen zeigte sich Kolln. Friedrich aufgeschlossen und verständnisvoll gegenüber der Politik der SED. Sie läßt aber kaum einen gefestigten Klassenstandpunkt erkennen und leistet keine gesellschaftliche Arbeit.

3. Operativ bedeutsame Anhaltspunkte

Aufgrund ihres Antrages auf Eheschließung mit einem Bürger der USA ist Kolln. Friedrich mit Wirkung vom 1.12.81 VD-entpflichtet worden.

Peter

28

Bevor ich losgehe, will ich auf die Toilette. Ich nehme den Schlüssel vom Nagel neben der Tür. Das Treppenhaus ist noch kälter als mein Zimmer. Der Hof ist vereist, wo Schnee geschmolzen und wieder gefroren ist. Ich denke an das Ehepaar Baum und hoffe, sie gehen bei dieser Kälte gar nicht erst hinaus. Ich habe viele Eimer voll Kohle und Koks und auch Brennholz hochgetragen. Es dürfte reichen, bis ich wieder aus der DDR zurück bin. Als ich ihnen sagte, ich wollte zehn Tage bleiben, war Frau Baum besorgt. Sie hätte viel zu viel Angst, um in „die Zone" zu fahren. Dort könne einem allerhand zustoßen. „Passen Se bloß uff."

Ich schließe die Toilettentür auf und schalte das Licht an. Das Wasser im Becken ist eindeutig gefroren. Ich ziehe an der Kette. Es passiert nichts. Ich hämmere gegen den Wasserbehälter. Alles zugefroren. Nichts zu ändern.

Den Schlüssel hänge ich an den Nagel. Ich hieve meinen Rucksack auf meinen Rücken und mache mich auf den Weg. Mir ist ein Visum für einen längeren Besuch erteilt worden, und wir wollen die Zeit über Weihnachten und Neujahr bei Christianes Eltern im Dorf verbringen.

Ich fahre früh los, denn ich weiß, dass es heute am Heiligabend am Grenzübergang länger dauern könnte als sonst. Beim Umsteigen am U-Bahnhof Leopoldplatz kann ich ahnen, was mir bevorsteht. Der Bahnsteig Richtung Bahnhof Friedrichstraße ist gerammelt voll, und jeder ist mit dicken Taschen, Plastiktüten, Rucksäcken und anderem bepackt. Ich denke an die Bilder der Flüchtlingstrecks am Ende des Krieges, aber damals hatten die Menschen keine bunten Plastiktüten von Wertheim, KaDeWe oder C&A getragen.

Das Einsteigen nimmt mehr Zeit als sonst in Anspruch, und der Zugabfertiger muss dreimal „Einsteigen bitte" und „Bitte beeilen Sie sich" sagen, ehe er „Zurückbleiben" rufen kann.

Ich finde keinen Sitzplatz, aber ich habe es auch nicht weit. Der Zug hält noch zweimal im Westen, rattert dann unter dem Osten durch. Am Bahnhof Friedrichstraße hält der Zug. Die Türen werden aufgerissen, und alle versuchen, gleichzeitig auszusteigen. Ein Herr mit weißen Haaren, der ein Paar Skier dabei hat, sagt laut: „Ein Zug voll Weihnachtsmänner." Draußen vor der Tür stehen andere Männer, drei Soldaten mit umgebundenen Pistolen. Sie beobachten das Gedränge mit kindlich eisernen Mienen.

Wir bewegen uns mit Mühe zur Treppe. In dem langen Tunnel, der zum S-Bahnsteig führt, kann ich einige überholen. Dazu brauche ich mich nicht sonderlich anzustrengen. Als ich an den Intershops auf dem S-Bahnsteig vorbeigehe, hält ein Zug. Darin sind auch lauter „Weihnachtsmänner" gefahren. Auf der Treppe, die zum Grenzübergang hinaufführt, herrscht „zähflüssiger Verkehr", wie es in Berichten über die Autobahn in Westdeutschland heißt. An der Tür stockt es dann. Über den Köpfen sehe ich das beleuchtete Hinweisschild: „Berlin (West) / BRD / andere Staaten".

Zum größten Teil sind es West-Berliner, die nach vorne drängen und durch die rechte Tür. Ich gehöre zu „anderen Staaten" und darf durch die linke Tür. Bloß zu der linken Tür zu kommen, das muss man erstmal können. Erst als ich an der grauen Sperre vorbei bin, kann ich aus der Masse ausbrechen.

Am Durchgang für „andere Staaten" wartet niemand. Hinter der Sperre stehen Hunderte West-Berliner. Es sind fast nur alte Menschen. Ihre Taschen und Tüten schieben sie mit den Füßen millimeterweise vor sich her.

Die Kontrolle geht flott voran, aber als die Stahltür summt und ich sie aufdrücke, stoße ich wieder auf die Masse, die durch das Nadelöhr des Geldwechsels und der Zollkontrolle hindurchmuss. Die Zöllner winken die Menschen einfach durch. Es wäre aussichtslos, Kontrollen durchzuführen.

Mit winzigen Schritten gehen wir durch die letzte Stahltür, die in die Bahnhofshalle führt. Hinter der Absperrung sind die erwartungsvollen Gesichter der Empfänger der vielen Geschenke, welche die Alten aus West-Berlin anschleppen, die Kinder, jung und alt, die wir Weihnachtsmänner beschenken wollen, sollen, mussten, wie auch immer.

Statt eines Frühstücks hole ich ein Stück Kuchen bei dem privaten Bäcker in der Baumschulenstraße. Um ihn in Ruhe aufessen zu können, bevor ich zu Christiane gehe – sie hatte unbedingt ein Frühstück machen wollen, aber ich hatte ihr gesagt, ich esse zu Hause – laufe ich die Baumschulenstraße entlang. Im Schaufenster der Buchhandlung sind Kunstbücher ausgestellt. An der Ecke Kiefholzstraße, neben der HO-Kinderbekleidung, werden noch immer Weihnachtsbäume verkauft, armselige Geschöpfe, hier ein Ast, dort noch einer. Jetzt glaube ich doch die Geschichte, die unsere Freunde Pia und Michael mir erzählt haben, die Geschichte, die mir damals so lächerlich vorgekommen war, dass ich sicher war, sie wollten mich auf den Arm nehmen. Sie erzählten, wie sie gleich zwei Weihnachtsbäume gekauft hatten und daraus einen Baum machten. Von dem einen hackten sie alle Äste ab und steckten sie in den Stamm des anderen, damit der voller aussah. Diese Praxis soll ziemlich verbreitet gewesen sein. „Man muss sich zu helfen wissen." Das ist ein Spruch, den ich in der DDR oft höre.

Ich freue mich nicht auf die Tage im Dorf. Meine Beziehung zu Christianes Eltern ist nicht gut. Genauer gesagt, es gibt kaum eine Beziehung. Wann immer wir uns begegnen, habe ich den Eindruck, dass sie mich kaum wahrnehmen. Dass wir heiraten wollen, wissen sie schon. Dass Christiane einen Ausreiseantrag gestellt hat, wissen sie auch. Als Christiane es ihnen mitgeteilt hatte, waren sie spontan der Meinung gewesen, es wäre ein Fehler auszureisen. Bald aber schienen sie die Angelegenheit völlig vergessen oder aber verdrängt zu haben. Vielleicht hoffen sie, ich würde einfach verschwinden, wenn sie mich nicht wahrnehmen. Nie haben sie mir eine persönliche Frage gestellt. Von mir wissen sie nichts, und es ist eindeutig, dass sie von mir nichts wissen wollen. Ich weiß nie, was Christianes Vater denkt. Wage ich irgendetwas zu erzählen, sagt er stets trocken: „Guck an". Immer, wenn wir zusammen gewesen sind, das heißt, wenn sie nach Berlin gekommen sind, um einzukaufen und Christiane zu besuchen, gehen wir uns aus dem Weg. Ohnehin sind sie, wie so viele hier, Menschen, denen es schwerfällt, ihren Gefühlen oder Gedanken Ausdruck zu geben. Unangenehme Themen werden umgangen. Obwohl sie ganz und gar einfache Leute vom Lande waren, gilt es, eine gewisse Haltung zu bewahren. „Man darf sich nicht gehen lassen." Dem Zeigen von Gefühlen werde misstraut. Selbstbeherrschung, Arbeit, Pflicht, so nach dem Motto: „Und führe dich selber nicht in Versuchung". Für Christianes Vater gibt es eine einfache Lösung für sämtliche Probleme der Welt: „Die Menschen sollten mehr arbeiten." Man spürt, wie tief die lutherisch-preußische Tradition verwurzelt ist. Der Staat sei etwas Gottgegebenes. Man stellt ihn so wenig in Frage, wie die Sonne am Himmel. Wenn Kritik, dann nur im privaten Kreis. Christiane erzählt mir, wie ihre Mutter geradezu zittert, wenn sie zu irgendwelchen Behörden muss. Als Christiane sich beschwert, dass unser Schicksal von der Gnade des Staates abhängig sei, kann ihr Vater nur sagen: „Ihr macht euch Probleme".

Nach dem Mittagessen und vor dem Kaffee darf ich mit Christianes Bruder den Kuhstall ausmisten. Die Eltern haben zwei große Gärten, Obstbäume, Hühner, Enten und zwei Schweine und zwei Bullen. Die Schweine werden geschlachtet und das Fleisch selber verarbeitet und verzehrt. Die Bullen werden von der LPG als Kälber gekauft, meistens schwächliche Tiere, die der Massenviehhaltung der LPG nicht gewachsen waren, gemästet und dann an die LPG zurück verkauft. Es solle eine Art Investition sein und das Geld, das man beim Verkauf erhielt, bis zu 8000 Mark, wird für größere Anschaffungen verwendet. Bloß erfordert diese Investition viel Zeit und Arbeit. Der eine Garten dient ausschließlich der Ernährung der Bullen. Gras muss gemäht werden, Getreide angeschafft und es muss ausgemistet werden. Aus dem Stall wird das alte Stroh herausgenommen und auf den Misthaufen geworfen, frisches Stroh wird gestreut. Das macht Christianes Bruder Uwe. Ich bin damit beschäftigt, den Weg vom Stall zum Misthaufen sauber zu fegen.

Die Bullen tun mir leid. Sie sind angekettet und kommen erst aus dem Stall heraus, wenn sie geschlachtet werden sollen. Die Tür steht auf und sie schauen mit ihren großen traurigen Augen hinaus und muhen.

„Sie würden nur zu gerne raus", sage ich zu Uwe.

„Nee. Sie sind ganz zufrieden, wo sie sind."

„Das kann ich mir nicht vorstellen."

„Doch. Mal ist einer losgekommen, und wir fanden ihn frei auf dem Hof herumlaufend. Er hatte schreckliche Angst und beruhigte sich erst, als er wieder im Stall stand. Die haben Angst vor der Weite. Nachdem sie ihr ganzes Leben im Stall verbracht haben, haben sie Angst vor der Freiheit."

Christiane ruft von der Tür her, dass der Kaffee fertig ist. Wir gehen die Hände waschen.

Die Frauen haben den Kaffeetisch in der „Fernsehstube" gedeckt. Es stehen drei verschiedene Kuchen und ein Teller mit Waffeln zur Auswahl. Zwei große Kaffeekannen voll „Westkaffee", den ich mitgebracht habe, stehen auf dem Tisch, und Christiane hat mir eine Kanne Tee gemacht. Nachdem alle Platz genommen haben, schenkt Christiane Kaffee ein. Ich gieße mir selber Tee ein.

„Ich bin schwanger" sagt Christiane gerade, als sie Kaffee in die letzte Tasse einschenkt. Stille. Nur die Fernsehstimme im Hintergrund redet weiter. Christiane setzt sich. Die Stille hält an. Ich sehe Christianes Eltern an. Sie sehen einander an. Man sieht es ihnen an: in dem Moment ist eine Hoffnung zerschlagen worden.

„Schön", sagt Uwe. „Ich gratuliere."

Christiane schaut ihre Eltern gespannt an, trinkt aus Verlegenheit einen Schluck Kaffee. Uwe nimmt sich ein Stück Kuchen. „Ich finde es schön."

Christianes Vater fasst endlich Mut und fragt ruhig nach unseren Plänen.

Christiane stellt ihre Tasse hin und sagte, dass wir nach Amerika ziehen wollen.

Das durchbricht die Mauer des Schweigens. „Das gibt's wohl nicht." „Ihr seid nicht gescheit." „Was denkt ihr euch dabei?" Die Sätze wollen kein Ende nehmen.

Christianes Vater fragt, was wir in Amerika wollen.

„Leben", sage ich.

„Leben, ja", sagt er höhnisch, dann lehnt er sich über den Tisch und reibt den Daumen und zwei Finger zusammen, „aber wovon?"

In dem Moment weiß ich, dass er mich verachtet.

Auch dort leben Menschen, wirft Christiane ein, aber ihre Stimme verrät Unsicherheit.

Die Stimme ihres Vaters nimmt einen bösen Ton an. Wir haben nichts und schaffen uns ein Kind an. Wir seien nicht gescheit. Das sei wohl unsere Angelegenheit, fauche ich zurück.

Christiane erinnert daran, dass sie ihnen schon erzählt hatte, dass sie einen Ausreiseantrag gestellt hatte. Ob sie glaubten, sie ziehe ihn zurück? Als weder der Vater noch die Mutter reagieren, sagt Christiane, wenn wir noch länger gewartet hätten, wäre sie zu alt, um Kinder zu kriegen.

„Bleibe im Lande und nähre dich redlich," sagt ihre Mutter. „Das sage ich dir. Bleibe im Lande und nähre dich redlich."

„Nicht einmal verheiratet seid ihr", sagt ihr Vater.

Das ist mir zuviel. Schließlich sei es der Staat, der uns daran hindert zu heiraten. Er meint, wir können nicht erwarten, dass der Staat jeden machen lässt, was er wolle. Ich frage, wieso nicht. Das geht nicht, meint ihr Vater. Ich rege mich noch mehr auf. Statt darüber empört zu sein, dass der Staat seine eigene Tochter daran hindert, ihr Leben zu leben, wie sie will, verteidige er diesen Staat.

„Ihr seid nicht gescheit."

„Bleibe im Lande und nähre dich redlich. Das sage ich dir."

Zum ersten Mal erlebe ich, dass Christiane weint.

„Ihr seid nicht gescheit."

Ich werde wütend. „Ihr habt sowieso nichts zu sagen. Es ist unser Leben."

Uwe stellt seine Tasse polternd hin. „Jetzt reicht's. Was regt ihr euch auf? Es ist doch ihr Leben, nicht eures."

Alles schweigt. Christiane wischt die Tränen weg.

Uwe: „Der Kaffee wird kalt. Außerdem ist es Weihnachten."

MfS Dokument 8

[IM Bericht]

25.1.82

Information zu Christiane Friedrich ca. 24 Jahre

Reetz im Hack

Die o.g. ist die Tochter des Tischlermeisters Rolf Friedrich in Reetz. Ich höre, dass o.g. einen Übersiedlungsantrag nach den USA gestellt hat. Sie hat seit längerem einen Freund, der in Berlin studiert hat (Berlin West). Zwischen zeitlich arbeitete dieser in Berlin West als LKW Fahrer, um sein Studium zu finanzieren.

Die Eltern der Ch. F. sind beide strikt dagegen, dass ihre Tochter übersiedelt. Die o.g. traf ich des öfteren mit ihrem Freund John, hat aber auch schon einen gemeinsamen Urlaub in einem soz. Land. Das Verhältnis war schon einmal unterbrochen.

Hubert

Ich war noch nie LKW-Fahrer. JS

29

Es ist ein kalter Winter. Auch ohne den Unterricht habe ich eine Vollzeitbeschäftigung, mich warm zu halten. Ja, ich habe mein Geld für das ganze Herbstsemester erhalten und hätte davon Kohle kaufen können. Bloß, das nächste Geld kommt erst nach dem nächsten Semester, und ich muss genau wirtschaften. Dabei habe ich mich entschlossen, die Hälfte zu sparen. Da bleiben monatlich weniger als 400 Mark. Davon gehen 90 Mark für die Miete, 59 Mark für meine U-Bahn-Karte und 240 an die DDR, damit ich Christiane besuchen kann. Für Kohle ist einfach nichts drin.

Die Temperatur bestimmt den täglichen Lebensrhythmus. Sobald ich vom Unterricht nach Hause komme, krieche ich in meinen Schlafsack. Dabei trage ich grundsätzlich einen Rollkragenpullover und dicke Strümpfe beim Schlafen.

Das Aufstehen ist das schlimmste. Raus aus dem Sack, ausgezogen, das Waschen mit kaltem Wasser – Wasserkochen auf dem Gaskocher dauert mir viel zu lange – anziehen und der Gang zur Toilette. Für die Toilette habe ich bei Paul und Paula eine einfache, wenn auch energiefressende Lösung gegen das Einfrieren gefunden. Sie wohnen in einer Einzimmerhinterhofwohnung in der Dimitroffstraße. Ihre Toilette ist eine halbe Treppe tiefer. Als wir zu Besuch waren, musste ich mal. Ich machte die Toilettentür auf und wurde geblendet. Während ich dastand, wurde mir der Kopf glühend heiß. Ich sah, dass sie eine riesengroße Birne eingeschraubt hatten. Ich fragte nachher, wieso das Spotlight für eine winzige Außentoilette nötig war. Ja, das sei doch üblich bei Altbauten in der DDR. Die große Birne erzeugt gerade genug Wärme, um das Einfrieren der Wasserrohre zu verhindern. Man lässt das Licht die ganze Nacht brennen. Also habe ich mir bei Hertie auch so eine Birne angeschafft. Die beiden Wohnungen, mit denen ich die Toilette teilte, sind inzwischen leer und blieben leer, solange ich dort wohne. Auf wessen Stromrechnung mein Spotlight geht, weiß ich bis heute nicht.

Tagsüber trage ich stets zwei Pullover und eine Strickmütze. Ich behalte auch meine Stiefel im Zimmer an. Dennoch leide ich immer unter kalten Füßen. Mehrmals am Tag koche ich Wasser, um meine Füße heiß zu baden. Den ganzen Tag trinke ich Tee, zuviel, was dazu führt, dass ich öfter die halbe Weltreise zur Toilette antreten muss. Und so oft wie möglich sitze ich in der Bibliothek in der Perleberger Straße. Das ist meine Wärmehalle.

Dabei heize ich mein Zimmer so oft und so viel es geht. Nie lasse ich ein Stück Holz liegen. In Berlin ist es üblich, Sperrmüll einfach auf die Straße zu stellen. Manche kaputten Stühle und andere Gegenstände wandern in mein Zimmer, um mit der Axt von Herrn Baum zerhackt zu werden. Leider kommt das Ehepaar Baum nie auf die Idee, mir etwas von der Kohle, die ich täglich zu ihrer Wohnung hoch schleppe, zu spendieren. Ich scheue mich auch nicht davor, über Bauzäune zu klettern, um Sperrholz und manchmal anderes Holz zu holen. Auch Papier erzeugt Wärme, wenn es brennt. Ich sammele alte Zeitungen und Zeitschriften. Fest zusammengerollt machen sie den Kachelofen schnell heiß. Die Kacheln bleiben dann ein paar Stunden angenehm warm. Wenn ich mit dem Rücken am Ofen sitze, ist es fast gemütlich. Ich stelle fest, dass **Der Spiegel** als Heizmittel hervorragend geeignet ist. Die **BZ** und die **Bildzeitung** taugen dagegen nicht dazu. Wie ich mich ärgere, dass ich all diese **Das Beste aus Reader's Digest** weggeworfen habe.

Man kommt über die Runden. Nur wenn ich zum Unterricht gehe oder noch schlimmer, wenn ich meinen Freund Dietmar besuche, dann ist die Hitze unerträglich, und ich muss beide Pullover ausziehen. Auch Christiane heizt nicht wenig. Da ist es bei der alten Frau Ebert bequemer. Ihre Wohnung ist direkt über der Durchfahrt zum Hof, ist also im Winter fußkalt. Dennoch verbraucht sie genau sechs Briketts am Tag. Den ganzen Tag sitzt sie mit dem Rücken zum Ofen. Sie trägt ein Paar Pantoffeln und stellt ein zweites Paar in das Wärmeloch des Ofens. In regelmäßigen Abständen wechselt sie die Pantoffeln. Frau Ebert brauche ich nur alle zwei Wochen mit Holz und Kohle zu versorgen, und dann gibt es dafür immer die „West-Schokolade".

30

Schon am Bahnhof Friedrichstraße fällt mir auf, dass ungewöhnlich viele Menschen unterwegs sind. Erst als der Zug in den Bahnhof Alexanderplatz einfährt, stelle ich mir die Frage warum. Dick angezogene Berliner füllen den Bahnsteig, und blau uniformierte Transportpolizisten versuchen, Ordnung zu bewahren. Als der Zug hält, werden die Türen von außen aufgerissen. Viele drängen sich in den schon vollen Waggon. Zwei junge Männer tragen rote Fahnen. Ein junges Mädchen steht neben mir. Unter ihrem Mantel guckt ihr blaues Hemd hervor, wohl aus dem gleichen synthetischen Stoff genäht wie die roten Fahnen.

Die Menschen machen Gesichter, als führen sie zur Arbeit. Dabei ist es doch Sonntag.

Am Bahnhof Jannowitzbrücke steigen noch mehr Menschen zu. Es wird eng. Und es wird warm. Ich will den Reißverschluss meines Anoraks aufmachen, aber ich kriege meine Arme nicht hoch. Die Fenster sind beschlagen. Der Bahnsteig am Ostbahnhof ist womöglich noch schlimmer als die anderen Bahnsteige davor. Eine Frau will aussteigen. „Darf ich mal?" Niemand macht Anstalten kurz auszusteigen, damit die Frau aussteigen kann, vielleicht aus Angst, sie kämen nicht mehr hinein. Stattdessen drücken sich alle noch enger zusammen und man spürt, wie die Temperatur um ein paar Grad ansteigt.

Es steigen trotz alledem noch einige zu. Die Transportpolizisten müssen die Fahrgäste mit ihren Schultern hineinpressen, um die Türen zumachen zu können. Eine ältere Dame, einen Kopf kleiner als ich, steht nun vor mir. Sie hält die Augen zu, wie es mir scheint, mit einer geübten Geduld. Als das Gedränge noch schlimmer zu werden droht, zuckt sie kurz zusammen, macht die Augen aber nicht auf.

Am Bahnhof Warschauer Straße läuft nichts mehr. Niemand steigt aus, niemand steigt ein. Die Türen werden nicht einmal aufgemacht. Wie Vieh fahren wir dann Richtung Ostkreuz, wo der Zug aber nicht hält.

Erst am Bahnhof Treptower Park steigen welche aus, das heißt, fast alle. Durch die offene Tür sehe ich auf den anderen Bahnsteig. Er ist dunkel vor Menschen. Von Treptower Park bis Baumschulenweg sitzen nur drei Menschen im Waggon.

Auf dem Bahnsteig Richtung Innenstadt am Bahnhof Baumschulenweg sieht man Menschen, Menschen, Menschen, auch rote Fahnen und blaue mit aufgehender oder untergehender Sonne, je nachdem wie man es sieht, und zusammengerollte rote Transparente.

Es ist mir inzwischen eingefallen, worum es heute geht. Heute ist die „Kampfdemonstration" zur Erinnerung an die Ermordung von Rosa Luxemburg und Karl Liebknecht. Vor dreiundsechzig Jahren haben deutsche Soldaten die beiden umgebracht. Längst waren sie zu realsozialistischen Heiligen erklärt worden. In der DDR gibt es überall Karl-Liebknecht- und Rosa-Luxemburg-Straßen, -Plätze, -Schulen. In Berlin hat Karl Liebknecht auch den Sockel für ein Denkmal. Auf dem Potsdamer Platz steht er, genau da, wo Liebknecht am 1. Mai 1916 rief: „Nieder mit dem Krieg!“ und sofort verhaftet wurde. Das erfuhr ich von einem alten Mann, den ich auf dem Aussichtsturm dort traf. „Ich war dabei, als der Sockel am 13. August 1951 enthüllt wurde“, erzählte er. „Das war Karls 80. Geburtstag. Seit dem 13. August 1961 steht das Ding nun da, mitten in der Mauer. Scheiß-DDR.“

Zum Bahnhof strömen noch mehr Menschen. Ich schwimme gegen den Strom und komme nur mit Mühe vorwärts. Am Fußgängerübergang zur Baumschulenstraße stehen dichtgedrängt die Berliner mit ihren roten Fahnen. Auch die Ampel ist rot. Sie warten. Weit und breit ist kein Auto zu sehen, aber keiner setzt auch nur einen Fuß auf die Straße, bis der kleine grüne Mann mit dem großen Hut ihnen das gestattet.

Als Christiane mir die Tür aufmacht, hat sie schon ihren Mantel an. Sie sagt, wir gehen zur Demonstration. Auf meine Frage, ob sie glühende Anhängerin von Liebknecht und Luxemburg geworden wäre, antwortet sie „Witzbold.“

„Warum willst du dann hingehen?“

„Von Wollen kann gar nicht die Rede sein. Aber wenn ich nicht hingehe, könnte das mich in ein noch negativeres Licht rücken und, was weiß ich, die Ausreise noch länger hinauszögern. Ich habe doch gesagt, als ich den Antrag stellte, dass ich die DDR-Staatsbürgerschaft behalten möchte, also kann ich mich nicht wie ein ‚Anti‘ hinstellen. Außerdem kann ich mich nicht einfach ausklinken. Die anderen müssen auch hin.“

„Das ist doch albern. Du müsstest die S-Bahnzüge sehen. Es ist wahnsinnig, wie viele dahinfahren. Deine Abwesenheit würde nie auffallen.“

„Aber meine Brigade trifft sich vor dem ‚Goldbroiler‘ in der Frankfurter Allee.“

Wir kämpfen uns also zum Bahnhof Baumschulenweg und zum Bahnsteig hoch. Es ist das gleiche Gedränge wie vorher. Ein Zug rollt langsam heran. Alles drückt sich nach vorne. Der Transportpolizist versucht vergeblich, seine Aufgabe zu erfüllen. Wir befinden uns direkt vor einer Tür, als dieser geplagte Mensch sie zuschiebt.

„Drängeln Sie doch nicht. Es kommen andere Züge."

Bald kommt der nächste an. Vorne ist „Bernau" zu lesen. Der Waggon, der vor uns hält, ist schon voll, aber wir pressen uns hinein. Ich spüre, wie der Polizist mir in den Rücken drückt, um die Tür zumachen zu können.

Gott sei Dank, dass wir am Ostkreuz nicht umsteigen müssen. Dort halten wir zwar an, aber die Türen bleiben zu. Die nächste Station ist Bahnhof Frankfurter Allee, und dort steigen alle auf dem schmalen Bahnsteig aus. Wir kommen nur mühselig mit winzigen Schritten voran. Aus Richtung Norden trifft ein anderer Zug ein, und die aussteigenden Demonstranten verschlimmern die Situation erheblich. Nach einigen Minuten erreichen wir den Platz vor dem Bahnhof und gehen zur Straße hinunter. Da stehen Tausende auf der Straße und zittern vor Kälte. Die roten Fahnen hängen alle schlapp in den Händen der ergebenen Demonstranten, aber die roten Transparente mit weißer Schrift sind aufgerollt. Hier und da tragen manche Portraits der beiden toten Revolutionäre. Auch an der Eisenbahnbrücke hängen ihre Bilder: der leidenschaftliche Liebknecht — man sagt, er hatte die Taschen stets voller Zeitungen — und die sinnliche Luxemburg — ich erinnere mich an einen Brief an Leo Jogiches, worin sie schrieb, wie sehr sie ein Baby haben wollte. Die ernsten Gesichter auf den Bildern wirken jedenfalls fröhlicher, als die der hier versammelten Menschen.

Christiane bahnt sich ihren Weg so schnell durch die Menge, dass ich ihr kaum folgen kann. Dort ist der „Goldbroiler". Sie kann ihre Kollegen nicht sehen, weil sie über die großen Menschen um sich herum nicht schauen kann. Ich umarme sie und hebe sie in die Höhe und tatsächlich findet sie die Gruppe.

Dort stehen drei Männer und zwei Frauen. Sie grüßen Christiane, ein Mann auffallend kühler als die anderen. Jeder gibt ihr die Hand und als sie mich vorstellt, muss auch ich jedem die Hand drücken. Einer der Männer, der recht freundlich aussieht, fragt mich, warum ich da bin. „Ich bin mitgeschleppt worden."

Kaum sind wir angekommen, verschwinden zwei Kollegen, um Bier zu holen. Der freundliche Mann bittet sie, ihm auch ein Bier mitzubringen. Er sieht uns fragend an, aber wir winken ab.

Eine Fernsehkamera vom Fernsehen der DDR filmt die Szene. Bilder von roten Transparenten mit weißer Schrift, getragen von Werktätigen mit fest entschlossenen Gesichtern, werden bevorzugt. „Entschieden Ja für den Frieden – Entschieden Nein zur Hochrüstungspolitik der NATO"

Ganz vorne kommen die Führer der Arbeiterklasse in ihren Staatslimousinen an. Man hört Hochrufe, aber nur ganz vorne.

Die beiden Kollegen kommen mit dem Bier und fettigen Würsten. Christiane schüttelt sich.

„Ich würde lieber zu Hause in der Wärme sitzen."

„Dann geh doch", sagt der freundliche Mann. „Wir haben einander gesehen. Wir brauchen nicht zu lügen. Wir gehen rüber in die Kneipe, falls wir Platz finden. Ihr könntet auch mitkommen, wenn ihr wollt. Zum Teufel mit der Demonstration."

„Du demonstrierst nicht?" fragt Christiane.

„Quatsch."

Christiane sieht sich in der Runde um und blickt mich dann an. "Dann fahren wir nach Hause. Warum sollen wir hier herumstehen, und auf ein Bier habe ich auch keine Lust. Die Kneipe wird gerammelt voll sein."

„Ist mir sowieso ein Rätsel, warum du gekommen bist. Für die bist du längst abgeschrieben. Das kannst du mir glauben."

Wir geben uns alle wieder die Hand, und Christiane und ich gehen. Die Arbeiterklasse mit ihren roten Fahnen hat sich immer noch nicht in Bewegung gesetzt.

31

Mir ist klar, wenn ich für die Zeit nach Christianes Ausreise etwas sparen will, müssen andere Geldquellen gefunden werden. Ein Tipp von einer Kursteilnehmerin führt zu einer Geldquelle: ich kann am Rudolf-Virchow-Krankenhaus im Wedding Blut spenden. Das ist nur zwei U-Bahn-Stationen von mir entfernt.

Eigentlich geht es mir nicht ums Blutspenden, sondern um den Blutverkauf. In regelmäßigen Abständen kann ich mein Blut spenden und vierzig Mark dafür bekommen. Das klingt gut.

Ich gehe also hin. Der Wartesaal ist voller Menschen, das heißt, fast nur Männer. Es sind nur zwei oder drei Frauen dabei. Die Männer sind entweder junge taschenbuchlesende Studententypen oder schlecht rasierte, etwas Ältere oder älter Aussehende mit roten Augen.

Nach langem Warten komme ich dran. Nein, Blut darf ich noch nicht spenden. Erst muss ich untersucht werden. Das tut eine junge Frau in einem weißen Kittel. Ja, alles sei in Ordnung. Nein, ich darf heute noch nicht spenden. Ich muss zu einer zweiten Untersuchung und zwar im Gesundheitsamt in der Turmstraße, neben der Post.

Dort werde ich wieder untersucht. Die junge Frau, die es diesmal tut, sagt kein Wort außer, „Machen Sie den Oberkörper frei." Ich frage, wann ich Blut spenden darf. „Gehen Sie in zwei Tagen in die Amrumer Straße. Da können Sie Ihren Blutspenderausweis abholen."

Das tue ich. Ich darf spenden, aber erst darf ich wieder warten und durch die Illustrierten blättern.

Mein Name wird aufgerufen. Nachdem eine Schwester mir den Blutdruck gemessen hat, darf ich mich auf eine gepolsterte Liege legen. Dann sticht eine andere Schwester wortlos eine Nadel in meinen Arm. Neben der Liege pumpt ein Gerät mein Blut in einen Plastikbehälter.

Als der Behälter voll ist, zieht die Schwester die Nadel aus meinem Arm heraus, etwas zu schnell. Es tut weh. Am Ausgang bekomme ich einen Plastikbecher Cola und zwei neue 20-Mark-Scheine.

Die zweite Verdienstmöglichkeit ist die angenehmere. Dabei handelt es sich nicht ums Geldverdienen, sondern um Geld zurückzubekommen, bzw. zurückzuzahlen. Für jeden Tag in Ost-Berlin muss ich fünf Mark Visumgebühr bezahlen und fünfundzwanzig Mark eins zu eins tauschen. Mein Freund Dietmar, der mir am Anfang Geld geliehen hat, schlug mir vor, wie ich meine Schulden begleichen könnte. Er bat mich, ihm Romane aus Ost-Berlin mitzubringen. „Egal was, ich nehme dir alles ab.“ Also bin ich ständig auf der Suche nach Romanen für Dietmar und gelegentlich auch für mich. Dietmar kauft mir die Bücher dann eins zu eins ab.

In der Baumschulenstraße gibt es eine kleine Buchhandlung. In der Mitte steht ein Tisch, auf dem Neuerscheinungen, und manche nicht so neue Bücher ausgelegt werden. An der einen Wand sind Romane und Geschichtssammlungen, also die Bücher, die am liebsten gekauft werden. An der anderen Wand stehen die Reisebücher, Sportbücher und auch die Bücher, die man nur kauft, weil man sie kaufen muss, die Werke der „Klassiker“, Marx, Engels und Lenin. Auch Biografien von Ernst Thälmann und Friedrich Engels, und das **Kleine politische Wörterbuch** liegen dort aus. In dem Wörterbuch schlage ich gern nach.

„Der Aufbau der sozialistischen Gesellschaft ist in allen Etappen primär eine politische Aufgabe, die nur mittels der politischen Macht der Arbeiterklasse in Gestalt der Diktatur des Proletariats und unter Führung der Arbeiterklasse und der marxistisch-leninistischen Partei gelöst werden kann. Der sozialistische Staat ist daher das entscheidende Machtinstrument der Arbeiterklasse, um das ganze System der gesellschaftlichen Verhältnisse grundlegend umzugestalten und den Sozialismus zu errichten.“

Dann gibt es natürlich auch die Autobiografie des Generalsekretärs des Zentralkomitees der Sozialistischen Einheitspartei Deutschlands und Vorsitzenden des Staatsrates der Deutschen Demokratischen Republik, Erich Honecker, **Aus meinem Leben** (der Titel wohl von August Bebel geklaut), auf auffallend haltbarem Papier gedruckt, wie man es sonst in keinem Buch in der DDR findet. Hinter und unter dem Ladentisch gibt es die Bücher, die man gerne kaufen würde, wären sie bloß nicht so teuer: Lederausgaben von Luther und Kunstbände. Bei jeder Gelegenheit ging ich in diese Buchhandlung. Oft muss ich Schlange stehen, um hineinzukommen. Manchmal kaufe ich an einem Tag zehn Bücher, öfter finde ich gar nichts.

Auch andere Buchhandlungen lerne ich kennen. Wenn ich in der Innenstadt war, schaue ich in „Das Gute Buch“ am Alexanderplatz rein und laufe hin und wieder zu dem „Internationalen Buch“ in der Spandauer Straße. Beide haben ungefähr das gleiche Angebot. Es geht auch nicht darum, ob der eine oder der andere Laden ein so viel besseres oder größeres Angebot hat. Im Grunde sind alle Buchhandlungen in Ost-Berlin austauschbar. Es ist nur, dass es in dem einen oder anderen Laden zufällig etwas Interessantes gibt, das noch nicht ausverkauft ist, wenn man hinkommt.

Bücherkaufen in Ost-Berlin ist etwas ganz anderes als Bücherkaufen in West-Berlin. In West-Berlin hat man die Qual der Wahl, denn im Grunde war alles da. Hat eine Buchhandlung nicht das, was man sucht, dann kann man es bestellen oder man geht eben in ein anderes Geschäft, aber wenn man das Geld hat, bekommt man, was man will. In Ost-Berlin hat man gar keine Wahl und gerade das ist die Qual. Für die Ost-Berliner wenigstens. Für mich ist es auch ein gewisser Reiz. Im Westen gibt es keine Überraschungen. Im Osten ist ein interessanter Fund immer eine angenehme Überraschung, gerade weil es so selten vorkommt. Meistens schaut man durch die Regale und sieht nur immer die gleichen Bücher, die ewigen Ladenhüter, mit gutem Grund. Stößt man auf etwas Interessantes, wird sofort zugegriffen, ehe der nächste Kunde das letzte Exemplar wegschnappt. Draußen hat man ein Siegesgefühl. Ich habe etwas erwischt! Im Westen ist es höchstens ein Gefühl des Besitzerstolzes, aber das ist etwas anderes.

Weil es meistens nichts zu kaufen gibt, sammelt sich von dem täglichen Umtausch viel Geld an. Ich hätte Unmengen von Büchern kaufen können, werde das Geld aber nicht los oder kaufe, auch für mich und nicht nur für Dietmar, Bücher, die ich im Westen nie im Leben gekauft hätte.

Eine gewisse Sonderstellung in Ost-Berlin nimmt die Karl-Marx-Buchhandlung in der Karl-Marx-Allee ein. Sie ist die größte Buchhandlung in der Stadt – hier braucht man nicht mit einem lästigen Körbchen herumzulaufen – und man hat den Eindruck, sie werde besser beliefert, dennoch ist die Auswahl der Romane kaum besser als woanders. Was an der Karl-Marx-Buchhandlung reizvoll ist, ist die antiquarische Abteilung. In dem winzigen Raum im ersten Stock stehen meistens mehr Kunden als unten, wo die Neuerscheinungen ausliegen. Die Leute wissen Bescheid. Unter den alten Sachen findet man eben viel mehr. Nur darf ich die alten Bücher nicht ausführen. Trotzdem kaufe ich einige alte Bücher und lasse sie bei Christiane. Bei der Ausreise kann Christiane sie mitnehmen. Einige schöne Bücher finde ich dort, aber auch anderes, Raritäten aus der Frühzeit der DDR-Literatur, Bücher, die keiner in der DDR liest und keiner mehr kauft, Romane mit Namen wie **Roheisen** und **Stahl**.

Für Dietmar schleppt ich Dutzende Bücher über die Grenze. In den Westen gehen Erwin Strittmatter, Willi Bredel und Hans Marchwitza.

Selber lese ich stets zwei Bücher. Ich habe ein „Grenzbuch“, also ein Buch aus der DDR, das ich problemlos hin und her über die Grenze nehmen kann. Aber sobald ich in mein Zimmer komme, lege ich das „Ost-Buch“ weg und lese in einem „West-Buch“, das ich aus der Bibliothek habe. Im Westen kann ich es mir nicht leisten Bücher zu kaufen.

MfS Dokument 9

Rat des Stadtbezirks Berlin-Treptow Berlin, den 4.3.82

Abteilung Innere Angelegenheiten

Sektor Genehmigung

Information zum Ersuchen auf Eheschließung F r i e d r i c h, Christiane

Am 2.3.82 wurde das Ersuchen auf Eheschließung durch den Sektorenleit[er] abgelehnt.

Diese Ablehnung stieß bei Frl. F. auf völliges Unverständnis. Frl. F. teilte mit, dass Partner vor ca, 1/2 Jahr in der Keibelstr. vorgesprochen, um eine Einreise zu beantragen. Da dieser Hochschullehrer für Englisch/Deutsch und er in dieser Richtung tätig sein möchte, wurde ihm mitgeteilt, dass er nicht in seinem Beruf eingesetzt werden kann. Aus diesem Grund haben sie sich für den gemeinsamen Wohnsitz nach der Eheschließung in den USA entschieden. Partner sei nur in WB, um ihr nahe zu sein.

Sie werde erneute Ersuchen stellen und will sich an "höhere Dienststellen" wenden. Ihr wurde erklärt, dass der Rat des Stadtbezirkes die Ersuchen bearbeite. Sie wolle sich einen Termin beim Leiter der Abt. I geben lassen.

Sie trat ruhig auf, trotzdem sie mit einer Zusage rechnete, da sie ein gemeinsames Kind erwarten.

Das Gespräch führten: Genn. Gärski, Genn. Schmidt

Görski

32

Christiane sagt kein Wort, bis wir draußen vor dem Rathaus sind.

„Sie haben den Antrag abgelehnt."

Es ist der 2. März 1982. Wir haben immer gewusst, dass mit einer Ablehnung zu rechnen war. Auch der amerikanische Konsul hat uns gesagt, dass solche Anträge fast grundsätzlich erst einmal abgelehnt wurden. Dennoch ist es, als wäre uns plötzlich der Boden unter den Füßen weggezogen worden.

„Und aus welchem Grund wurde der Antrag abgelehnt?"

„Sie sagte mir, der Staat sei zu keiner Erklärung verpflichtet. Man hat es eben hinzunehmen. Man soll nach Hause gehen und die Pläne für den Rest seines Lebens umschmeißen. Das Schlimme ist, für diese Frau schien das selbstverständlich zu sein. Der Staat entscheidet über das persönliche Schicksal. Selber braucht man gar nicht mehr zu denken."

„Was machen wir jetzt? Wie soll es weitergehen?"

„Ich habe einen schriftlichen Einspruch gemacht, obwohl sie meinte, es nutze nichts."

„Stellst du einen neuen Antrag?"

„Das geht nicht."

„Warum soll das nicht gehen?"

„Bis die Bedingungen des Antrages sich ändern, wird kein neuer Antrag entgegengenommen. Unter den gegebenen Umständen darf ich nicht machen, was ich will, sondern nur, was der Staat will."

„Was meinst du damit, die Bedingungen müssen sich ändern?"

„Das heißt, ich kriege erst das Kind, dann kann ich einen neuen Antrag stellen."

„Dann geht das Warten wieder von vorne los, und auch der Antrag kann abgelehnt werden."

„Natürlich kann er abgelehnt werden."

„Mein Gott, ihr werdet wie kleine Kinder behandelt. Papa Staat sagt mal ‚ja', mal ‚nein' und ihr müsst gehorchen."

Sie zuckt mit den Schultern. „So ist es." Ihre Stimme klingt so resigniert, dass es mich ärgert.

„Willst du das einfach hinnehmen? Der Staat bestimmt, was du machen musst und was du nicht darfst.“

„Was heißt hier einfach hinnehmen? Ich habe ihr auch gesagt, dass ich das unmenschlich finde.“ Sie beschleunigte ihren Schritt, sah mich aber immer noch nicht an. „Was soll ich machen, über den Alex mit einem Schild laufen? Da kannst du ein paar Jahre sitzen und bist das Kind los.“

„Gut, aber wie soll es weitergehen? Wie lange sollen wir auf die Gnade des Staates warten? Wie lange können wir diesen abnormalen Zustand aushalten?“ Christiane sagt kein einziges Wort, läuft bloß schneller. Ich habe Mühe mitzuhalten.

„Wir müssen damit rechnen, dass es noch eine ganze Weile dauern kann. Ich muss leben, wo ich bin, und du musst auch lernen zu warten.“

Jetzt fasse ich sie am Arm und halte sie fest. „Da hast du gut reden. Für dich geht das Leben weiter wie bisher, zumindest fast. Du gehst zur Arbeit, du hast deine Freunde und Familie um dich. Du bist in deiner gewohnten Welt. Ich lebe in zwei Welten und auch noch in dieser zwielichtigen Zone dazwischen. Meinst du etwa, es ist angenehm, stundenlang herumzustehen, um auf die Einreise zu warten, ausgefragt zu werden, Leibesvisitationen über mich ergehen zu lassen, stundenlang in der S-Bahn und U-Bahn zu verbringen?“

Christiane sieht mich an. „Nein, ich glaube nicht, dass das angenehm ist.“ Nun ist der Druck irgendwie weg.

„“Übrigens“, sage ich, „wundere ich mich die ganze Zeit, wo du hinläufst?“

Sie blickt um sich und muss lachen.

„Keine Ahnung, nur weg vom Rathaus.“

Als ich spätabends die gläserne Ausreisehalle betreten will, höre ich schon die schimpfende Stimme, ehe ich durch die Glastür gehe. Dann sehe ich die Kontrahenten, ein dicklicher Grenzsoldat und eine kleine Frau, gebückt und von bestimmt achtzig Jahren.

„Junge Frau, auf Ihrer Zählkarte haben Sie unter ‚Staatsangehörigkeit', ‚deutsch' eingetragen." Die alte Dame schaute hoch zu dem Soldaten. Sie versteht nichts. „Sie haben als Ihre Staatsangehörigkeit ‚deutsch' eingetragen", sagt er noch lauter.

Die Dame schüttelt fast unmerklich ihren Kopf und legt ihre linke Hand ans Ohr. Sie hat immer noch nichts verstanden.

Der Soldat wird immer ungeduldiger und brüllt schließlich: „Sie sind nicht Deutsche!" Das versteht die Frau.

„Wenn ich nicht Deutsche bin, was dann?"

„DDR."

Sie schüttelt den Kopf und der Soldat trug ‚DDR' auf ihrer Karte ein.

33

Es ist nach Mitternacht ehe ich zu Hause bin, aber an Schlaf ist nicht zu denken. Ich setze mich auf die Liege und lehne mich gegen die Wand. Wieder liegt unsere Zukunft im Dunkeln. Haben wir überhaupt eine Zukunft? Werden wir je heiraten dürfen? Die Versicherung des amerikanischen Konsuls, dass eine Ablehnung des Antrags zu erwarten war, ist kein Trost. Wir stehen jetzt ohne einen erkennbaren Ausweg da. Wie lange soll unser Leben mit einer Mauer zwischen uns noch dauern? Wie oft werde ich Christiane noch verlassen müssen, um über die Grenze zu fahren? Wie viele Stunden werde ich am Grenzübergang noch warten müssen? Warum muss es so kompliziert sein? Unser Schicksal liegt in den Händen von Menschen, die wir nicht einmal kennen, die es mit uns aber nicht gut meinen. Wir verfügen über kein Druckmittel, um die Entscheidung zu beeinflussen. Im „real existierenden Sozialismus" ist unsere Beziehung nicht vorgesehen. In der DDR ist Christiane völlig rechtlos. Dort sind Menschen eine Verfügungsmasse des Staates oder vielmehr der alten Männer, die sich als der Staat ausgeben. Wir sind an einem toten Punkt angekommen. Es ist zum Verzweifeln.

Ich stehe auf und mache das Licht an. Plötzlich habe ich eine Idee. In einem Heft finde ich die Adressen von Mitgliedern des amerikanischen Senats. Ihnen habe ich wegen meiner Entlassung geschrieben. Zwar habe ich von ihnen keine Antwort erhalten, aber das hier ist eine völlig andere Situation. Ich nehme ein sauberes Blatt Papier und verfasse einen Brief, in dem ich unsere Lage ausführlich beschreibe. Darin bitte ich sie, alles in ihrer Macht Stehende zu tun, um uns zu helfen. Ich werde die Briefe am nächsten Tag zur Post bringen.

Gegen zwei Uhr lösche ich das Licht.

MfS Dokument 10

Berlin, den 9.3.1982

Betr. : Vorgang F r i e d r i c h, Christiane

Frl. F. sprach heute - unaufgefordert - erneut vor, um sich zu erkundigen, ob sie für die Eheschließung mit einem USA-Bürger erneut einen Antrag abgeben könne, da sie sich mit der getroffenen Entscheidung nicht einverstanden erklären kann.

Ihr wurde mitgeteilt, dass die Sache entschieden wurde, und es bei der Ablehnung bleibt.

Frl. F. teilt mit, dass beide Partner heute in der Keibelstr. waren, und man sich erkundigt habe, wie z.B. mit einer Arbeit als Hochschullehrer werden würde, wenn der Partner die ständige Einreise habe. Man soll sich dahingehend geäußert haben, dass es hierfür vermutlich keine Einsatzmöglichkeiten gäbe, das jedoch wäre eine Tätigkeit, die ihrem Partner gefalle. Außerdem möchten sie auch in den USA leben, da die Eltern von ihm dort ein Haus haben, und er eine Erbschaft antreten könne. Er wohne nur ihretwegen z. Zt. in WB.

Sie haben auch in der zurückliegenden Zeit Vorlesungen über ML gehabt, und daraus wisse sie, dass der Staat für die Menschen da sei, warum das nicht in ihrem Falle gleichermaßen wäre. Sie kündigt, an, dass sie z.B. ihre Tätigkeit ändern wird,

um bei der Kirche anzufangen, vielleicht ändere man dann seine Meinung. Außerdem werde man seine Botschaft in Anspruch nehmen, um das Ziel zu erreichen. Sie fragt, ob es günstiger sei, wenn sie einen "Ausreiseantrag" stelle. Sie sagt weiterhin, dass sie ab sofort jeden Dienstag käme, um ihr Ziel zu erreichen. Sie verläßt das Zimmer mit den Worten: Auf Wiedersehen bis nächste Woche.
Gespräch geführt: Genn. Görski

MfS Dokument 11

Sektor Genehmigungen Berlin, den 23.3,82

Betr.: Vorgang F r i e d r i c h • Christiane

Unaufgefordert erschien o.g. Bürgerin heute in der Sprechstunde, um noch einmal ein schriftl. Ersuchen abzugeben, aus dem hervorgeht. dass sie nach wie vor daran interessiert ist, einen USA-Bürger zu heiraten.

Ihr wurde gesagt, dass auch mit der Abgabe dieses Schriftstückes sich nichts an der Entscheidung ändert.

Sie wurde aufgefordert, sich an unsere gesetzlichen Bestimmungen zu halten.

Dabei teilte Frl. F. mit, dass sie bereits die amerikanische Botschaft aufgesucht hat, da sie davon ausging, dass wir ihr dazu keine Genehmigung erteilen würden. Sie nahm den erneuten Hinweis, dass sie als DDR-Bürger ohne eine Genehmigung nicht das Recht hat, die USA-Botschaft in Anspruch zu nehmen. bzw. aufzusuchen. Sie bestätigte mündlich, dass sie das zur Kenntnis genommen hat, wollte jedoch nicht versprechen, dass sie sich daran hält. Sie ist auch der Auffassung, dass es nicht richtig, dass man ihren Bekannten nicht zu uns läßt, da es doch ihrer Beider Angelegenheit sei. Sie wurde darauf hingewiesen, wir sind für DDR-Bürger zuständig, und deshalb sei nur sie unser Verhandlungspartner. Sie erbat einen Rücksprachetermin beim Abteilungsleiter. Sie wird sich telefonisch darum bemühen.

Gespräch geführt: Genn. Görski, Kargus. [Unterschreieben] Kargus

34

Frau Baum klagt mir oft ihr Leid. Nachmittags sitze ich manchmal bei ihr in der Küche. Sie macht mir eine Tasse Tee. Herr Baum ist nie anwesend. Zu der Zeit ist er schon besoffen und schläft fest, und das ist Frau Baums Leid.

„Er tut gar nichts mehr außer meckern und saufen. Ich kann ihn von vorn bis hinten bedienen. Er rührt aber keinen Finger. Ich weiß nicht, was ich machen soll."

„Könnte Ihre Tochter Ihnen nicht helfen?"

„Ach, meine Tochter. Weißt du, meine vornehme Tochter schämt sich ihrer Eltern. Ein paar Mal im Jahr lässt sie uns mit dem Taxi zu sich kommen, ansonsten ist aus der Richtung nichts zu erwarten. Hätte ich nicht die Fotos meiner Enkelkinder, würde ich nicht wissen, wie sie aussehen. Und die große Wohnung!"

Frau Baum hat traurige braune Augen. Ihre Haare sind streng nach hinten gekämmt und in einem Dutt zusammengezogen. Sie geht nie ohne Schürze. Ich muss dabei an meine deutsche Großmutter denken.

„Ist es nicht möglich, dass Sie in eine Seniorenwohnung umziehen?"

„Hätten wir längst machen können, aber der Alte macht nicht mit. Uns wurde eine Zweizimmerwohnung mit Fernheizung angeboten. Das würde dieses Kohleschleppen beenden, und ich hätte nicht so viel sauberzumachen."

„Warum will Ihr Mann nicht umziehen?"

„Ich weiß es nicht. Er meint, wir sind so lange hier, und er will hier sterben. Aber ich glaube, er hat Angst vor dem Unbekannten."

In der Küche gibt es nur eines der alten halbrunden Waschbecken, wie man sie sonst nur noch auf Balkons als rustikalen Blumentopf sieht. Aus dem Wasserhahn kommt nur kaltes Wasser. Hier müssen sie sich auch waschen. Eine Innentoilette haben sie, das ist ihr Glück, aber ein Badezimmer hat die Wohnung nicht aufzuweisen. Das Linoleum in der Küche ist abgenutzt. Ich habe schon die kaputten Stellen für sie festgenagelt, nachdem Herr Baum gestolpert war.

„Wie lange wohnen Sie schon in dieser Wohnung?“

„Das wirst du nicht glauben, fast sechzig Jahre. Gleich nach der Hochzeit sind wir eingezogen. Hier sind die Kinder aufgewachsen, hier haben wir den Krieg überlebt. Und nach dem Krieg waren das harte Zeiten.“

Frau Baum trinkt einen Schluck Kaffee und sieht sich in der Küche um.

„Ja, ja, fast sechzig Jahre sind wir hier, und fast sechzig Jahre bin ich mit dem Baum verheiratet.“

Sie nennt ihren Mann „Baum“, er sie „Frau Baum“.

„Jetzt möchte ich hier weg. Ich kann nicht mehr. Und Baum liegt besoffen da.“

MfS Dokument 12

Rat des Stadtbezirks Berlin-Treptow Berlin, den 7.4.82

Abteilung Innere Angelegenheiten

Sektor Genehmigung

Information zum Eheschließungsersuchen F r i e d r i c h, Christiane

Am 6.4.82 sprach Frl. F. beim Abteilungsleiter (angemeldet) vor. Sie erwartete, dass das Ersuchen auf Eheschließung neu bearbeitet werde, wenn sie beim Abteilungsleiter vorspricht.

Sie verhielt sich ruhig.

Sie Abt.-Ltr. erläuterte noch einmal, dass Eheschließungen mit Bürgern anderer Staaten vom Staat, gemäß Personenstandsgesetz, genehmigt werden müssen. In ihrem Fall sei das Ersuchen auf Eheschließung mit Ausreise in die USA abgelehnt. Ihr wurde mitgeteilt, dass sie das Kind erst zur Welt bringen solle und dann mit der Geburtsurkunde und der Vaterschaftsanerkennung erneut vorsprechen. Dann wären wir bereit ihr Anliegen noch einmal erneut unter dem neuen Gesichtspunkt, dass ein gemeinsames Kind da ist, zu prüfen.

Das bedeute aber nicht, dass es eine Zustimmung werden muss.

Sie erklärte, dass der Staat doch immer sage, dass alles für das Wohl der Bürger getan werde und das das Wohl der Bürger im Interesse des Staates sei.
Sie fragte, was wäre, wenn sie sich an das übergeordnete Organ, das MdI wende.
Ihr wurde erläutert, dass die Bearbeitung durch das örtliche Staatsorgan erfolge und ihr Anschreiben an das MdI zuständigkeitshalber an den Rat des Stadtbezirks übergeben werde. Das habe auch keinen Einfluß auf eine schnellere Bearbeitung des Ersuchens oder eine andere Entscheidung.
Sie fragte noch, ob sie eine Erklärung beim Notariat abgeben könne, damit, falls ihr etwas bei der Geburt passiere und sie sterbe, ihr Partner als Vater anerkannt wird und das Erziehungsrecht für ihr gemeinsames Kind erhalte. Sie wurde an das Staatliche Notariat Berlin-Baumschulenweg, Rinkartstr. verwiesen, wo sie sich erkundigen könne.
Frl. F. verabschiedete sich mit den Worten „na dann melde ich mich im Juli wieder“ (voraussichtlicher Geburtstermin Juli).
Auf die Frage, ob die erneute Bearbeitung genau so lange daure, wurde ihr gesagt, dass es sicher nicht kürzer werde.
Das Gespräch führten: Gen. Jäger, Genn. Görski
Görski

35

Ich lasse mich selber in Christianes Wohnung ein und höre, wie sie im Wohnzimmer beschäftigt ist. Sie hat eine Kittelschürze umgebunden und putzt ihre schon saubere Wohnung. Ich grüße sie, aber sie scheint mich gar nicht zu hören. Sie wirkt unruhig, macht hektische Bewegungen und sieht mich gar nicht an. Ich fürchte, sie hätte wieder eine schlechte Nachricht erhalten, denn wenn sie frustriert ist, bewegt sie sich immer so hektisch. Ich frage, was los sei. Es sei ein blöder Tag gewesen.

Sie musste zum „Jubelwinken“ gehen. Ich frage, was das heißen soll. „Na, irgendwelchen ollen Politikern zuwinken.“ Wir mussten mit der S-Bahn zum Flughafen Schönefeld fahren. Ihr Arbeitsleiter hatte sie und die ganze Abteilung dahindelegiert. Jassir Arafat war auf Staatsbesuch in der DDR und sie mussten ihm und Erich Honecker zuwinken. „Uns wurde ein Platz zugewiesen, als das Flugzeug landete, die beiden sind an uns vorbei gelaufen, wir bereiteten dem Arafat einen herzlichen Empfang, wie man in der Zeitung schreibt, und als die Limousinen davonfuhren, durften die Werktätigen mit der S-Bahn zur Arbeit zurückfahren.“

Ich frage sie, ob sie immer hinmüssen. Nein, es würden immer andere hin delegiert. Nun sind sie eben dran gewesen.

„Was habt ihr gemacht?“

„Zugewunken und manche haben irgendwelche Sprüche gerufen, ‚Hoch lebe Genosse Erich Honecker‘, ‚Hoch lebe Arafat‘ oder so was. Ich habe nichts gerufen. Das war mir zu blöd.“

Sie waren gegen 11 Uhr losgefahren und um 2 Uhr waren sie alle wieder auf der Arbeit. Die im Lager hatten es besser, sagt sie, sie wurden eingesperrt.

„Wen haben sie eingesperrt?“

„Die Knastrologen, die im Lager arbeiten. Immer, wenn hoher Staatsbesuch kommt, werden sie in Vorbeugehaft genommen. Sie haben Angst, die könnten irgendwelche Dummheiten machen.“

„So nach dem Motto: ‚Vertrauen ist gut, Kontrolle ist besser‘?“

„Nein, nach dem Motto: ‚Kontrolle ist alles‘.“

„Ich staune, dass sie dich dahinfahren ließen.“

„Daran habe ich auch gedacht. Das war wahrscheinlich ein Versehen.“

36

Ich habe die Reise so oft gemacht, dass ich den Fahrplan der U-Bahn auswendig kenne. Wenn ich am U-Bahnhof Leopoldplatz umsteige, brauche ich gar nicht lange zu warten. Ich gehe zu der Stelle auf dem Bahnsteig, wo, wenn der Zug anhält, der letzte Waggon des Zuges stehen wird. Kaum habe ich meine Tasche hingestellt, spüre ich den Strom kalter Luft, der verrät, dass ein Zug sich nähert.

Ich steige ein, bleibe stehen. Die Reise von der einen in die andere Hälfte von Berlin dauert nur Minuten. Obwohl es schon abends um elf Uhr ist, ist der Zug voll, und es stehen viele. Vor mir sitzen zwei Männer einander gegenüber. Sie sind voll bis zum Überlaufen. Beide haben lange, fettige Haare. Sie rauchen, obwohl es verboten ist, in der U-Bahn zu rauchen. Keiner kümmert sich darum. Neben dem einen sitzt ein in rote Klamotten gekleidetes Paar. Um ihre Hälse hängen Holzketten, und in einem kleinen Holzring sind Bilder von Bhagwan. Ihnen gegenüber sind zwei Punks in zerschlissenen Jeans und schwarzen Lederjacken. Mit weißer Farbe hat der eine etwas auf seine Jacke gemalt: „Macht kaputt, was euch kaputt macht". Neben ihnen sitzen zwei türkische Frauen. Jede hat einen Garnfaden um den Nacken, und sie stricken genauso schnell wie sie sprechen.

Der Zug hält im Bahnhof Wedding an. Keiner steigt ein, aber einige steigen aus. Der Zug hält im Bahnhof Reinickendorfer Straße. Die Lautsprecherstimme verkündet: „Letzter Bahnhof Berlin (West); letzter Bahnhof Berlin (West)". Die Punks steigen aus, und ehe die automatischen Türen zusammenklappen, flippt der eine Besoffene seine Kippe durch die Spalte.

Der Zug beschleunigt. Ich sehe durch das Glas in die Dunkelheit hinein. Ein weißer Strich an der Wand des Tunnels: „Sektorengrenze". Der Zug bremst und kriecht in den nächsten Bahnhof, Stadion der Weltjugend, früher Walter-Ulbricht-Stadion, noch früher Schwarzkopff-Straße. Der Zugführer stoppt den Zug nicht. Am Ende des Bahnsteigs ist eine Mauer. Durch einen Schlitz schauen zwei Augen. Der Zug beschleunigt wieder, dann kommt der U-Bahnhof Nordbahnhof, früher Stettiner Bahnhof. Der Bahnhof ist schwach beleuchtet. Kaum zu erkennen ist ein blauuniformierter Transportpolizist mit dem Gewehr über der Schulter. In dem hell beleuchteten Häuschen, das früher dem Bahnhofsvorsteher diente, sitzt ein zweiter Polizist, Stulle essend, Zeitung lesend. Ähnlich sieht es auch am Bahnhof Oranienburger Tor aus. Ich verlasse am Bahnhof Friedrichstraße den Zug.

Ich gehe die Treppe hoch, laufe durch den langen Korridor, an den Intershops vorbei, steige die Treppe hinab, gehe den S-Bahnsteig entlang, an einem Intershop vorbei. Der Intershop ist zu und der Bahnsteig leer. Tagsüber herrscht hier ein ungeheuerer Betrieb. Der Bahnhof Friedrichstraße liegt in Ost-Berlin, aber es gibt einen „West-“ Bahnhof und einen „Ost-“ Bahnhof. Nicht nur eine Linie der Ost-Berliner S-Bahn macht hier Station, sondern auch eine West-Berliner U-Bahnlinie und zwei Linien der West-Berliner S-Bahn, die eine unterirdisch, die andere fährt über die Mauer, aus Wannsee kommend. Hier steigen die West-Berliner um, laufen an den NVA-Soldaten und dem Schild „Berlin Hauptstadt der Deutschen Demokratischen Republik“ vorbei. Alles normal. Man hat es eilig. Hält ein U-Bahnzug um sechs Uhr früh an, rennen die deutschen Männer mit ihren kleinen Aktenköfferchen den langen Gang hoch, um sich am Zigarettenkiosk anzustellen. Hier kann man die gleichen Penner antreffen, die einen im Bahnhof Zoo um ein paar Groschen angebettelt hatten. Hier ist die Pulle Schnaps billiger. Auf dem unterirdischen S-Bahnsteig steckt ein braver Bürofritze eine Flasche Weinbrand in die große Manteltasche statt in seinen Aktenkoffer. Ein paar Schritte weiter zieht ein Rentner das Hosenbein hoch und steckt sorgfältig ein Päckchen Zigaretten nach dem anderen in seine langen Strümpfe. Bloß vom West-Berliner Zoll nicht erwischt werden.

Ein S-Bahnzug fährt ein. Als ich die Treppe zum Grenzübergang hinaufsteigen will, kommen mir die drei Armisten in voller Fahrt entgegen. Vor sich schieben sie einen Mann. Während der eine Soldat die Türen zur S-Bahn aufreißt, packen die anderen beiden den ziemlich kleinen Mann und schubsen ihn mit solcher Gewalt in den Zug, dass er zu Boden fällt. Der kleine Mann ist schnell wieder auf den Beinen und versucht auszusteigen. Ein Soldat schlägt ihm ins Gesicht, so dass er wieder hinfällt. Da gehen die Türe des Zuges automatisch zu und der Zug fährt ab. Alle drei lachen herzlich.

Ich gehe die Treppe hoch. Den Geschlagenen kenne ich nicht persönlich, aber ich habe ihn erkannt. Er ist Jugoslawe, wie die meisten Ausländer, die um Mitternacht über die Grenze gehen. Als Bürger eines sozialistischen Staates sind sie von der Visumsgebühr und dem Zwangsumtausch befreit. Jede Nacht wartet er hier. Auf der anderen Seite trifft er seine Freundin, die ebenfalls jede Nacht auf ihn wartet.

An der trennenden Tür zwischen Ost und West warten einige West-Berliner. Auch ihre Gesichter sind mir bekannt. Ich stelle mich an der gewohnten Ecke auf der anderen Seite der Tür an. Die Deutschen und die Ausländer stehen immer getrennt. Ich sehe auf die große Uhr gegenüber. Es ist kurz nach elf Uhr. Diese Uhr muss man jede Nacht ansehen. Sie zählt die Zeit, die man beim Warten vergeudet.

Gerade als ich mich gegen die Wand gelehnt habe, sehe ich den kleinen Soldaten, der uns gegenüber so gehässig ist und uns schikaniert. Öfter spricht er jemanden an und behauptet: „Sie werden sowieso nicht einreisen dürfen. Am besten, Sie gehen gleich nach Hause." Der Betroffene darf dann bis Mitternacht zittern. Dabei wird der Angesprochene in der Regel nicht abgewiesen.

Die Woche zuvor hatte er sich vor mich hingestellt. Er hatte sich vor mir aufgebaut und gefragt, wieso ich dort stehe. Ich hatte gesagt, ich wartete auf die Einreise. Doch nicht hier, blaffte er. Er zeigte mit dem Zeigefinger auf eine Stelle etwa einen Meter hinter mir. Ich stehe aber jeden Abend hier an dieser Ecke, erwiderte ich. Wie eine Bulldogge sah er mich an. Auf die Stelle zeigend: dort hätte ich zu warten.

Ich fragte, worin der Unterschied bestand zwischen der Stelle, auf die er zeigte, und die Stelle, wo ich immer stand. Er legte die Hände ineinander auf den Rücken, erhob sich auf Zehenspitzen und wurde rot im Gesicht.

„Wenn Sie in die Hauptstadt der Deutschen Demokratischen Republik einreisen wollen, dann haben Sie meinen Anweisungen zu folgen. Verstanden? Ansonsten können Sie schon jetzt nach Hause fahren."

„Ist ja gut. Ich habe verstanden. Aber trotzdem ist es sinnlos."

„Das habe ich zu bestimmen."

„Bitte sehr."

Den ganzen restlichen Abend musste ich mich gegen diejenigen wehren, die sich an die gewohnte Ecke, also vor mir, anstellen wollten. Am nächsten Abend wartete ich wieder unbehelligt an der gewohnten Ecke.

Heute Abend lässt er uns alle in Ruhe. Er schreitet bloß durch die Tür, um festzustellen, wie viele Wartenden es inzwischen geworden sind. Andere Soldaten sprechen gelegentlich ein freundliches Wort, dieser kleine nie.

Um halb zwölf zähle ich sechzehn Ausländer und vielleicht doppelt so viele Deutsche. Die Deutschen haben Taschen und große Plastiktüten bei sich. Manche haben Schnapsflaschen vom Intershop auf dem oberen Bahnsteig geholt. Die Ausländer haben keine Tüten voller Geschenke, trinken auch keinen Schnaps. Dafür rauchen sie mehr als die Deutschen. Die ohnehin abgestandene Luft wird noch schlechter. Kalt und zugig ist es dort zu jeder Jahreszeit.

Nun kommen immer mehr, die über die Grenze wollen. Je näher es auf Mitternacht zugeht, desto schlimmer wird das Gedränge. Es stellen sich einige vorne an, ohne auf die Schlange zu achten. Andere stehen unter der Uhr oder auf der Treppe, die zum oberen Bahnsteig führt. Setzt sich einer hin, wird er von den Soldaten sofort hochgescheucht. Die letzte Viertelstunde bin ich nur damit beschäftigt, mich nicht nach hinten drängeln zu lassen.

Die Uhr zeigt auf Mitternacht. Es passiert nichts, denn es ist nicht so, dass man dann einfach durchgehen darf. Wir müssen auf ein Zeichen von dem Soldaten, der an der Tür Dienst hat – heute der kleine – warten.

Um genau sieben Minuten nach zwölf tritt er vor die Tür und winkt, wie jede Nacht, zuerst die Deutschen durch. Die Ausländer, die unter der Uhr und auf der Treppe stehen, treten vor und versuchen durch die Tür zu gehen.

„Zurück!" befiehlt der kleine Soldat mit rotem Gesicht.

Einer, der gut deutsch kann, beschwert sich. Es ist schon nach Mitternacht.

Das Gesicht des Soldaten läuft noch röter an. „Wann Sie durchgehen und ob Sie durchgehen, bestimme ich." Also dürfen wir warten. Wie immer merke ich eine schreckliche Spannung in mir. Ich ärgere mich genauso über diesen dummen Soldaten wie über diese Aufdringlichen, die erst fünf vor zwölf gekommen sind, aber als erste durchwollen.

Um zweiundzwanzig Minuten nach Mitternacht werden wir durchgewunken. Alle beginnen zu rennen, zu schubsen. Jeder will der erste sein. Der kleine Soldat sieht sich das an und schüttelt den Kopf. Einer fällt hin und alle andere gehen über ihn hinweg.

In der großen Halle stehen einige Soldaten, die einzelne von uns aufhalten und nach dem Pass verlangen. Nach einem flüchtigen Blick hinein, darf man sich der in der Zwischenzeit länger gewordenen Schlange anschließen. Ich werde nicht erwischt und bin daher ziemlich weit vorne.

Mitten in der Nacht geht die Passkontrolle noch langsamer vor sich als sonst. Als ich dran bin und meinen Pass unter die Glasscheibe schiebe, sagt der Soldat dahinter, ich soll warten. Ich weiß, was das bedeutet. Jede Nacht werden einige aufgefordert zu warten. Man hat auf einem roten Sofa neben der Tür Platz zu nehmen. Ein Soldat holt die Pässe der Wartenden ab und verschwindet mit ihnen. Eine viertel oder gar halbe Stunde später kommt der Soldat mit den Pässen wieder. In der Regel wird den Wartenden die Einreise verweigert. Sie gehen dann kommentarlos davon. Eine Begründung ist sowieso nicht zu erwarten. Das erste Mal, dass ich zum Warten aufgefordert wurde, war mir auch die Einreise verweigert worden. Der junge Soldat hatte mir den Pass hingehalten, aber kein Wort gesagt.

Ich war sitzen geblieben und hatte gefragt, was das zu bedeuten hätte. Er blickte mich an als wäre ich etwas schwer von Begriff. Ich könne nach Hause fahren. „Los." Er bewegte seinen linken Arm, als wollte er mich wegfegen.

Ich fragte nach dem Grund, warum ich nicht einreisen durfte. Er sei mir keine Erklärung schuldig. Mit dem ausgestreckten linken Arm zeigte er auf die Tür.

Ich bleibe sitzen und sage, es wäre eine Frage der Höflichkeit zu erfahren, warum ich nicht einreisen durfte. Zum ersten Mal schaute er mich richtig an und sagt, er sei mir keine Erklärung schuldig. Ich könne morgen kommen. Basta.

Heute bin ich der Einzige, der auf dem roten Sofa sitzt. Der Soldat, der meinen Pass abgeholt hat, kommt mit ihm wieder. Fachmännisch sieht er sich das Passfoto an und vergleicht es mit meinem Gesicht. Er fragt, zu wem ich will. Ich sage es, weil es sowieso bekannt ist und bekannt sein soll. Er fragt in welcher Beziehung ich zu Fräulein Friedrich stehe. Ich nenne Christiane meine Verlobte. Wo sie wohne? Ich sage es. Er fragt, wie wir uns kennengelernt haben. Durch Zufall in der U-Bahn. Das stimmt zwar nicht, war aber egal.

Er fragt nach meinem Beruf. Ich frage, warum ihn das interessiere. Erneut fragt er nach meinem Beruf. Dozent. Wenn ich Dozent sei, dann müsse ich eine Wohnung haben. Warum schlafe ich immerzu in der „Hauptstadt“?

Ich sehe ihn an, sage aber nichts. Das ist mir doch zu blöd. Er gibt mir meinen Pass zurück, und ich darf mich wieder bei der Passkontrolle anstellen.

Nach der Passkontrolle wechsle ich fünfundzwanzig Mark und fülle schnell eine Zollerklärung aus. Ich gebe sie dem wartenden Zöllner. Ob ich alles eingetragen hätte. Ob ich Zeitungen oder andere Druckerzeugnisse mitführe. „Nein.“

„Kommen Sie mit.“

Woraufhin er mich in eine der kleinen Kabinen führt. Darin steht ein Tisch und auf dem Tisch eine uralte Schreibmaschine. Er verlangt, dass ich meine Taschen leere. Ich lege den Inhalt meiner Hosentaschen auf den Tisch. Der Zöllner schiebt die einzelnen Gegenstände, Portemonnaie, Fingernagelknipser, Taschenmesser auseinander. Er fragt, zu wem ich so spät will. Ich nenne Christianes Namen. Und wo wohne Christiane Friedrich? Ich nenne ihre Adresse. Und in welcher Beziehung wir zueinanderstehen? Ich nenne Christiane meine Verlobte. Die restliche Unterhaltung verläuft etwa so:

„Wie kommt ein USA-Bürger dazu, eine Verlobte in der DDR zu haben?“

„So wie man dazu kommt sonst wo eine Verlobte zu haben.“

„Das ist aber doch seltsam, dass ein USA-Bürger eine Verlobte in der DDR hat."

Ich hebe die Schulter.

„Haben Sie andere Freunde oder Bekannte in der DDR?"

„Natürlich."

„Sie wohnen in Berlin (West)?"

„Ja."

„Was hat Sie nach Berlin (West) gebracht?"

„Studium." Das stimmt nicht, ist aber egal.

„Was haben Sie studiert?"

„Was macht das aus, was ich studiert habe?"

„Was haben Sie studiert, habe ich gefragt?"

„Ja, ich habe Sie verstanden, aber was hat das mit meiner Einreise in die DDR zu tun?"

„Man muss wissen, mit wem man es zu tun hat. Also was haben Sie studiert?"

„Ägyptologie." Ich grinse ihn an.

Er sieht mich an, das erste Mal, seitdem wir die Kabine betreten haben. Dann nimmt er mein Portemonnaie in die Hand, zählt das Geld und vergleicht die Summe mit der Eintragung auf der Zollerklärung. Ich darf alles wieder einpacken.

In der Bahnhofshalle auf der östlichen Seite wartet die Freundin des Jugoslawen, den man geschlagen hatte. Ich gehe zu ihr rüber.

„Er kommt heute nicht durch."

Grenzübergang Bahnhof Friedrichstraße

Telegramm der amerikanischen Botschaft zur DDR

Am 21. April 1982 schickte mir der Senator Thomas F. Eagleton eine Kopie eins Telegramms des amerikanischen Botschafters in der DDR, Herbert S. Okun.

NICHT GEHEIM

APR 82

VON:AM BOTSCHAFT BERLIN

AN: AUSSENMINISTER WASH DC

THEMA: KORRESPONENZ DES KONGRESSES

DER EHRENWERTER THOMAS F. EAGLETON

BETRIFF: BRIEF VON SENATOR EAGLETON VOM MÄRZ 1982

SEHR GEEHRTER SENATOR EAGLETON;

VIELEN DANK FÜR IHREN BRIEF VOM 31. MÄRZ AN KONSUL MCCOLLUM BETREFFEND DER SCHWIERIGKEITEN IHRES WÄHLERS

JOHN SHREVE MIT DEN BEHÖRDEN DER DEUTSCHEN DEMOKRATISCHEN REPUBLIK, DIE SEINER VERLOBTEN DIE ERLAUBNIS VERWEIGERT ZU HEIRATEN UND AUS DER DDR AUSZUWANDERN:

VIELEN DANK FÜR DIE KOPIE DES BRIEFES AN DDR BOTSCHAFTER GRUNERT. OBWOHL MAN NICHT WISSEN KANN; WIE EIN SOLCHER BRIEF ANKOMMT; GIBT ES GRUND ZU GLAUBEN, DASS ER IRGENDWANN DIE HÄNDE EINES AMTSTRÄGERS ERREICHT, DER IN DER LAGE IST, ENTSPRECHEND ZU HANDELN. IHR BRIEF STÄRKT DIE BEMÜHUNGEN DER BOTSCHAFT UND ZEIGT DEN VERANTWORTLICHEN DER DDR, DASS DAS EINE ERNSTHAFTE ANGELEGENHEIT IST, DIE NUR BESEITIGT WERDEN KANN; WENN ES FRÄULEIN FRIEDRICH ERLAUBT IST, ZU HEIRATEN UND DIE DDR ZU VERLASSEN.

HERR SHREVE HAT IHNEN DIE SITUATION DETAILIERT DARGESTELLT. DESWEGEN SCHREIBE ICH NICHTS ZU DEM HINTERGRUND DES FALLES. ES GENÜGT WOHL ZU SAGEN, DASS DIE DDR NUR MIT WIDERWILLEN, NACH LANGEM ZÖGERN UND NACH MEHREREN ABLEHNUNGEN EINER AUSREISE ERTEILT. IN SOLCHEN FÄLLEN BIETET DIE BOTSCHAFT IHRE UNTERSTÜTZUNG AN SOLANGE DIE BETEILIGTEN BEREIT SIND, IHRE BEMÜHUNGEN FORTZUSETZEN. OBWOHL ES KEINE SICHERHEIT GIBT, DASS HERR SHREVE UND FRÄULEIN FRIEDRICH ERFOLGREICH SEIN WERDEN; SIND DIE ERFAHRUNGEN DER LETZTEN PAAR JAHRE MIT ÄHNLICHEN FÄLLEN GUT.

HERR SHREVE UND SEINE VERLOBTE SIND MIT KONSUL MCCOLLUM WEITERHIN IN KONTAKT UND WISSEN, DASS SIE WEITERHIN ANTRÄGE STELLEN MÜSSEN, BRIEFE SCHREIBEN UND FÜR DIE DDR BEHÖRDEN SICHTBAR BLEIBEN MÜSSEN, UM DEN ZUSTÄNDIGEN ZU BEWEISEN; DASS SIE SERIÖSE MENSCHEN SIND; DIE NICHT AUFGEBEN. WIR HABEN FRÄULEIN FRIEDRICH GERATEN, IHRE ENTSCHLOSSENHEIT ZU ZEIGEN IN DEM SIE OFFEN MIT DER BOTSCHAFT KOMMUNIZIERT (WOVON DIE DDR STARK ABRÄT.

IHR BRIEF AN BOTSCHAFTER GRUNERT WIRD HILFREICH SEIN. VIELLEICHT, FALLS DIESES PROBLEM NICHT BIS ZUM SOMMER GELÖST IST, KÖNNTEN SIE IN ERWÄGUNG ZIEHEN, EINEN

WEITEREN SOLCHEN BRIEF AN BOTSCHAFTER GRUNERT ODER AN EINE ANDERE POLITISCHE FIGUR DER DDR ZU SCHREIBEN:

SCHREIBEN SIE UNS WIEDER, FALLS SIE WEITERE HILFE IN DIESEM ODER ANDEREN FÄLLEN BENÖTIGEN.

MIT FREUNDLICHEN GRÜßEN;

[keine Unterschrift]

NICHT GEHEIM

Am 14. Mai 1982 erhielt Christiane einen Brief vom Vorsitzenden des Auswärtigen Ausschusses des amerikanischen Senats, Senator Charlies Percy, in dem er ihr seine Hilfe angeboten hat, und, um sie zu informieren, dass er an die Botschaft der DDR in Washington geschrieben hatte, um sich zu erkundigen, warum ihr Antrag abgelehnt worden war.

MfS Dokument 13

MINISTERRAT [handschriftlich 31.1281]

DER DEUTSCHEN DEMOKRATISCHEN REPUBLIK

MINISTERIUM FUR AUSWÄRTIGE ANGELEGENHEIT 1020 BERLIN,

DEN

HA Konsularische Angelegenheiten MARX-ENGELS-PLATZ 2

KI/311/7024/7053

Ministerium des Innern

Leiter der Hauptabteilung [Eingang: 12.5.82]

Pass- und Meldewesen

Genossen Generalmajor Fischer [abgel. 5.2.82]

1086 Berlin

Mauerstraße 29/32 [ausgewertet: 26. Mai 1982]

Eheschließung der DDR-Bürgerin Christine Friedrich, wohnhaft in 1195 Berlin, Marienthaler Straße 4, mit einem USA-Bürger

[handschriftlich „Rahmengliederung am 31.12.81 Ablehnung]

Werter Genosse Fischer!

Diesem Schreiben beigefügt übersende ich Ihnen die Kopie eines Briefes, den der Senator der Vereinigten Staaten von Amerika, Thomas F. Eagleton, an den Botschafter der Deutschen Demokratischen Republik in Washington in o.g. Angelegenheit sandte.

Im außenpolitischen Interesse halte ich eine positive Erledigung des Falles für zweckmäßig, sofern dem nicht wichtige Gründe entgegenstehen.

Ich wäre Ihnen dankbar, wenn dem Beauftragten der HA Konsularische Angelegenheiten die getroffene Entscheidung mitgeteilt wird.

Mit sozialistischem Gruß

[Unterschrift]

Vogl

Hauptabteilungsleiter

Übersetzung aus dem Englischen

Senat der Vereinigten Staaten

31. März 1982

Seine Exzellenz

Herrn Dr. Horst Grunert

Außerordentlicher und Bevollmächtigter Botschafter,

Botschaft der Deutschen Demokratischen Republik,

1717 Massachusetts Avenue

Washington, D.C. 20036

Sehr geehrter Herr Botschafter Grunert!

Ich schreibe Ihnen im Namen einer meiner Wähler, der mich über eine Situation informiert hat, die eine Staatsbürgerin der Deutschen Demokratischen Republik betrifft. Bei der fraglichen Person handelt es sich um Christiane Friedrich, wohnhaft in 1195 Berlin, Marienthaler Straße 4.

Ich bin informiert worden, dass Fräulein Friedrich um die Genehmigung zur Eheschließung ersucht und auch einen Antrag auf Ausreise aus der DDR und Wohnsitznahme in den Vereinigten Staaten gestellt hat. Diese Formulare wurden am 27. Oktober 1981 eingereicht. Am 2. März 1982 wurde sie davon in Kenntnis gesetzt, dass beide Anträge abgelehnt wurden.

Fräulein Friedrich ist mit einem Bürger der Vereinigten Staaten verlobt, der zu meiner Wählerschaft gehört. Sie möchte ihre Staatsbürgerschaft ungeachtet ihres Wohnsitzes in den Vereinigten Staaten, beibehalten.

Ich bitte Sie um Ihre Unterstützung bei der Ermittlung des Grundes, aus dem ihre Anträge abgelehnt wurden. Wie Sie feststellen werden, erwartet Fräulein Friedrich im Juli ein Kind, und es ist von größter Bedeutung, dass sie bald mit ihrem Verlobten vereinigt wird. Sie möchte das Land aus diesem Grunde, und nur aus diesem Grunde verlassen.

Ich wäre Ihnen dankbar für jede Unterstützung, die Sie mir geben können, um die Anträge von Fräulein Friedrich zu beschleunigen. Ich werde Ihnen auch um meinen Wähler willen dankbar sein.

Bitte, zögern Sie auch nicht, sich an mich zu wenden, wenn ich Ihnen weitere Informationen zur Verfügung stellen kann. Ich würde Sie darum bitten, mich über mein Büro in 811 Grand Avenue, Room 913, Kansas City Missouri, 64106 von Ihren Ermittlungen in Kenntnis zu setzen.

Ich danke Ihnen nochmals in meinem Namen, im Namen von Fräulein Friedrich und ihrem Verlobten.

Hochachtungsvoll

gez. Thomas F. Eagleton

Senator der Vereinigten Staaten

Telegramm der amerikanischen Botschaft zur DDR

Der Mehrheitsführer des amerikanischen Senats, Howard Baker, hatte einen Brief an die amerikanische Botschaft zu der DDR und hatte am 27. Mai 1982 eine Antwort von dem stellvertretenden Außenminister für Beziehungen zum Kongress, Powell A. Moore, erhalten. Im Juni schrieb die amerikanische Botschaft zu der DDR an Baker.

"Obwohl Sie nicht an einen Repräsentanten der Regierung der DDR geschrieben haben, nehmen wir von der Botschaft Ihr Interesse an der Sache zur Kenntnis und werden es in unserer Korrespondenz mit Fräulein Friedrich und unseren Gesprächen mit dem Außenminister der DDR erwähnen,"

Unterschrieben wurde das Telegramm von Walter B. Smith, charge d'affaires ad interim, Botschaft der Vereinigten Staaten von Amerika zu der DDR.

37

In dem Hochhaus in der Galvanistraße wohnen eine Mutter und Tochter, die bei mir in der Ravenéstraße im Unterricht sind. Sie sind aus der DDR gekommen, und die Tochter hat in Ost-Berlin kein Englisch gelernt. Das muss nachgeholt werden. Ich wurde gebeten, zusätzlich zu dem Unterricht an der Volkshochschule Nachhilfestunden zu geben.

Anschließend gibt es immer Tee und Kekse. Von ihrem Balkon aus kann man nach Ost-Berlin sehen. Heute trinke ich meinen Tee etwas schneller aus. Ich will zur Demonstration.

Als ich an einem Zeitungskiosk vorbeigehe, sehe ich die Titelseite des **Spiegels**: „Der unliebsame Gast in Bonn". Da schaut Ronald Reagan aus der deutschen Fahne heraus, zwischen den roten und den gelben Streifen. In der Birkenstraße hat sich der Hohe Besuch auch angekündigt. Am Haus schräg gegenüber kann man lesen: „Reagan kommt vor der Eiszeit."

Schon seit Tagen laufen die Vorbereitungen. Die Polizei hat ihre letzten Reserven mobilisiert, um den hohen Gast zu schützen. Sogar als Maler verkleidet sind Polizisten unterwegs. Entdecken sie anti-Reagan Parolen an Häuserwänden, werden sie mit Polizeigrün überpinselt. Sobald die beamteten Maler weitergezogen sind, werden die Parolen mit weißer Farbe auf dem dunklen Hintergrund neu geschrieben. So sind sie sogar besser zu lesen als vorher.

Für den Abend vor der Demonstration hat man sich etwas Besonderes ausgedacht. Lautsprecher sollen in die Fenster gestellt werden, damit Kriegsgeräusche von Kassetten in der ganzen Stadt gehört werden können. Die Polizei beschlagnahmt 15 Kassetten und 24 Lautsprecher. Dabei kann man die Kriegsgeräusche über dem normalen Stadtverkehr sowieso nicht hören.

Am Richard-Wagner-Platz treffe ich auf die Demonstration. Die ersten Marschierer sind schon am Ziel, am Luisenplatz. Die letzten haben den Wittenbergplatz noch nicht verlassen. Es ist ein schöner Tag und die Stimmung ist entsprechend. Es ist ein Fest. Man spürt keine Wut über die Politik Reagans. Kinder, auf den Schultern ihrer Väter, halten Luftballons mit der Aufschrift „Abrüsten statt Nachrüsten“ fest. Ich reihe mich in die Menschenmenge ein. Viele tragen Transparente.

„2 Weltkriege sind, genug! Mr. Präsident“

„Damals Care-Pakete – heute Atomrakete“

„Reagans Endlösung: Schlachtfeld Europa“

„USA ja - Reagan no“

„Reagan go home – die Dreharbeiten sind aus“

Auf dem Luisenplatz, der eigentlich gar kein Platz ist, sondern eine nicht besonders ansehnliche Straßenkreuzung, ist eine Tribüne aufgebaut. Nur die Nähe des Schlosses Charlottenburg gibt dem Platz eine Bedeutung. Hier soll die Kundgebung stattfinden, denn am folgenden Vormittag soll es im Schlossgarten eine andere Kundgebung geben. Dort soll der große Kommunikator eine Rede vor seinen Sympathisanten halten.

Ich nehme einen Platz direkt vor der Sperre ein. Auf der Tribüne herrscht Hochbetrieb. Eine Fernsehkamera steht darauf, Fernsehen der DDR. Es soll noch zwei Stunden dauern, bis sich die letzten Demonstranten dem Luisenplatz nähern.

Andere sind inzwischen schon nach Hause gegangen. Auf der anderen Seite der Tribüne sind große Transparente zu sehen, rot mit weißer Schrift. Die sehen nicht so aus, als hätte jemand sie mit der Hand gemalt, sondern wie die Transparente bei den 1. Mai Demonstrationen in Ost-Berlin.

Die Ordner mit den roten Armbinden hinter der Sperre haben nichts zu tun. Niemand drängelt. Sie plaudern miteinander. An ihren Jacken tragen sie rot-goldene Plaketten mit dem Kopf von W.I. Lenin.

Wir stehen lange herum, während die Marschierer eintrudeln und die ersten der Redner zu reden beginnen. Es wird mehrmals bekanntgegeben, dass der Anfang der Veranstaltung verschoben werden muss, weil „da hinten" noch immer welche eintreffen.

Als erster spricht ein Pfarrer: Stopp der Produktion der Neutronenbombe, der Giftgase, keine Stationierung neuer US-Mittelstreckenraketen in Europa, sofortige Einfrierung sämtlicher Rüstungsprogramme, effektive einseitige Abrüstungsmaßnahmen. Es wird geklatscht. Es spricht ein Gewerkschaftsvertreter. Es wird geklatscht. Es spricht der Theologe Helmut Gollwitzer. Er nennt das Wettrüsten „den größten Feind der heutigen Menschheit". Es wird geklatscht.

Bei solchen Anlässen hört man sowieso nicht so genau hin. Man ahnt schon dunkel, was gesagt wird, und man behält recht. Was Nachdenkenswertes ist nicht zu erwarten. Die Redner sprechen auch viel zu laut, so dass der Ton verzerrt ist. Sie lesen einen Text ab, den sie eindeutig nicht geübt hatten. Kämpferisch klingt das alles, aber undeutlich.

Ein „Vertreter der amerikanischen Friedensbewegung" wird vorgestellt, Pfarrer James Lawson aus Los Angeles. Er trägt einen dunklen Anzug und liest seine Rede von keinem Blatt ab. Er spricht laut, die Worte aus dem Brustkorb, nahe dem Herzen, kommend. Der Ton ist aber nicht verzerrt. Gewalt könne nicht mit Gewalt, sondern durch gewaltfreies Handeln und durch Gerechtigkeit überwunden werden. Er spricht leidenschaftlich, aber die ständigen Unterbrechungen für die Übersetzung zerstören die Wirkung. Seine Rede ist ohnehin zu lang, und die

Übersetzungen führen dazu, dass kaum einer hinhört. Die Dolmetscherin scheint überfordert und macht viele Fehler.

Nach der tiefen Baptistenstimme spricht eine türkische Frau, Frau Kesim, die Witwe eines Mannes, der von Rechtsradikalen erstochen wurde. Man hört sie schlecht. Es wird geklatscht, aber nicht so wie am Anfang.

Eine Frau gibt bekannt, dass der Ost-Berliner Schriftsteller Rolf Schneider, der hier hätte auftreten sollen, kein Ausreisevisum erhalten habe. Das sei völlig unverständlich und empörend. Die Fernsehkameras zielen bei dieser Bekanntgabe nicht auf das Rednerpult, sondern auf die großen roten Transparente mit der weißen Schrift.

„SEW fordert: Stoppt NATO-Raketen"

„Europa darf kein Euroshima werden"

Die Rede von Rolf Schneider wird von einer Frau vorgelesen: Die Friedensbewegung habe den Namenlosen das Gefühl der Ohnmacht genommen und den Herrschenden das Gefühl der Allmacht.

Eine Frau ruft die Menge zur Teilnahme an einer von der Polizei und den Gerichten verbotenen Demonstration am folgenden Tag auf. Morgen komme der Reagan, und der solle gebührend begrüßt werden oder so ähnlich.

Schon bald bahne ich mir meinen Weg durch die Menge. Mit vielen anderen gehe ich zum U-Bahnhof Richard-Wagner-Platz und dann nach Hause.

Am nächsten Tag kommt der amerikanische Präsident nach Berlin, für drei Stunden. Er landet in Tempelhof, besucht Checkpoint Charlie, wo er, wie man sagt, aus Versehen einen Schritt über die weiße Demarkationslinie zwischen dem amerikanischen und dem sowjetischen Sektor macht. Er kehrt nach Tempelhof zurück und fliegt per Hubschrauber zum Schloss Charlottenburg. Reagan über Deutschland. Unten, auf dem von der Polizei mit Stacheldraht abgeriegelten Nollendorfplatz, herrscht Bürgerkrieg.

MfS Dokument 14

Ministerium für Staatssicherheit Berlin, 2.6.1982

Zentrale Koordinierungsgruppe ri-gol [handschriftlich] 2010/82

Abteilung 1

Bezirksverwaltung

für Staatssicherheit

Bezirkskoordinierungsgruppe

Leiter

Berlin

Prüfung einer abgelehnten Eheschließung/Übersiedlung nach nichtsozialistischen Staaten (außer BRD/WB)

Zum Ersuchen der DDR-Bürgerin

Name: F r i e d r i c h, Christiane

geb. am: 13.8.1954

wohnhaft: 1195 Berlin, Marienthaler Str. 4

Abt. XII erfaßt: nicht erfaßt

zur Eheschließung/Übersiedlung nach den USA liegt der ZKG eine Rahmengliederung auf Ablehnung vom 15.12.1981 vor.

Die Botschaft der USA setzt sich in einer Note an das MfAA für eine Genehmigung der Eheschließung/Übersiedlung ein.

Ich bitte Sie, eine erneute Prüfung des Antrages nach nichtsozialistischen Staaten (außer BRD/WB) zu veranlassen und das Ergebnis kurzfristig der ZKG mitzuteilen.

bis spätestens 25.6.1982.

[Unterschrift]

Flader

Oberstleutnant

MfS Dokument 15

Abteilung XVIII Berlin, den 16.6.82

Ja

F r i e d r i c h, Christiane

Zur Person F. erfolgte die Prüfung nach Ausschließungsgründen. Die F. ist kein Geheimnisträger und hat auch keinen Zugriff zu vertraulichen Unterlagen des Betriebes.

In der Verwandtschaft sind keine Personen vorhanden, die in einem bewaffneten Organ der DDR tätig sind. Antragsteller aus der Familie sind nicht vorhanden.

Nachfolgeerscheinungen sind nach erfolgter Ausreise der Person nicht zu erwarten.

Es wurden keine Ausschließungsgründe zur Person F. festgestellt. Eine Einreisesperre zur Person ist nicht erforderlich.

[Unterschrift]

Jacob, Hauptmann

MfS Dokument 16

Bezirksverwaltung Berlin, 29.6.1982

Für Staatssicherheit Berlin Ja/Rüh – 21922

Abteilung XVIII/EAB 3466/827[handschriftlich]

Ministerium für Staatssicherheit

ZKG Abteilung 1

über BKG

Friedrich, Christiane, geb. am 13.8.1954

Die F. war in ihrer beruflichen Tätigkeit im K EAW bis 30.11.1981 VD-verpflichtet und wurde dann aus ihrer Funktion umgesetzt. Sie hatte keinen Einblick in geheimzuhaltende Unterlagen.

Die Prüfung zur Tätigkeit der Schwester und des Schwagers [...] durch die KD [...] ergab, dass beide Personen keine Geheimnisträger sind.

Familienangehörige in bewaffneten Organen sind nicht vorhanden.

Es sind zur Person Friedrich keine Ausschließungsgründe festgestellt worden.

Leiter der Abteilung

[Unterschrift]

Wiesner

Oberstleutnant

38

Der S-Bahn-Zug verlässt den Bahnhof Jannowitzbrücke und kurvt auf den großen Bahnhof am Alexanderplatz zu. Früher war der Alex das proletarische Zentrum Berlins gewesen. Inzwischen ist er das Zentrum der Hauptstadt des Arbeiter- und Bauernstaates und hat nichts, aber gar nichts Proletarisches an sich, er ist nur weitläufig. Die physische Geschichte des Platzes wurde von sozialistischen Stadtplanern ausradiert. Zu Fuß braucht man ein paar Minuten, um den Platz zu überqueren. Wenn dieser Platz von der Weitsicht der Planer zeugen soll, dann nur, weil alles weit auseinander liegt.

Christiane, inzwischen im achten Monat, hat ihren Schwangerschaftsurlaub schon angetreten. Wir wagen gar nicht zu hoffen, dass die Entscheidung gefallen ist. Sie ist zum Magistrat von Berlin in der Rückerstraße bestellt worden.

Wir gehen zwischen dem Centrum Warenhaus und dem Hotel Stadt Berlin auf den Fußgängertunnel zu. Über den Weg sind wir uns nicht sicher. Unterwegs fällt uns eine Eisdiele in der Rosa-Luxemburg-Straße auf, und wir nehmen uns vor, nachher dort ein Eis zu essen, zur Feier des Tages oder als Trost, je nachdem.

Wir laufen die Linienstraße entlang, an dem VEB Bau Mitte vorbei, bis wir die kleine Rückerstraße finden. Links, Nummer 4, ist ein altes Haus aus roten Backsteinen mit Stuck um die Fenster. Danach kommen Baracken, die als Kindergarten dienen. Auf dem Spielplatz toben viele Kinder. Das Gebäude des

Magistrats steht auf der anderen Straßenseite. Es ist das einzige heile Haus in der Gegend. Christiane meldet sich beim Pförtner an. Ich darf natürlich nicht mit.

Ich gehe die Straße rauf und runter. Ich muss mich davor hüten, darüber nachzudenken, was wir alles machen müssten, falls Christiane nun ausreisen darf. An der Ecke Rückerstraße/Mulackstraße finde ich eine Bank inmitten von Unkraut und wild gewachsenen Büschen und Bäumen. Ein Trampelpfad führt durch das Gestrüpp. Dahinter sieht man die bröckelnde Fassade eines durch Bomben ans Tageslicht beförderten Hinterhauses. Gegenüber ist ein mit hohem Unkraut überwuchertes Grundstück, umgeben von einem verrosteten Zaun. Hinter dem Zaun steht eine alte provisorische Baracke.

Dies ist eine Gegend schmaler kaputter Straßen, niedriger alter Häuser, allesamt baufällig. Die Fassaden haben sicherlich seit dem Krieg keinen Putz, die schief hängenden Türen keine Farbe gesehen. Hier und da klaffen Baulücken in den Häuserreihen, oder vielleicht besser gesagt, Bombenlücken. Die Gehwege sind noch unebener als sonst wo in Ost-Berlin, die Straßen auch, alles verkommen und vergessen. Menschen sind nicht zu sehen, und doch sind die Häuser bewohnt, in den Fenstern hängen Gardinen. Die Staatslimousinen der Genossen verirren sich nie durch die Rückerstraße oder die Mulackstraße. Es kommen auch keine Touristen. Wozu auch, denn was hier mal gewesen war, ist längst tot. Als ich die Mulackstraße herunterschaue, denke ich an die Mauer: Kilometer um Kilometer von Beton, so viel Farbe, so viele Hände, die daran gearbeitet haben. Kein Mensch ist hier zu sehen. Nur eine Katze schleicht über die Straße.

Christiane tippt mir auf die Schulter und mir fällt sofort auf, dass sie zumindest nicht betreten aussieht. Ihrem Gesichtsausdruck nach zu urteilen, war die Unterhaltung zumindest nicht negativ.

„Er fragte, wann ich das Kind erwarte, ob ich bei meinem Antrag bleibe, was wir vorhaben. Er sagte, ich soll in Ruhe mein Kind bekommen, und dann werden wir weitersehen."

Christiane wirkt erleichtert. Dabei kommt es mir ganz und gar nicht wie eine besonders gute Nachricht vor. Ich frage, ob wir dann heiraten dürften. Darüber habe er nichts gesagt, aber das Ganze klang positiv, als sei eine Entscheidung schon gefallen und es sei nur eine Frage der Zeit.

„Aber wie viel Zeit? Das könnte noch Monate dauern."

„Er sagte: ‚Kriegen Sie erst in Ruhe Ihr Kind, und dann können wir weitersehen'. Ich schätze, danach werden wir heiraten dürfen."

Christianes offensichtliche Zufriedenheit reizt mich. „Siehst du nicht, dass das eine Zumutung ist. Wenn, wie du meinst, die Entscheidung schon gefallen ist, warum können wir dann nicht entscheiden, wann wir heiraten?"

„Wir sollten froh sein, dass sich überhaupt etwas bewegt."

„Was bewegt sich? Ich spüre keine Bewegung. Wir werden hingehalten."

Ich habe wieder das dumpfe Gefühl der Ohnmacht, wie im Traum, wenn man verfolgt wird und die Beine sich nicht bewegen lassen wollen. Mir wird klar, wie sehr auch Christiane diese staatliche Bevormundung als normal akzeptiert. „Es ist nun mal so." „Was willst du machen?"

Wir finden dann die Luxemburg-Straße und steuern auf das Eiscafé Ilka zu. Ein Tisch ist frei. Das Café ist anders als sonst in der DDR, nicht so voll besetzt. Wir sitzen sogar allein an einem Tisch und bestellen zwei gemischte Eisbecher mit Früchten.

Christiane legt ihre Hand auf meinen Arm und fragt, ob es mich störe, dass unser Kind unehelich geboren wird.

„Das stört mich an und für sich nicht. Wir sind ja zusammen, aber der einzige Grund, warum unser Kind unehelich geboren wird, ist, weil dieser Staat uns verbietet zu heiraten, und das stört mich sehr wohl."

„Du sollst dich darüber trotzdem nicht zu sehr aufregen."

„Wenn ich mich darüber nicht aufregen soll, worüber soll ich mich dann aufregen?"

Unser Eis kommt und überraschenderweise schmeckt es sogar. Wir essen jedoch ohne Appetit.

39

Die Kirche zum Vaterhaus steht in der Baumschulenstraße, der neuen Kaufhalle gegenüber. Über dem Eingang kann man lesen: „In meines Vaters Hause sind viele Wohnungen" aus dem Johannes Evangelium. Eine Schule ist der Kirche baulich direkt angeschlossen. Sie heißt 17. Oberschule M.W. Frunse, genannt nach dem Begründer der sowjetischen Militärwissenschaft und Altbolschewisten Michail Wassilijewitsch Frunse. Wir haben den Pastor um einen Termin gebeten. Nun suchen wir das Pfarrbüro auf.

Wir klopfen an die Tür. „Herein." In der Mitte des Büros sind zwei zusammen geschobene Schreibtische. An dem einen sitzt eine weißhaarige Frau, an dem anderen eine wesentlich jüngere. Beide grüßen uns freundlich. Als Christiane ihren Namen nennt, wissen sie gleich Bescheid.

Die jüngere Frau verschwindet durch eine Tür. Die Tür geht gleich wieder auf. Hinter der Frau kommt der Pfarrer uns entgegen. Er lächelt uns aus einem freundlichen Gesicht zu und bittet uns in sein Büro.

„Bitte, nehmen Sie Platz."

Wir setzen uns auf ein Sofa und der Pfarrer setzt sich uns gegenüber. Er lehnt die Ellenbogen auf die Knie. Ehe irgendeiner von uns ein Wort sagen kann, klingelt es. „Entschuldigen Sie." Er springt auf und eilt zum Apparat, als dürfte es auf keinen Fall ein zweites Mal klingeln. Er spricht laut am Telefon. Es scheint sich um eine Beerdigung zu handeln.

Ich nehme die Gelegenheit wahr, seine Bücherregale zu betrachten, ausschließlich theologische Werke, viele aus dem Westen, eine beneidenswerte Sammlung.

Das Telefongespräch scheint mehrmals zu Ende gehen zu wollen, ehe der Pfarrer tatsächlich auflegt. Er setzt sich wieder und nimmt die gleiche Stellung ein wie vorher.

„Nun, wie kann ich Ihnen behilflich sein?“ Er legt sein Kinn auf die Fingerspitzen beider Hände. Christiane zögert und von ihrem sonstigen Selbstbewusstsein ist nichts zu spüren.

„Wie Sie sehen, bin ich schwanger. Vor zehn Monaten habe ich einen Antrag auf Eheschließung mit einem Ausländer und anschließender Ausreise gestellt.“ Die Augen des Pfarrers richten sich auf mich. „Der Antrag wurde abgelehnt, und es wurde mir gesagt, dass ich einen neuen Antrag erst dann stellen kann, wenn die Bedingungen sich ändern. Das heißt praktisch, erst nach der Geburt unseres Kindes.“

„“Und Sie haben Bedenken, weil Ihr Kind unehelich geboren wird.“

Ohne dass sie etwas sagt, scheint Christiane ihm zuzustimmen. Das wundert mich, denn bisher hat sie nie gesagt, dass diese Tatsache sie stört. Der Pfarrer wirkt auf einmal ganz ruhig.

„Wissen Sie, ich würde mir darüber keine Gedanken machen. Früher wurde eine uneheliche Geburt als Makel angesehen, aber in unserer Gesellschaft ist das nicht mehr der Fall, Gott sei Dank. Ich finde es gut so, denn das Kind kann doch nichts dafür.“

Christiane schweigt. Ich habe den Eindruck, sie kommt nicht zur Sache.

„Mich stört es sehr wohl, dass unser Kind unehelich geboren wird“, sage ich, „und zwar, weil wir nicht heiraten dürfen. Hätten wir entscheiden können, wann wir heiraten, dann wären wir schon seit zehn Monaten verheiratet. Ich sehe gar nicht ein, dass der Staat das Recht hat, darüber zu entscheiden, ob und wann wir heiraten.“

„Nun, der Staat hat aber dieses Recht.“

„Ich sehe das anders. Dieser Staat hat die Macht dazu.“

„Was wollen Sie dagegen tun?“

„Ist es nicht möglich, kirchlich zu heiraten, wenn uns die zivile Eheschließung verwehrt wird?"

Der Pfarrer setzt sich gerade hin, atmet tief durch. „Ich meine, die kirchliche Trauung wird vom Staat sowieso nicht anerkannt, aber wir würden uns fortan als verheiratet betrachten."

„Es stimmt schon, dass die kirchliche Trauung vom Staat nicht anerkannt wird" — der Pfarrer spricht nun betont langsam — „aber die kirchliche Trauung darf erst dann stattfinden, wenn die zivile Eheurkunde vorliegt."

„Und wenn es geheim bleibt?"

Jetzt wird er völlig unruhig und gleichzeitig ungeduldig. „Ich glaube, dass das schwer möglich wäre. Wenn es sich herumsprechen sollte, dass Sie verheiratet sind, dann könnten Fragen aufkommen, die Sie und uns in Schwierigkeiten bringen könnten. Ich fürchte, dass ich Ihrem Wunsch nicht entsprechen kann."

Etwas anderes habe ich auch nicht erwartet. Ich blicke Christiane an. Sie schaut vor sich hin.

„Ich weiß nicht, ob es ein Trost ist, aber es gibt eine alte Lehre, wonach die eheliche Partnerschaft mit der Verlobung beginnt, denn mit der Verlobung ist die Entscheidung zur Eheschließung gefallen. Zwar sind formale Verlobungen heute eher selten geworden, aber vielleicht können Sie Ihre Lage so sehen, denn es ist klar, dass die Entscheidung gefallen ist."

Der Pfarrer ist sichtlich verlegen. Er wirkt erleichtert, als Christiane ihn fragt, ob er uns, falls ihr Antrag auf Eheschließung genehmigt werden sollte, trauen würde.

„Aber selbstverständlich!" Dann nach einer Pause, „Wissen Sie, theoretisch ist der Sozialismus eine humane Idee. Leider lässt aber das, was uns hier serviert wird, zu wünschen übrig. Ein solcher Fall wie Ihrer dürfte im Grunde nicht vorkommen. Es ist eine Missachtung der Würde des Menschen."

Wir verabschieden uns. Der Pfarrer sagt, „Sie können jederzeit zu mir kommen, wenn Sie Hilfe brauchen."

Als wir draußen sind, liest Christiane meine Gedanken. „Was hast du eigentlich erwartet?" Natürlich bin ich wieder naiv gewesen.

„Ich habe nichts erwartet, und ich erwarte auch gar nichts."

„Mein Gott, die Kirche ist auch in das System eingebunden und kann ihre Position nicht aufs Spiel setzen. Wir sind nicht die einzigen, die Hilfe brauchen." Mir ist nicht nach diskutieren.

„Der Pfarrer ist ein guter Mensch."

Damit hat sie recht und sie hat recht, dass jeder in dem Netz gefangen ist. Es gibt keinen Ausweg, nur verschiedene Reaktionen auf die gegebene Wirklichkeit.

„Gut. Der Staat lässt uns nicht heiraten. Die Kirche darf uns nicht heiraten lassen. Von nun an betrachte ich uns als verheiratet."

40

Nach dem Unterricht bei Schering in der Max-Dohrn-Straße fahre ich direkt zu Dietmar. Es ist meine letzte Unterrichtsstunde vor den Sommerferien und die Kursteilnehmer haben als Abschiedsgeschenk 80 Mark gesammelt. Das kann ich gut gebrauchen.

Dietmar will bald für eine Woche zu seiner Familie nach Westdeutschland fahren, und er hat mir angeboten, während der Zeit in seiner Wohnung zu wohnen. Seine Frau Kathy ist schon vorgefahren. Die Adresse habe ich Christiane gegeben. Ich klingele. Dietmar macht auf. Er begrüßt mich, dreht sich und kehrt ins Wohnzimmer zurück. Ich höre, dass der Fernseher läuft, Fußball. Ich stelle meine Tasche ab und setze mich in einen Sessel.

Ich habe vergessen, dass die Fußballweltmeisterschaft läuft. Die Bundesrepublik spielt gegen Frankreich. Dietmar fragt, wie es Christiane geht. Ich erzähle, dass ich am Tag zuvor drüben gewesen war und dass sie zu ihren Eltern gefahren ist, bis das Baby kommt. Der Termin sei in zwei Wochen. In der Zeit würden wir uns nicht sehen können, aber nach der Geburt des Kindes würde ich hinfahren. Wie das? Er weiß, dass ich kein Visum erhalten habe.

Ich erzähle wie ich beim Warten an der Grenze mit einem anderen Amerikaner ins Gespräch gekommen bin und erfahren habe, dass ich einen West-Berliner Ausweis bekommen kann. Seine Freundin wohnt in Dresden, und er pendelt hin und her, immer an einem Tag. Er schläft im Zug. Ich habe ihn gefragt, wie das überhaupt möglich sei, und er erzählte mir, dass er eine sogenannte „Lichtbildbescheinigung“ hatte. Jeder Ausländer mit Wohnsitz in Berlin kann eine erhalten und damit kann man wie ein West-Berliner reisen, das heißt auch überall in der DDR. Man muss bloß am selben Tag wieder ausreisen. Ich muss einen Stempel von der DDR-Besuchsstelle in der Jebenstraße holen. Christiane weiß von nichts. Ich will sie überraschen.

Es läutet. Dietmar schaut instinktiv auf die Uhr. Er geht zur Tür und drückt auf den Knopf, um die Haustür vier Etagen tiefer zu öffnen. Eine Minute später höre ich, wie die Tür aufgeht. Dietmar sagt, „Danke“ und macht die Tür wieder zu. Er kommt zurück in das Wohnzimmer und gibt mir einen Umschlag.

Es ist ein Telegramm. Ich mache es auf. „Saskia und Christine wohlauf. Geboren am 7.7. Ulrike.“ Ulrike ist Christianes Schwester.

Dietmar sieht mich gespannt an, dreht sogar den Ton am Fernseher ab. „Ich bin Vater geworden.“

„Ich gratuliere.“

Ich reiche ihm das Telegramm und frage, ob ich Vater von einem oder zwei Kinder geworden wäre. „Entweder hat Christianes Schwester sich verschrieben oder es sind Zwillinge.“

41

Am Morgen des 8. Juli stehe ich vor dem Büro für Besuchs- und Reiseangelegenheiten in der Jebenstraße, noch ehe es aufmacht. Es stehen viele andere da, vor allem ältere Leute, die mit großen Plastiktüten beladen sind. Eine Schlange ist nicht zu erkennen. Jeder hat sich dort hingestellt, wo es ihm am vorteilhaftesten erscheint. Beim Warten beäugt jeder misstrauisch den anderen, und als die Tür aufgemacht wird, gibt es ein schreckliches Gedränge.

Bald aber sitze ich an einem Tisch, wo die Stempel auf die grünen Karten gedrückt werden. Der Uniformierte auf der anderen Seite des Tisches fragt nach dem Kreis. Ich sage es ihm. Er schiebt die Karte über den Tisch.

Ich verlasse das Haus und eile direkt zum Bahnhof Zoo. Eine S-Bahn-Fahrkarte hatte ich schon im Voraus gekauft. Ich lasse sie von der Frau in der blauen Reichsbahnuniform lochen und renne die Rolltreppe zum Bahnsteig hoch. Zwei Minuten darauf sitze ich auf einer Holzbank und rolle gen Osten.

Die kleine Bezirksstadt Belzig, in der Christiane und Saskia im Krankenhaus liegen, hat einen roten Backsteinbahnhof. An diesem ist ein rotes Schild mit weißer Schrift befestigt. „Je stärker der Sozialismus desto sicherer der Frieden." An den beiden Fahnenmasten vor dem Bahnhof hängen jedoch keine Fahnen.

Es sind nur 300 Meter vom Bahnhof zum Krankenhaus, am Ende der Karl-Marx-Straße. Ich ziehe an der großen Glastür, ehe ich merke, dass sie mit einer dicken Kette gesichert ist. Da sehe ich eine Tafel, mit den die Besuchszeiten. Heute gibt es keine Besuchszeit. Ich schaue durch das Glas. Das Foyer sieht wie ausgestorben aus.

Es fällt mir erst jetzt auf, dass der Parkplatz vor dem Krankenhaus leer ist. Ich suche eine Klingel. Es gibt keine. Es muss doch einen Eingang geben, der auf ist. Ich gehe um das Krankenhaus herum und finde tatsächlich eine Tür. Ja, sie ist offen. Ich mache sie auf. Es ist eine Art Lagerraum. „Hallo." Keine Antwort. Auf der anderen Seite des Raumes ist eine weitere Tür. Ich mache sie auf und stehe auf einem großen Flur und sehe den Eingang von der anderen Seite. Eine Schwester kommt die Treppe herunter. „Entschuldigung, vorgestern hat meine Frau entbunden. Können Sie mir sagen, wo ich sie finden kann?"

Durchaus hilfsbereit erklärt sie mir, wie ich zu der Station komme und scheint sich gar nicht darüber zu wundern, wie ich ins Haus gekommen bin.

Ich gehe die Treppe hoch und finde die Station. Doch die Tür ist zugeschlossen. Diesmal ist aber eine Klingel neben der Tür. Ich drücke darauf. Nach kurzer Zeit höre ich Schritte. Eine Schwester macht auf und sieht mich fragend an.

Ich sage, meine Frau Christiane Friedrich hatte gestern entbunden und ich bin aus West-Berlin gekommen, um sie zu sehen. Sie lässt mich hinein, führt mich zu Christianes Zimmer und bittet mich, nicht zu lange zu bleiben.

Ich schiebe die Tür auf. Es gibt drei Betten. In dem mittleren liegt Christiane. Die anderen beiden Frauen sehen mich an. Ich nicke zur Begrüßung. Christiane sieht mich aber nicht.

„Ich glaube, Sie haben Besuch."

Endlich sieht Christiane hoch und erschreckt gleich. „"Ach, wie kommst du hierher?"

Ich gehe an ihr Bett und küsse sie. „Zunächst, wie geht es euch, und wie viele Babys haben wir eigentlich?"

„Eins, wieso?"

Ich erzähle ihr vom Telegramm. „"Um Gottes Willen. Das hätte noch gefehlt."

Ich frage, wie es beiden geht und sie erzählt, dass Saskia schwarze Haare und blaue Augen hat. Es gab aber Komplikationen und sie wird etwa zwei Wochen im Krankenhaus bleiben müssen.

Ich gehe raus und bitte die Schwester, mir Saskia zu zeigen. Es kommt eine junge Frau in einem blauen Arbeitskleid, auf ihrem Arm ist Saskia. Ich darf sie nicht nehmen, nur kurz anfassen. So ein kleines Stück Leben. Viele Haare hat sie. Sie macht ein Auge auf und klappt es bald wieder zu. Schon geht die Schwester mit ihr wieder weg. Mehr bekomme ich von meiner Tochter nicht zu sehen.

Christiane zieht mich näher an sich. „Bist du illegal hier?“ Ich erzähle ihr von dem Amerikaner, der zwischen Berlin und Dresden pendelt, von der Lichtbildbescheinigung, von dem Büro für Besuchs- und Reiseangelegenheiten in der Jebenstraße.

Bald ist die Zeit abgelaufen. Ich gebe Christiane das Geld, das ich habe tauschen müssen, wir verabschieden uns. Die Schwester sorgt dafür, dass mich jemand durch den Haupteingang herauslässt. Hinter mir wird die Tür wieder zugekettet.

MfS Dokument 17

[IM Bericht]

Belzig 15.7.82

Information zu Christiane Friedrich, Reetz im Hack

o.g. hat am 7.7. oder 8.7. entbunden. Ihre Tochter heißt Sahra.* Am Sonntag 11.7.** war der Vater, ein US Bürger im Krankenhaus Belzig zu Besuch. Er wohnt in der BRD bzw. Berlin West u. ist arbeitslos.*** Seine Eltern besitzen eine Farm.**** Der US Bürger will o.g. ehelichen u. sie u. das Kind mitnehmen in die Vereinigten Staaten. Christiane arbeitet in Berlin. Ch. Friedrich war immer zurückhaltend. Die Eltern sind von Anfang an gegen die Verbindung gewesen.

Hubert

[*Der Name ist falsch.

**Falsch. Der Vater war schon am 8.7. im Krankenhaus.

*** Auch falsch.

**** Die Eltern besaßen nie eine Farm.]

42

Zwei Wochen bleibt Christiane mit Saskia im Krankenhaus, und auch danach muss sie sich schonen. So bald wie möglich aber entschließt sie sich, nach Berlin zurückzukehren, um sich wieder im Rathaus vorzustellen. Nun haben sich die Bedingungen ihres Antrages tatsächlich verändert.

Als ich zum Dorf fahre, um sie nach Berlin zu begleiten, herrscht eine miese Stimmung. Uwe hat mich am Bahnhof abgeholt und mich gewarnt. Als wir ankommen, gibt Christianes Vater mir stumm die Hand. Ihre Mutter grüßt mich gar nicht, sondern geht nur murmelnd an mir vorbei.

Es ist die übliche Unruhe. Immer wenn ich das Haus betrete, habe ich das Gefühl, in einen Sturm einzutauchen. Das Mittagessen wird schon vorbereitet. Christiane huscht vorbei und grüßt kurz.

„Wie geht es Saskia?"

„Sie schläft."

Christiane ist wie verwandelt. Sie trägt eine Kittelschürze und die Haare sind unter einem Kopftuch versteckt. Von ausruhen kann keine Rede sein.

„Wenn du Arbeit suchst, kannst du Kartoffeln schälen."

„Ich suche aber keine Arbeit."

„Ich hol' dir ein Messer."

Also setze ich mich an die Kaminatrappe, in der ein kleiner Kohlenofen steht und schäle winzige Kartoffeln. Der Kuckuck springt aus der Plastikkuckucksuhr und schreit mich an. Christiane kommt und fängt an Schuhe zu putzen.

„Was herrscht hier für eine Stimmung?"

„Meine Eltern wollen nicht, dass ich nach Berlin zurückfahre."

„Wie sollst du das mit deinem Antrag erledigen, wenn du nicht in Berlin bist?"

„Darüber denken sie gar nicht nach."

„Wie stellen sie sich das vor?"

„Sie stellen sich gar nichts vor. Sie spüren nur eine Bedrohung und wehren sich dagegen."

Ihre Mutter ruft aus der Küche, sie braucht etwas aus der Kammer. Christiane lässt alles fallen und holt es. Ich schäle weiter. Christiane setzt sich wieder.

„Seitdem ich gesagt habe, dass ich für ein paar Tage nach Berlin fahre, ist meine Mutter schlecht gelaunt. Wir kriegen uns ständig in die Wolle."

„Am liebsten würde sie es sehen, dass ich einfach verschwinde."

„Nein, aber sie hat Angst, wenn ich ausreise, sieht sie mich nie wieder."

„"Sind das genug Kartoffeln?"

Sie kontrolliert den Eimer. „Nein, schäle noch ein paar."

Ich schäle und schäle.

Als es endlich genug ist, trage ich den Eimer in die Küche. Christianes Mutter steht am Herd und Uwes Freundin Christine ist am Waschbecken beschäftigt. Ich habe den Eindruck, dass Christianes Mutter es bemerkt hat, als ich hereingekommen bin, aber ich kann mich geirrt haben. Jedenfalls sagt sie deutlich: „Christiane ruiniert ihr ganzes Leben, wenn sie mit ihm geht." Christine sieht mich ernst an.

Christianes Mutter dreht sich zu mir um. Mit dem Kochlöffel in der Hand: „Wenn Christiane hier weggeht, muss sie alles aufgeben, was sie aufgebaut hat. Sie verdankt dem Staat alles, und dann will sie einfach weg."

„Sie will heiraten, und der Staat verbietet es ihr. Diesem Staat schuldet Christiane gar nichts."

„Jau, diesem Staat verdankt sie ihre Ausbildung und ihren Arbeitsplatz."

„Und aus Dank soll sie es dem Staat überlassen, wie sie ihr Leben lebt?"

„Und was hast du? Was kannst du ihr bieten? Gar nichts. Du hast nichts." Sie fuchtelt mit ihrem Kochlöffel herum und dreht sich wieder zum Herd. „Sie ruiniert ihr Leben."

Ich verlasse die Küche.

43

Egal wie ihre Eltern dazu stehen, muss Christiane zeitweise nach Berlin zurück. Endlich kann sie, dank Saskia, einen neuen Antrag stellen. Es gibt aber noch anderes zu erledigen. Heiraten dürfen wir nicht, aber diese deutsche Republik soll wissen, wer Saskias Vater ist. Obwohl Christiane mich als Vater genannt hat, steht mein Name nicht auf ihrer Geburtsurkunde. Auch eine amerikanische Geburtsurkunde und einen amerikanischen Reisepass müssen für sie besorgt werden.

Rat des Bezirks Berlin-Treptow, Referat Jugendhilfe, Rinkartstraße Ecke Bodelschwinghstraße. Schon wieder ein Büro. Verstaubte Akten, billige Pappmöbel, Tapete mit überdimensionalem Muster. Erich Honecker lächelt jugendlich von der Wand. Wir sind zum Jugendamt gekommen, um eine Vaterschaftserklärung zu unterschreiben.

Christiane sitzt neben mir mit Saskia auf dem Schoß. Die Jugendfürsorgerin, die auf der anderen Seite des Schreibtisches sitzt, sieht gar nicht unfreundlich aus. Sie fragt mich nach Personalien, tippt auf ein Stück graues Papier und schiebt es mir zur Unterschrift rüber. Ich unterschreibe.

„Ja, dann müssen wir die Frage der Unterhaltszahlungen klären", sagt sie so nebenbei.

„Was für Unterhaltszahlungen?" fragt Christiane.

„Als Mutter eines unehelichen Kindes haben Sie einen Anspruch auf Unterhaltszahlungen von dem Vater des Kindes."

Wir sehen uns mit einem das Darf-nicht-wahr-sein-Blick an. „Das finde ich ein starkes Stück. Erst dürfen wir nicht heiraten und dann soll ich zu Unterhaltszahlungen verpflichtet werden."

Die Jugendfürsorgerin blickt mich an, als hätte sie meine Worte nicht begriffen.

„Davon weiß ich nichts. Der Staat verpflichtet die Väter unehelicher Kinder, Unterhalt für sie zu zahlen."

„Im Prinzip habe ich nichts dagegen, aber der Staat trägt die Verantwortung dafür, dass meine Tochter ein uneheliches Kind ist."

Christiane sagt schnell, sie verzichte auf die Zahlungen. „Das geht nicht."

„Warum soll das nicht gehen?"

„Sie dürfen nicht darauf verzichten."

„Heiraten dürfen wir nicht, auf Unterhaltszahlungen darf meine Frau nicht verzichten. Was darf man in diesem Land überhaupt?"

Christiane fragt, ob ich ihr das Geld direkt geben dürfte. „Nein, aufgrund zwischenstaatlicher Verträge muss das Geld auf ein Sonderkonto eingezahlt werden. Ihnen wird das Geld dann auf Ihr Konto überwiesen."

„Bekommt meine Frau das Geld wenigstens in D-Mark ausgezahlt?"

„Nein, sie erhält das Geld in Mark der DDR."

„Zu welchem Wechselkurs?"

„Ich verstehe nicht. Ach so, zu dem amtlichen Kurs natürlich."

„Also eins zu eins. Das heißt, schon wieder eine Devisenquelle für die DDR."

„Das sind die gesetzlichen Bestimmungen. Daran muss man sich halten."

„Auch wenn sie sinnlos sind."

Statt darauf zu reagieren, holt sie ein Formular aus ihrem Schreibtisch. „Ich muss Sie fragen, wie viel Sie verdienen."

Ich habe keine Ahnung, was ich durchschnittlich im Monat verdiene, weil ich nur zweimal im Jahr bezahlt werde. Ich sage tausend Mark, eine schöne runde Zahl. Erst später rechne ich aus, dass die Zahl um etwa ein Drittel zu hoch ist. Ich werde dazu verpflichtet, bis zu ihrem 13. Lebensjahr für Saskia 120 Mark im Monat zu zahlen, danach 145 Mark.

An der Tür hören wir die Jugendfürsorgerin sagen: „Es tut mir leid."

MfS Dokument 18

Rat des Stadtbezirks Berlin-Treptow Berlin, den 12.08.82

Abteilung Innere Angelegenheiten

Sektor Genehmigung

Information zum Ersuchen auf Eheschließung F r i e d r i c h, Christiane

Entsprechend der Festlegung war Frl. F. mitgeteilt worden, dass sie erst ihr Kind zur Welt bringen soll und dann erneut in der Abt. I:A. vorsprechen.

Am 10.8.82 erschien Frl. F. in der Sprechstunde und legte die Geburtsurkunde ihres Kindes Saskia Friedrich, geb. am 7.7.82 in Belzig und die Vaterschaftsanerkennung vor.

Sie hält sich bis ca. Ende September bei ihren Eltern in 1821 Reetz, Im Hack 5, Kr. Belzig, auf. Sie meldet sich in der Abt. I.A., wenn sie wieder in Berlin ist.

Informationen in der Zwischenzeit sollen nach Reetz übersandt werden.

Frl. F. hat bis zum 3.12.1982 ihren Wochenurlaub. Sie wird 1 Jahr unbezahltes Mütterjahr in Anspruch nehmen.

Laut Festlegung soll jetzt eine erneute Prüfung des Ersuchens auf Eheschließung erfolgen.

[Unterschrift]

Görski

MfS Dokument 19

MINISTERRAT

DER DEUTSCHEN DEMOKRATISCHEN REPUBLIK

MINISTERIUM DES INNERN

Büro für Pass- und Ausländerangelegenheiten

Der Leiter

Leiter der

Volkspolizei-Inspektion

Gen.Oberstltn.d.VP Friedrich

Berlin-Treptow

über PdVP Berlin - Leiter Abt. PM

Unsere Zeichen Datum

ko/82 13. Aug. 1982

Betreff

DDR-Bürgerin Christiane Friedrich - geb. 13.08.1954, wh.

1195 Berlin-Baumschulenweg. Marienthaler Str. 4 - USA -

Nach Prüfung wird mitgeteilt, dass gegen die beabsichtigte Eheschließung verbunden mit einer ständigen Ausreise aus der DDR des o. g. Bürgers von Seiten des BPAA keine Einwände bestehen. Mein Schreiben vom 05.02.1982 ist damit hinfällig.

Nach erfolgter Eheschießung kann bei Erfüllung aller alter in der DV 40/74, Ziffer 9. 2. geforderten Voraussetzungen die Vorgangsbearbeitung in eigener Zuständigkeit abgeschlossen werden.

Dem BPAA ist ein Antragsformular und der Teil E der Zählkarte zu übersenden.

Soll die Ausreise aus der DDR ohne vorherige Eheschließung erfolgen, ist eine nochmalige Beratung in der Arbeitsgruppe vorzunehmen.

In begründeten Fällen kann dem BPAA ein entsprechender Vorschlag zur Entscheidung unterbreitet werden.

Diese Genehmigung ist für 12 Monate befristet.

Erfolgt innerhalb dieses Zeitraumes keine Ausreise, ist dem Leiter des BPAA bei späterer Antragstellung zur Übersiedlung ein neuer Vorschlag gemäß Rahmengliederung, Anlage 8 der DV 015/72 zu unterbreiten.

I.V.

[Unterschrift]

Schöppach

Oberstltn.d.VP

44

Zwischen Bahnhof Alexanderplatz und Bahnhof Marx-Engels-Platz kann ich kurz beobachten, wie man dabei ist, mit einem Kran einen neuen Turmhelm auf die Nikolaikirche zu hieven. Dann tauchen wir in die Dunkelheit des alten Bahnhofs ein. Im Bahnhof hängen Bilder von Marx und Engels und auch welche, die die sozialistischen Errungenschaften der DDR darstellen sollen, junge Menschen in blauen Hemden, um irgendwelche Maschinen stehend.

Ich steige Bahnhof Friedrichstrasse aus, in der Tasche Saskias DDR-Geburtsurkunde, die Vaterschaftserklärung und Passfotos. Ich bin auf dem Weg zur amerikanischen Botschaft, um einen Reisepass für sie zu holen. Als ich den Bahnhof gerade verlassen habe, tritt vor der Buchhandlung ein junger Mann auf mich zu, kurze Haare, glattrasiert, leichte Jacke.

„Entschuldigen Sie. Ich würde mich gern mit Ihnen unterhalten. Hätten Sie ein paar Minuten für mich?"

„Wieso?"

„Ich bin Fernsehjournalist und beschäftige mich mit den gesellschaftlichen Problemen Westberlins. Ich würde mich gern mit Ihnen darüber unterhalten. Sie sind doch gerade aus dem Westen gekommen?"

„Wie kommen Sie darauf, dass ich aus dem Westen komme?" Meine Schuhe hatte ich in Ost-Berlin gekauft, auch das Hemd. Wie so viele in der DDR, auch mein Gegenüber, trage ich Jeans. Sogar meine Haare lasse ich beim Herrenfrisör „Figaro", Salon der Preisklasse 1, in der Baumschulenstraße schneiden. Will heißen, man kann mich von den Bürgern dieses Landes, die an diesem Tag in die Stadt fuhren, nicht unterscheiden.

„Sie sind gerade über die Grenze gekommen, oder?"

„Nein."

„Sie sind aber aus dem Westen?"

„Ja."

Ich überquere die Georgenstraße. Der Mann hält Schritt. „Ich würde mich so gerne mit Ihnen unterhalten."

„Wozu?"

„Es würde mich interessieren, Ihre Einstellung zu den linken Jugendorganisationen in der BRD und Westberlin und auch zu dem Wohnungsproblem in Westberlin zu hören. Warum ist es so schwer für junge Westberliner, eine Wohnung zu finden?"

Ich bleibe beim Blumenstand, in dem es auch heute keine Blumen zu kaufen gibt, stehen.

„Wenn Sie von einem Wohnungsproblem reden wollen, dann sollten Sie die DDR untersuchen, wo junge Ehepaare oft lange getrennt leben müssen, weil sie keine Wohnung finden, wo junge Familien mit einem oder gar zwei Kindern oft in einer Ein- oder Zweizimmerwohnung hausen, während sie auf eine größere Wohnung warten müssen – ich kenne zwei solche Familien – wo geschiedene Ehepaare manchmal weiterhin zusammenleben müssen, weil keine neue Wohnung zu finden ist, wo junge Arbeiter in Arbeiterwohnheimen wohnen müssen, weil der Betrieb ihnen keine Wohnungen zur Verfügung stellen kann. Im Vergleich zu dieser Misere gibt es in West-Berlin fast gar kein Problem. Und wenn Wohnungen knapp geworden sind, dann auch, weil viele junge Arbeiter und Studenten und sogar Schüler die eigene Wohnung haben wollen, statt wie früher bei den Eltern zu bleiben. Das ist hier undenkbar. Und was die linken Jugendorganisationen in West-Berlin betrifft, habe ich sowieso keine Meinung, weil sie ohne Bedeutung sind."

„Da übertreiben Sie."

„Ich übertreibe gar nicht. Das müssten Sie selber wissen, wenn Sie sich damit beschäftigen. Übrigens, ich finde es seltsam, dass Sie mich so ansprechen. Es ist doch bekannt, dass DDR-Journalisten keinen Kontakt mit Leuten aus dem Westen aufnehmen dürfen."

„Gerade aus dem Grund komme ich öfter hierher, um ins Gespräch mit Menschen aus dem Westen zu kommen. Wollen wir uns nicht in ein Café setzen?“ Er zeigt mit seinem Arm auf das Hotel Metropol.

„Nein, das will ich nicht. Wie soll ich wissen, ob Sie nicht für die Stasi arbeiten?“

Er macht große Augen.

„Ich arbeite doch für das Fernsehen der DDR.“

„Das mag schon sein. Aber für wen noch?“ Ich laufe davon. Er läuft mir nach.

„Wollen wir uns nicht ins Café setzen?“

„Sagen Sie mal, wenn Sie behaupten, Fernsehjournalist zu sein, dann zeigen Sie mir Ihren Berufsausweis.“

Wir stehen an der Ecke Friedrichstraße/Clara-Zetkin-Straße.

„Den habe ich zufällig nicht dabei. “

„Wie wäre es dann mit Ihrem Personalausweis. Darin steht auch Ihr Beruf.“

„Den habe ich auch nicht dabei.“

„Welch ein Zufall. Unter diesen Umständen habe ich keine Lust mit Ihnen zu reden. Wäre dies eine offene Gesellschaft würde ich mit jedem reden, aber hier kann man nie wissen, mit wem man es zu tun hat. Jetzt lassen Sie mich bitte in Ruhe.“

Statt die Clara-Zetkin-Straße entlangzugehen, wie üblich, wenn ich zur Botschaft will, gehe ich geradeaus. Ich will ihn loswerden.

„Wollen wir uns nicht doch in das Café hier setzen? Nur ein paar Minuten.“

„Begreifen Sie nicht, dass ich nicht die Absicht habe, mit Ihnen zu reden?“

Endlich gibt er auf und ich laufe zur Mittelstraße und biege ab in Richtung Botschaft.

Als ich das große Tor in Christianes Haus aufmache, ist das seltsame Gefühl von der Begegnung in der Friedrichstraße noch nicht weg. Ich habe dem amerikanischen Konsul davon erzählt. Er hat gemeint, dass es sich dabei höchstwahrscheinlich um keinen Zufall handelte. Gleichzeitig hat er mich davor gewarnt, mit seinem Sekretär, einem Deutschen, allzu vertraulich zu sein. „Sagen wir so: er braucht nicht alles zu wissen."

Ich finde Christiane in der Küche, wo sie Saskia füttert. Sie sind aber nicht allein. Pia, die Christiane von der Arbeit kennt, und ihr Freund Michael sind da. Ich bin in eine lebhafte Unterhaltung hereingebrochen. Alle begrüßen mich, aber ich stehe noch neben mir nach der Begegnung in der Friedrichstraße. Saskia schaut mich mit großen Augen an.

Christiane hält Saskias Flasche und erzählt, dass auch Pia und Michael ein Kind erwarten. Ich reagiere einsilbig, schön. Pia strahlt. Mir wird klar, dass das keine angemessene Reaktion ist und ich sage den beiden, dass ich mich aufrichtig freue.

Christiane schaut mich an und fragt „Klappte alles in der Botschaft?"

„Der Konsul meinte, das Bild sei zu klein. Er könne auch keinen Reisepass ausstellen, ohne Saskia gesehen zu haben."

„Du hast den Pass nicht bekommen?"

„Doch. Er akzeptierte das Foto und sagte, ‚Nun, das Kind wird schon existieren. Sagen wir, ich habe es gesehen.' Und er ließ den Pass machen."

„Bei uns würde das nicht gehen", meint sie.

Saskia hat ihre Flasche ausgetrunken, ist aber unzufrieden, als Christiane sie ihr aus dem Mund nimmt. Erst als sie hochgenommen wird, beruhigt sie sich.

„Du siehst irgendwie verstört aus."

Ich erzähle ihr von meiner Begegnung in der Friedrichstraße. Alle schweigen. Christiane sagt „Das wird wohl einer von denen gewesen sein." Pia meint, man kann es mir wirklich nicht ansehen, dass ich aus dem Westen komme.

„Aber was hätten sie davon?", will ich wissen.

„Na klar, sie wollen alles, aber auch alles unter Kontrolle halten. Ihr beharrt auf eurem Recht zu heiraten und genau das stört gewisse Leute. Im Grunde ist jeder Privatwunsch, der gegen die Interessen des Staates läuft, ein kleiner Aufstand. Genau das mögen sie nicht."

Saskia stößt auf und sie wird von ihrer Mutter gelobt.

Christiane sitzt eine ganze Weile da, ohne ein Wort zu sagen. Die Stille bedrückt uns.

„Mein Gott, man muss das Gefühl haben, ständig beobachtet zu werden."

Saskia ist inzwischen auf Christianes Schulter eingeschlafen.

MfS Dokument 20

Berlin, den 19.8.82

W o h n g e b i e t s e r m i t t l u n g

F R I E D R I C H, C h r i s t i a n e

130854504528 Wiesenburg

1195 Berlin, Marienthalerstr. 4

Fräulein Christiane F r i e d r i c h ist in der o.g. Adresse seit dem 29.8.80 wohnhaft. Sie bewohnt in dem Altberlinerhaus eine kleine Wohnung im Erdgeschoß.

Im Wohngebiet ist sie so gut wie überhaupt nicht bekannt. Im Wohnhaus hat sie lediglich zu einer Rentnerin in der 1. Etage lose Kontakte.

Weder im Wohnhaus noch im Wohngebiet tritt sie politisch oder gesellschaftlich in Erscheinung. Die Bewohner des Hauses kennen sie lediglich von ihren Arbeiten im Vorgarten, über den sie eine Pflegeverpflichtung übernommen hat.

Besucher von Freunden, Freundinnen, Arbeitskollegen oder anderen Menschen wurden bei ihr noch nie gesehen oder gehört. Man glaubt, dass sie völlig zurückgezogen lebt und ihre Freizeit außerhalb des Wohngebietes verbringt.

Bekannt geworden ist jedoch, was die meisten verwundert, dass sie vor kurzer Zeit entbunden hat. Wo die Entbindung stattgefunden hat ist nicht bekannt. Seit dieser Zeit hält sich aber die F r i e d r i c h bei ihren Eltern auf. Dort will sie, wie sie selbst gesagt haben soll, bis zum Oktober oder November bleiben.

Wer der Vater des Kindes ist, ist nicht bekannt. Man nimmt jedoch stark an, dass es sich um einen Arbeitskollegen handelt, der vermutlich verheiratet ist und daher noch nie in Erscheinung trat.
Laut VP/PM heißen die Eltern
F r i e d r i c h, Rolf
20.08.23
F. Martha
08.12.24
Ob Verbindungen oder Kontakte zum NSW bestehen konnte nicht ermittelt werden.
[unleserliche Unterschrift]

45

Meine Tochter und ich bleiben in den ersten Monaten ihres Lebens Fremde. Trotz gelegentlicher Aufenthalte in Berlin verbringt Christiane den größten Teil ihrer Zeit mit Saskia im Dorf. In dieser Zeit kann ich aus finanziellen Gründen nur einmal in der Woche, sonntags, zum Dorf fahren. Ich fahre gern hin und gleichzeitig äußerst ungern. Ich sehne mich nach Christiane und Saskia, doch ich bekomme die beiden an diesen Sonntagen kaum zu sehen. Ich komme erst gegen halb zehn an. Um neunzehn Uhr geht es wieder nach Berlin. Bin ich im Dorf angekommen, wird gerade das zweite Frühstück eingenommen. Danach werden mir Arbeitssachen gegeben. Der Hühnerstall muss ausgemistet werden, Holz gehackt oder was weiß ich alles. Nur zwischendurch kann ich kurz Saskia sehen oder mit Christiane sprechen. Nachmittags zur Kaffeezeit nimmt man sich etwas Zeit.

Endlich haben alle genug Kuchen gegessen und trinken eine letzte Tasse Kaffee. Natürlich läuft der Fernseher. Ich schenke mir den Rest des Inhaltes der Teekanne ein und höre zu. Sie reden mehr miteinander, als dass sie fernsehen. Was gibt es wo zu kaufen? Wer lässt sich scheiden? Zu welcher Geburtsfeier muss man als nächstes gehen? Da fängt Saskia, die in ihrem Wagen auf dem Hof liegt, zu weinen an.

„Ich gehe", sage ich schnell. Ich will sowieso raus.

Saskia ist unruhig und weint im Schlaf. Etwas stört sie. Ich spreche zu ihr, zu meiner Tochter, die mich gar nicht kennt. Ich schaukele den Wagen. Saskia weint weiter. Mich wundert es, dass Christiane nicht kommt. Mein eigenes Kind kann ich nicht beruhigen, mein Baby, das ich nicht kenne. Warum kommt Christiane nicht? Wir beide sind draußen vor der Tür, und niemand rührt sich, uns zu helfen. Ich gehe hinein, um Christiane zu holen. Sobald ich die Tür zu der Fernsehstube aufmache, bricht schallendes Gelächter aus, und es hängt nicht mit dem Fernsehprogramm zusammen.

„Wir wollten sehen, ob der Papa das schafft", sagt Christianes Vater, der sonst kein Wort zu mir spricht. Alle lachen. Ich schlage die Tür zu. Da wird es schlagartig still.

„Hat er keinen Humor?"

Ich gehe auf den Hof und schiebe Saskias Wagen durch das Tor. Wir wollen mal alleine sein.

Am Abend bringt Uwe mich zum Bahnhof in Wiesenburg. Der Zug über Wiesenburg nach Drewitz hält, wie man sagt, bei jeder Hundehochzeit an, fährt aber später ab als der Eilzug von Belzig nach Berlin. Als der Zug angekündigt wird, gehe ich auf den Bahnsteig. Nicht viele sind es, die hier einsteigen wollen, drei langhaarige Jugendliche, ein sowjetischer Offizier und ich.

Lange stehen wir in Belzig. Danach bummelt der Zug über Baitz, Brück, Borkheide, Beelitz – kleine Bahnhöfe mit Holzzäunen und verrosteten Fahrradschuppen – Seddin, den großen Güterbahnhof, Michendorf und Wilhelmshorst bis Bergholz, wo fast alle aussteigen. Der Bahnhof liegt mitten im Wald, hat aber Anschluss an der Bahnlinie Potsdam- (Ost-) Berlin. Wir gehen alle zum oberen Bahnsteig, viele junge Leute, wohl Studenten oder Lehrlinge, auch

Soldaten. Sie werden das Wochenende bei den Eltern verbracht haben. Inzwischen ist es dunkel geworden, und der Wind ist kühl.

Die Bahnlinie vom Potsdamer Hauptbahnhof bis Bergholz ist eine schnurgerade Strecke. Den Scheinwerfer des Zuges können wir sehen, lange ehe er eintrifft. Der Zug, der hier verkehrt, heißt „Sputnik" und ist ein Doppeldecker. Als der Zug ankommt, klettere ich zum unteren Deck runter. Da die Beleuchtung zum Lesen zu schwach ist, mache ich die Augen zu. Schlafen kann ich nicht. Jemand oben hat ein Kofferradio bei sich, und wir dürfen alle mithören.

Das Umsteigen vom Sputnik in die S-Bahn macht mich wieder etwas munterer, aber bis ich am Bahnhof Friedrichstraße aussteigen kann, brennen mir die Augen, und es fällt mir schwer die lange Treppe hinunterzusteigen.

Es warten viele. Verwandte, Geliebte begleiten manche bis zu der Glastür. Sichtkontrolle, Zollkontrolle, die Schlange vor dem Durchgang für BERLIN(WEST). Endlich bin ich dran. Ich schiebe meine Lichtbildbescheinigung durch den Schlitz zu dem blonden, blauäugigen, sehr jungen Mann hinter der Scheibe. Ich bin froh, dass ich bald zu Hause sein werde.

Er fragt, aus welchem Land ich komme. Es stehe in meinem Ausweis.

„Da steht nur ‚amerikanischer Staatsangehörigkeit'. Ich möchte wissen, aus welchem Land Sie kommen."

„Was soll das?"

„Ich habe Sie gefragt, aus welchem Land Sie kommen."

„Das wissen Sie doch selber."

Er lehnt sich näher an die Trennscheibe.

„Sie sind ganz schön großkotzig. Sie sind nur ein Volk in Amerika und reden als gehörte ganz Amerika Ihnen."

Die Rotlichtbestrahlung ist wohl ein bisschen dolle gewesen, denke ich, aber ich bin viel zu müde, um auf eine solche Dummheit zu reagieren.

„Schließlich sind alle Menschen in Nord- und Südamerika ‚Amerikaner', aber nein, Sie halten sich für etwas Besseres."

Einige ältere Frauen hinter mir mit grünen „behelfsmäßigen“ West-Berliner Ausweisen in den Händen, sind offensichtlich empört. Ich weiß schon, dass die DDR die Abkürzung „USA“ statt „Amerikaner“ bevorzugt, genau wie die West-Berliner „WB“ statt „deutsch“ als ihre Staatsangehörigkeit eintragen sollten.

Ich frage, ob er fertig wäre. Der auf der anderen Seite der Scheibe schweigt. „Vielleicht hat Ihr Politoffizier Ihnen nicht beigebracht, dass wir das einzige Volk in Nord- und Südamerika sind, das sich als ‚Amerikaner‘ bezeichnet. Wenn Sie Kanadier ‚Amerikaner‘ nennen, sind sie entsetzt. Wir sind doch in der ganzen Welt als ‚Amerikaner‘ bekannt. Schließlich dürften wir doch entscheiden, wie wir uns bezeichnen, nicht die DDR.“

„Sie sind ganz schön großkotzig“, und er schiebt meine Lichtbildbescheinigung durch den Schlitz. Ich höre das Schloss in der Stahltür summen.

„Lieber großkotzig als kleinlich.“ Ich schiebe die Tür auf.

Am Ende des Ganges, neben der Tür zum westlichen Teil des Bahnhofs, steht mit den Armen vor der Brust gekreuzt, der blonde Offizier, mit dem ich schon zweimal zu tun hatte, wenn ich auf dem roten Sofa warten musste. Er hat ein pockiges Gesicht und hinter der Brille sieht man fast farblose Augen. Er sieht giftig aus und so hat er auch mit mir gesprochen. Nicht nur ist er unfreundlich gewesen, sondern absolut unhöflich. An diesem Abend sieht er die Männer an, die auf die Einreise warten, als wollten sie alle höchstpersönlich seine eigene Frau in das kapitalistische Ausland entführen.

Treppe runter, S-Bahnsteig entlang, Treppe hoch, den langen Gang runter. Ich spüre einen Zug kalter Luft, der verrät, dass ein U-Bahnzug kam. Ich renne zur Treppe, aber es ist der Zug Richtung Alt-Mariendorf.

Um mir die Zeit zu vertreiben, schaue ich die Bücher und Zeitungen an, die in den Fenstern des Zeitungskiosks hängen, alle aus der DDR. Alle drei Bände vom **Kapital** kann man hier kaufen, auch den **Eulenspiegel**. Der Zugabfertiger mit der roten Mütze fegt Kippen zusammen.

Beim Umsteigen am Bahnhof Leopoldplatz verpasse ich knapp meinen Zug. Die Treppe renne ich jedes Mal runter, aber nur ganz selten, wenn der Zug Richtung Rathaus Steglitz Verspätung hatte, erwische ich ihn noch. Ich muss zusehen, wie die roten Lichter im Tunnel verschwinden. Der nächste Zug soll erst in zwanzig Minuten kommen. Ich bin zu müde um hin- und herzulaufen, zu matt zum Nachdenken. Also starre ich vor mich hin.

Als ich die Tür zu meinem Zimmer hinter mir zumache, nachdem ich über den Hof zur Toilette gegangen bin, kann ich mich nur noch ausziehen und in den Schlafsack kriechen.

MfS Dokument 21

[IM Bericht]

Belzig 23.8.82

Information zu Christiane Friedrich

Reetz im Hack

o.g. arbeitet im Elektrogerätewerk evtl. EAW Berlin. Sie ist dort in der Abteilung Binnenhandel tätig. Der US Bürger ist Hochschullehrer, den Abschluß hat dieser in Westberlin gemacht.* Er soll in der DDR um Arbeit nachgesucht haben. Das hat aber nicht geklappt. Christiane Friedrich sagte er gegenüber meiner Frau, dass er auch hier geblieben wäre wenn er die passende Stelle bekommen hätte. Darum wollen beide nach den USA. Das Studiengeld verdient sich der US Bürger in Westberlin als LKW Fahrer.* Christiane Friedrich hat in Leipzig studiert.*** Sie ist ansonsten sehr zurückhaltend u. unauffällig. Ch. Friedrich hat noch 1 Bruder Uwe, dieser war bei der NVA, ist ca. 22 Jahre u. arbeitet beim Vater. Er soll die Tischlerei vom Vater übernehmen. Die Schwester Ulrike ist verheiratet u. wohnt im Kreis Belzig.**** Die Eltern sind nach wie vor gegen die Übersiedlung der Tochter. Sie haben sich sehr für die Entwicklung ihrer Kinder eingesetzt.

Hubert

*Das ist nicht wahr.

**Ich war noch nie LKW-Fahrer.

***Auch falsch.

****Auch falsch.

46

In jenem Sommer ist das Leben in Moabit nicht angenehm. In der zweiten Juliwoche hat eine Hitzewelle begonnen, die lange anhält. Während der Kälte des Winters konnte man Holz sammeln und zur Not Papier verbrennen. Vor der Hitze gibt es kein Wegrennen. Macht man das Fenster auf, strömt nur warme Luft herein und Krach, der Krach der vorbeifahrenden Autos und Laster, des Radios von unten, des Luftdruckwerkzeuges. Auch Gestank strömt hinein, vom Abgas, von neuen Reifen und von Hundescheiße. An den heißen Tagen schmelzen die unzähligen Kothaufen und verfaulen vor sich hin. Fäulnis steigt einem in die Nase und schlägt auf den Magen. Lässt man das Fenster zu, erstickt man bald.

In meinem Zimmer mache ich das Fenster auf und ziehe die Gardinen zusammen. Aus dem Kühlschrank hole ich eine Flasche mit Wasser. Es schmeckt gut.

Es klopft. Ich weiß, es kann nur Herr Baum sein. Wahrscheinlich soll ich wieder Bier holen. Ich mache auf. Herr Baum stützt sich auf seinen Stock.

„Ich hab‘ den Wagen.“

„Was für einen Wagen?“

„Na, der, mit dem wir das Holz holen können. Er steht unten.“ Er humpelt die Treppe hinunter.

Mitten in diesem heißen Sommer ist man dabei, das Haus gegenüber, das schon lange leer gestanden hatte, abzureißen. Erst sind alle Fenster herausgerissen worden, dann die Treppengeländer und nach und nach die Holzfußböden. Das Geschehen haben alle auf unserer Straßenseite verfolgt, natürlich auch Herr Baum, auf sein Kissen im Fenster gelehnt. Er hatte mich längst darauf angesprochen, ob ich für ihn nicht Holz aus dem Haus holen könnte. Ich bin immer ausgewichen, hatte aber nicht nein gesagt. Vor dem Kohlenladen steht ein großer Wagen, eher ein Anhänger.

„Damit sollen wir Holz holen?“

„Mit wat denn sonst?“

„Wie viel Holz wollen Sie denn haben?“

„Na, den Wagen voll.“

„Mensch, das passt nie im Leben in Ihren Keller.“

„Det passt. Ziehen Se.“

Also ziehe ich schwitzend den Wagen zum Haus gegenüber.

„Na los.“

Ich lade Bretter auf den Wagen. „Nicht die mit Nägeln. Das macht zu viel Arbeit“ faucht Herr Baum mich an. Ich werfe immer mehr Bretter auf den Wagen und achtet nicht darauf, ob Nägel drin sind oder nicht.

„Ist das jetzt genug?“

„Nee.“

Ich werfe noch mehrere Bretter auf den Wagen, bis ich den zu erwartenden Splitter in die Hand kriege. „Jetzt reicht‘s“, und ich versuche den Wagen zu ziehen. Nichts. Ich kann ihn nicht in Bewegung bringen.

„Moment.“

Ohne im Geringsten auf den Verkehr zu achten, geht Herr Baum über die Straße zu dem Kohlenhändler, der Mann, der nicht ohne Hilfe eines Gerätes sprechen kann. Mit ihm kommt er zurück. Der Stumme schüttelt den Kopf, packt aber von hinten an, bis der Wagen ins Rollen kommt. Herr Baum stellt sich mitten auf die Straße und hält mit seinem Stock den Verkehr auf. In dem Moment sehe ich Frau Baum vom Fenster herunterschauen. Sie hält den Kopf zwischen den Händen.

Ich hätte nicht hochblicken dürfen. „Bremsen", rufe ich laut, aber der Kohlenhändler schiebt sowieso nicht mehr. Der Wagen roll direkt auf einen roten Opel Kadett zu und ich kann ihn nicht mehr bremsen. Ich ziehe am Lenker. Er rollt an dem Opel vorbei um Millimeter. Ich schreie, und zwei türkische Frauen springen aus dem Weg ehe der Wagen über den Bürgersteig rollt und gegen unser Haus rammt.

Herr Baum steht neben mir. „Ging doch." Er grinst. „Jetzt können Se det Holz in den Keller tragen."

Hinter dem Wagen steht der Kohlenhändler und zeigte mir oder Herrn Baum oder uns beiden einen Vogel.

47

Christiane bat mich, schnell einholen zu gehen. Sie ist wieder mal vorübergehend in Berlin, hat aber keine Gelegenheit gehabt, den Wochenendeinkauf zu machen. Es ist Sonnabend. Ich weiß schon, die Kaufhalle wird voll sein. Als die neue Kaufhalle in der Baumschulenstraße eröffnet wurde, hatte man einige kleinere Lebensmittelgeschäfte in der Gegend geschlossen. Nur der Konsum in der Baumschulenstraße Ecke Stormstraße ist erhalten geblieben.

Ich habe eine Tasche voll leerer Flaschen und eine Einkaufsliste. Eigenartig für einen aus dem „nichtsozialistischen Wirtschaftsgebiet", wie Christiane neben jeden Artikel gleich den Preis schreibt und alles im Voraus zusammenaddiert. Sie tut es, so sagt sie, damit sie immer genug Geld mitnimmt. Wenn ich an der Kasse stehe, kann ich feststellen, dass ihre Summe immer genau stimmt.

Als ich mich der Kaufhalle nähere, sieht es dort aus wie in einem westlichen Werbefilm. Menschen strömen buchstäblich aus allen Richtungen auf den Eingang zu. Nur ein Detail stimmt mit dem Film nicht überein. Niemand lacht. Keiner freut sich auf das Einkaufen. Mit gutem Grund. Diese Käufer wissen, worauf sie sich einlassen.

Gleich hinter dem Windfang muss ich mich einer Schlange anschließen, um einen Einkaufswagen zu bekommen. Bloß keinen mit einem wackligen Rad, denke ich. Alle warten geduldig, aber resigniert. Ich muss an einen Witz denken, den Uwe mir erzählt hatte. Das neue Centrumwarenhaus am Ostbahnhof stellt zwei neue Verkäufer ein, und zwar einen indischen Fakir und einen Liliputaner. Der Fakir, um die Schlangen zu bändigen und den Liliputaner, um die Waren von unter dem Ladentisch zu verkaufen. Endlich bin ich der Kopf der Schlange, und eine junge Frau schiebt mir ihren Wagen zu. Und tatsächlich, das Rad vorne rechts wackelt, so dass der Wagen nicht nur fürchterlich klappert, sondern auch einen Rechtsdrall hat. Mit diesem Wagen schließe ich mich der nächsten Schlange an, bei der Flaschenrückgabe. Wie alle anderen auch stelle ich die leeren Flaschen in den Wagen, damit die Kassiererin sie leicht sehen und zählen kann. Ich bin dran. Die Frau in der Kittelschürze lässt ein paar Aluminiummünzen in meine Hand fallen. Wegräumen darf ich die Flaschen selber. Ich suche die entsprechenden Kisten, ehe ich mich der Schlange am Obst- und Gemüsestand anschließe.

Im Angebot sind kümmerlich aussehende Apfel, dreckige Mohrrüben und Weißkohlköpfe, von letzteren jede Menge. „Vorsicht", ruft eine ebenfalls in Kittelschürze gekleidete Frau und bahnt sich ihren Weg durch die Schlange. Den Inhalt einer alten Holzkiste, gelbe Äpfel, kippt sie in eine Kiste am Stand. Einige kullern zu Boden. Sie werden aufgesammelt und auch in die Kiste geschmissen.

Wie andere auch befreie ich mich vorübergehend aus dem Griff der Schlange und hole ein Netz Kartoffeln und je zwei Flaschen Apfelmost, Clubcola und Berliner Bier. Von der Verkäuferin am Obst- und Gemüsestand bekomme ich in einer großen Papiertüte, die gleich reißt, Mohrrüben. Die werde ich fein reiben und durch ein Taschentuch drücken, um Saft für Saskia zu gewinnen. Die Mohrrüben sehen nicht besonders saftig aus.

„Haben Sie Zitronen?"

„Sehen Sie welche?"

Es steht Wurst auf Christianes Liste. Leider. Am Fleisch- und Wurststand ist schon wieder so ein real existierendes sozialistisches Reptil, ein langes. Die Zeit geht so dahin. Das Ende der Schlange vom Käsestand reicht bis zum Wurststand, also kann man nahtlos von der einen zu der andern wechseln. Für Käse stehen immer viele an, denn für DDR-Verhältnisse lässt sich das Angebot der Kaufhalle sehen, bis zu drei Sorten. Beim Kuchenstand wartet keiner. Der Kaufhallenkuchen schmeckt nicht. Da gehe man besser zum privaten Bäcker neben dem Eisenwarenhändler Markwart in der Baumschulenstraße oder zur Feinbäckerei im Rodelbergweg.

Am Käsestand gibt es heute „Schweizerkäse". Da will jeder das größtmögliche Stück. Am besten gleich ein Stück für die Schwiegermutter oder die Kollegin mitnehmen. Die Verkäuferinnen versuchen, nicht allzu große Stücke abzuschneiden. Für sich haben sie natürlich schon große Stücke in Sicherheit gebracht.

„Ich hätte aber lieber ein größeres Stück", meint eine Kundin, meint fast jeder Kunde.

„Es muss aber für alle reichen."

„Wenn man 20 Minuten gewartet hat, will man auch genug bekommen", meint eine Kundin, meint fast jeder Kunde.

„"Wir wollen auch etwas abkriegen", sagt die fünfte Frau in der Reihe. Als sie dran war, ist das Stück, das die Verkäuferin ihr abschneidet, auch zu klein.

Ich hole mir auch ein Stück „Schweizerkäse", beschwere mich aber nicht über die Größe. Wenn ich nach Hause kommen werde, wird Christiane zu dem Käse sagen, ich hätte aber ein größeres Stück mitbringen sollen.

Die Schlangen an den Kassen reichen durch die ganze Kaufhalle. Ich schließe mich einer an. Vor mir sind einige herrenlose Einkaufswagen. Ich schiebe sie alle ein Stück vor und gehe dann selber los. Joghurt hole ich in den hauchdünnen Plastikbechern und Milch soll ich auch noch mitbringen. Die Plastiktüten voll Milch liegen in roten und blauen Plastikbehältern auf Holzpaletten. Die ganze Ecke riecht entsetzlich sauer. Ein paar geplatzte Tüten liegen daneben, und um sie herum bilden sich auf dem ohnehin nicht gerade sauberen Fußboden Pfützen. Niemand kommt, um sie aufzuwischen.

Ich gehe zurück zu meinem Wagen, der von irgendeinem Anonymen weitergeschoben worden ist und lege Milch und Joghurt hinein, gehe noch mal weg und habe dann alles. Je näher die Leute den Kassen kommen, desto weniger rennen sie weg, um etwas zu holen. Wer erst alles mit seinem Wagen sucht und sich dann einer Schlange anschließt, hat seine Zeit nicht effektiv genutzt.

Am Zeitungsregal hole ich mir die **Berliner Zeitung**. Während ich warte, habe ich reichlich Zeit sie durchzulesen.

„Washington stellt sich weiter hinter Aggressor Israel"

„62 Prozent des Getreides sind geborgen"

„GST bewährt als Schule des Soldaten von morgen"

„Gespräche über sozialistisches Arbeiten. Mit Frau Luna ist kein Wettbewerb zu gewinnen. Auskünfte des Jugendbrigadiers Peter Kaiser über seine Erfahrungen im Kampf um den Titel ‚Kollektiv der sozialistischen Arbeit'"

Kurz bevor ich an die Kasse komme, lege ich die Zeitung wieder in das Regal.

Als ich meinen Einkaufswagen geleert habe, wartet schon der nächste Kunde darauf.

Auf dem Weg nach Hause hole ich bei „Obst und Gemüse Janson" noch Zitronen.

48

Als ich Sonntagabend nach Hause will, haben sich ungewöhnlich viele Menschen angestellt, um über die Grenze nach West-Berlin zu gehen. Das heißt, ich werde lange warten müssen. Auf der anderen Seite ist es möglich, dass ich unkontrolliert am Zoll vorbeikomme. Ich schmuggele nicht, dennoch sind die Kontrollen lästig, denn ich bringe Lebensmittel mit. Immer wenn ich kontrolliert werde, heißt es ab in einen der kleinen Räume, alles auspacken. Wo ich das alles her habe? Zwar habe ich immer Sachen im Wert von mehr als die für einen Tag getauschten 25 Mark, von denen ich aber nur Waren im Wert von 20 Mark ausführen darf, aber schließlich darf ich Geschenke empfangen. Von wem ich die Geschenke empfangen habe? Von der Mutter meiner Tochter. Wie heißt sie? Wo wohnt sie? Daraufhin verschwinden die Zöllner, meistens sind es zwei, und ich bleibe lange Zeit eingesperrt. Ich nehme an, sie kontrollierten meine Angaben. Wenn sie wiederkommen, darf ich gehen. Das Ganze kann sich bis zu einer Viertelstunde hinziehen, und erst dann kann ich mich der langen Schlange bei der Passkontrolle anschließen. Nach der langen Reise zum Dorf und zurück sind diese Aktionen besonders lästig.

Heute müssen viele durch die Zollkontrolle durchgeschleust werden. Ich stelle mich hinter einen afrikanischen Studenten. Menschen mit dunkler Hautfarbe werden genauer kontrolliert als Weiße. Schon bei der ersten Passkontrolle, die vor der Zollkontrolle stattfindet, vergleicht der Soldat minutenlang das schwarze Gesicht mit dem Passfoto. So ist es immer. Die Grenzsoldaten scheinen nach dem Motto zu handeln, alle Neger sehen doch gleich aus. Beim Zoll ist es nicht anders, und tatsächlich wird der Mann vor mir aufgefordert, seine Tasche zu öffnen. Ich versuche, unauffällig an ihm vorbei zu schlüpfen, aber ein anderer Zöllner langt nach meiner Zollerklärung. Ob ich alles eingetragen habe? Natürlich. Habe ich noch Mark der DDR? Nein.

Der junge Mann in der grauen Uniform studiert den Zettel. Erfahrungsgemäß sind die jüngeren Zöllner und Grenzsoldaten schlimmer als ihre älteren Kollegen. Er nickt und ohne mich anzusehen, erklärt er, die Ausfuhr von Eiern sei verboten. Ich hatte ihn nicht verstanden und bitte ihn, den Satz zu wiederholen.

„Die Ausfuhr von Eiern ist nicht gestattet. Sie haben eingetragen, dass Sie sechs Eier mitführen. Die Ausfuhr von Eiern ist nicht gestattet. Ich muss sie beschlagnahmen."

„Wieso das auf einmal? Ich bringe seit Monaten jede Woche sechs Eier mit. Ich habe sie immer eingetragen und Ihre Kollegen haben sie gesehen und nie etwas gesagt."

„Das kann nicht stimmen."

„Entschuldigen Sie, aber das stimmt."

„Auf jeden Fall ist die Ausfuhr von Eiern nicht gestattet."

Ich verlange, dass er mir das schwarz auf weiß zeige.

Er nimmt, wie es mir scheint, mit Genuss, eine Liste aus seinem Pult heraus. Er hält das Papier in beiden Händen, und die Augen gehen die Liste herunter. Dann wendet er das Blatt. Er wendet es noch mal und mit dem Zeigefinger studiert er die Liste genauer, dann ein zweites Mal, wieder die Rückseite. Eine Kollegin wird heran gewunken. Zusammen suchen sie nach den Eiern. Ich weiß, dass sich das Blatt zu meinen Gunsten gewendet hat. Die Kollegin schaut mich an. Der Kollege steckt das Blatt wieder unter sein Pult.

„Sie können gehen."

Später erfahre ich zufällig, dass die Ausfuhr von Eiern tatsächlich verboten ist.

49

Im Hausflur fällt auf, dass das Jahr sich auf die kühle Jahreszeit hinbewegt, obwohl die Tage noch warm sind. Drei Stufen sind es bei Christiane bis zur Toilette runter. Das kleine Fenster ist die ganze Nacht auf gewesen, und alles fasst sich kalt und klamm an.

Als ich wieder in die Wohnung will, kam ich nicht hinein. Die Tür ist zugefallen, und die Türklinke ist nicht mehr da. Ich habe das Fehlen erst bemerkt als meine Hand ins Leere greift. Sie findet die schöne alte Messingklinke nicht mehr. Ich stehe erst etwas unschlüssig da. Ich drehe mich und betrachte die anderen beiden Türen im Flur. Ihnen fehlen die Klinken auch. Ich kann mich entsinnen, dass wir gestern Abend spät etwas gehört hatten, dachten, es sei der Nachbar. Ich klingele. Nach einer Weile höre ich Schritte. Christiane macht auf.

„Die Tür war doch nicht abgeschlossen."

„Ich konnte sie aber nicht aufmachen."

„Warum nicht?" Ich zeige auf die Stelle, wo die Klinke mal war. „Die Klinke ist weg. Jemand hat sie geklaut."

„Die auch." Ich zeige auf die anderen Türen.

„So eine Schweinerei. Gestern hatten wir doch was gehört. Weißt du noch?"

„Ja, wir haben gedacht, es sei der Nachbar, und wenn der Nachbar etwas gehört hat, hat er gemeint, wir seien es gewesen." Christiane steht fassungslos da.

„Kriegt man neue Klinken?"

„Ja, schon, aber hässliche aus Plaste."

„Meinst du diese schönen grauen, die man überall sieht und die immer wacklig sind?"

„Genau die."

„Na wunderbar."

„Auf jeden Fall kriegt man heutzutage solche schönen Messingklinken nicht mehr."

Wir hören, wie in der Küche das Wasser auf dem Herd überkocht. „Mein Gott." Christiane läuft schnell in die Küche. Auf dem Herd steht ein großer Topf, in dem Saskias Windeln kochen. Weil wir keine Waschmaschine haben, ist es die einzige Möglichkeit, sie zu sterilisieren. Christiane greift zu einem langen Kochlöffel und macht sich daran, einige Windeln heraus zu angeln. Die meisten von Saskias Windeln sind aus Baumwolle, aber ein paar sind aus DDR-Synthetik, und die müssen wir herausnehmen, ehe das Wasser kocht und sie zerkocht. Christiane lässt sie in einen Emailleeimer plumpsen, dass es spritzt.

Die synthetischen Windeln dampfen in dem Eimer. Sie sind gerettet. Nun können die anderen weiterkochen.

„Jetzt müssen wir uns nicht nur um eine Gasheizung kümmern, sondern auch um Türklinken."

Ob sie den Diebstahl bei der Polizei melden will, frage ich.

„"Das nützt doch nichts. Auf der anderen Seite kann ich die Leute beinahe verstehen. Nirgendwo gibt es schöne Türklinken. Und da wo es nichts zu kaufen gibt, klaut man eben. Auf jeden Fall sehen wir die Türklinken nicht wieder."

Wichtiger ist in der Tat die Gasheizung für die Küche. Wir müssen Saskia in einer Wanne in der Küche baden, und wenn wir keine Heizung bekommen, kann Christiane mit ihr nicht mehr in Berlin bleiben.

Zunächst sind wir in die Kiefholzstraße gegangen, in die Annahmestelle der VEB Sekundärrohstofferfassung, wo große Holzkisten voller Flaschen stehen, an der 5. Oberschule Aleksander Matrossow vorbei, an dem Traditionskabinett des antifaschistischen Widerstands und der Schrebergartenkolonie „Zur Linde" vorbei zur PGH „Fortuna". Ein Mann im grauen Kittel behauptet, keine Gasheizung zu haben. Wir müssen selber eine suchen. Also klappern wir in den darauffolgenden Wochen mehrmals die wenigen Geschäfte ab, die so etwas hätten anbieten müssen, auch die beiden Warenhäuser am Alexanderplatz und am Ostbahnhof. Nichts. Eine Gasheizung von der Sorte, die wir brauchen, haben sie nicht. Noch mal zu der PGH „Fortuna". Nein, sie haben immer noch keine entsprechende Heizung, meint ein anderer Verkäufer im grauen Kittel.

Wir wenden uns an die Kommunale Wohnungsverwaltung (KWV) in der Wohlgemuthstraße. Der kleine Flur ist voller Menschen. „Wer war der letzte?" Wir machen es uns bequem, indem wir uns gegen die Wand lehnen „Wurde jemand schon hereingerufen?" fragt Christiane. Sie hasst das Warten. Alle schauen uns an. „Nein, noch nicht." Jeder, der wartet, ist sprungbereit. Jede Hand bewegt sich nervös. Jedes Gesicht zeigt eine Mischung aus Ungeduld, Müdigkeit und Resignation. Viele Augen sind geschlossen, andere starren die Wand oder den Fußboden an. Eine Tür geht auf. Wie von einer Startpistole aufgeschreckt, bewegt sich jeder. Eine Frau erhebt sich halb, aber die Kollegin von der KWV geht gelassen über den Flur und verschwindet hinter einer anderen Tür.

Christiane hat mir schon erzählt, wie viele Menschen über Monate oder gar Jahre hinweg jede Woche zur KWV gehen auf der Suche nach einer Wohnung: junge Ehepaare, die noch bei den Eltern wohnen oder das zweite Kind erwarten und keine Lust mehr haben, in einer Einzimmerwohnung zu hausen, auch junge Arbeiter, die die Nase gestrichen voll haben von den Arbeiterwohnheimen oder eben Menschen, die aus feuchten, baufälligen Wohnungen endlich raus wollen.

Die Frau, die sich halb erhoben hatte und wahrscheinlich die erste ist, hat tiefe Augenränder. Zu ihren Füßen stehen pralle Einkaufstaschen. Ich sehe, dass fast alle Einkaufstaschen dabeihatten. Wir auch.

Eine Tür geht auf. „Der erste bitte", ruft eine unsichtbare Stimme. Aus einer zweiten Tür zeigt sich ein Kopf. „Der nächste bitte."

Nach langer Zeit sind wir auch mal dran. Was wir brauchen, wird uns gesagt, sei die Genehmigung, eine Gasheizung einbauen zu dürfen. Auf diese Notwendigkeit hatte uns weder der eine noch der andere graue Kittel bei der PGH „Fortuna" aufmerksam gemacht. Christiane erklärt ihre Lage und bittet um die gewünschte Erlaubnis. Nein, so einfach geht das nicht. Ehe eine Erlaubnis erteilt werden darf, muss festgestellt werden, ob unsere Küche für die gewünschte Gasheizung geeignet sei, zum Beispiel, ob der Schornstein die erforderliche Leistung bringe. Und wer stelle das fest?

„Die Kollegen in der PGH ‚Fortuna' in der Kiefholzstraße."

Also zurück zu der PGH „Fortuna". Ja, es stimmt, was die Kollegin von der KWV sagt. Warum habe er uns das nicht selber gesagt? Nun, die Kollegen würden bald kommen. Tatsächlich und zur allgemeinen Überraschung kommen sie auch. Es muss ein Loch in die Wand zum Schornstein gemacht werden. Wer soll das machen? „Das müssen Sie selber machen." Ja, und eine Heizung können sie auf einmal auch liefern. Aber erst das Loch.

Am nächsten Tag mache ich mich an die Arbeit. Ein Rohr vom Herd verrät mir, wo sich der Schornstein befindet. Also schlage ich mit einem Hammer auf die Wand und schlage immer wieder, bis der Putz ab ist und die Backsteine zum Vorschein kommen. Ich kratze an dem weichen Mörtel, bis ein Stein mit der Hand herausgenommen werden kann. Die übrigen Steine kann ich dann einfach herausziehen. Ein Loch.

Bald hängt die Gasheizung an der Wand. Zwischendurch haben wir bei der PGH in der Behringstraße wegen einer Türklinke gefragt. Die Handwerker machen gerade Pause, als wir kommen. Der Meister nimmt sich einen Schluck Bier und sagt: „Ja, ja, wir kommen bald vorbei." Die Bemerkung scheint seine Gesellen zu erheitern. Wir hören nie was von der PGH in der Behringstraße und können die Tür nur mit dem Schlüssel aufmachen.

Und dann bekommt die Wohnung Zuwachs. In das kleine Zimmer zieht eine junge Frau mit ihrem „Verlobten" ein. Das heißt, endlos Rücksicht nehmen, beim Kochen, beim Waschen, mit Saskia.

„Das hat gerade noch gefehlt."

50

„Wir dürfen heiraten", sagt Christiane. „Wir müssen zum Standesamt Johannisthal, um uns einen Termin zu holen." Sie geht schon die Treppe des Rathauses herunter. Sie öffnet die Tür, noch ehe ich mich in Bewegung setzen kann. Ich laufe schnell herunter.

„Wann sollen wir zum Standesamt?"

„Jetzt."

„Was hat sie gesagt?"

„Dass meinem Antrag auf Eheschließung mit einem Ausländer stattgegeben wird."

„Hat sie sonst nichts gesagt?“ Ich kann mit Christiane kaum Schritt halten. „Und was ist mit der Ausreise?“

„Sie hat gesagt, dass die Genehmigung zum Heiraten nicht automatisch heißt, dass die Ausreise genehmigt wird.“

„Das heißt, wir werden verheiratet sein, aber nicht zusammenleben dürfen.“

„So ist es.“

Ihre Schritte beschleunigen sich merklich. „Sicher wird der andere Antrag auch bald genehmigt“, meint Christiane. „Erst heiraten und dann sehen wir weiter.“

Vom Rathaus aus hat Christiane das Standesamt angerufen. Wir werden also erwartet. Es geht darum, einen Tag für die Eheschließung festzulegen und zu erfahren, was ich alles vorlegen muss, um in der Deutschen Demokratischen Republik heiraten zu dürfen.

Wir laufen zum S-Bahnhof Plänterwald und fahren bis Schöneweide. Als wir durch die Große Berliner Straße gehen, sehen wir eine Kaufhalle. „Da können wir nachher ein bisschen einkaufen.“

Das Standesamt Berlin-Treptow hat seinen Sitz in einem großen alten Haus mit einem idyllischen Garten. Wir sitzen einer vornehmen Frau gegenüber, der Standesbeamtin. Christiane ist sichtlich nervös. Zunächst werden wir darüber informiert, welche Dokumente ich vorzulegen habe: Geburtsurkunde, polizeiliches Führungszeugnis, einen Nachweis, dass ich nicht verheiratet bin und ein paar andere Dokumente, zum Teil Dokumente, die es in den unbürokratischen USA gar nicht gibt.

Ich frage, ob mein Reisepass als Geburtsurkunde reichte? Nein, ich brauchte die originale Geburtsurkunde oder eine beglaubigte Kopie.

Wir einigen uns auf ein Datum in der zweiten Dezemberwoche. Bis dahin muss ich alles vorgelegt haben und zwar in deutscher Übersetzung.

Die Dame erklärt uns, wie die Zeremonie vor sich gehen soll und legt uns eine Liste mit Musiktiteln vor. Wir dürfen auswählen, welche Musik während der Zeremonie gespielt wird, alles klassische Stücke, keine kirchlichen Kompositionen.

Christiane studiert die Liste und kaut an ihren Fingernägeln, fragt mich, was ich gern hätte. „Such du sie aus. Die Titel sagen mir gar nichts." Sie sagt: „Verdi, 'Nabucco'", und die Dame hinter dem Schreibtisch notiert sich das.

Sie fragt nach der Zahl der Gäste.

Darüber haben wir gar nicht nachgedacht. Christiane fängt an zu zählen. „Meine Eltern, meine Tante, mein Bruder und seine Freundin, meine Schwester und ihr Mann und deren beide Kinder. Das macht neun."

„Und unsere Tochter natürlich", werfe ich ein.

„Ja natürlich, ein Kind ist schon da."

„Wir wollten schließlich vor mehr als einem Jahr heiraten."

„Selbstverständlich müssen Sie sich an die Gesetze der Deutschen Demokratischen Republik halten."

„In unserem Fall fördern die Gesetze der Deutschen Demokratischen Republik die Geburt unehelicher Kinder."

„In unserer Republik werden uneheliche Kinder nicht mehr benachteiligt."

„Ist das nicht wunderbar?"

Christiane starrt auf den Fußboden.

Nachher gehen wir zur Kaufhalle. Erst als wir wieder draußen sind, gewinnt Christiane ihre Entschlusskraft zurück. In der Kaufhalle haben wir kein überflüssiges Wort miteinander gewechselt.

„Wir müssen zum Pfarrer und die kirchliche Trauung besprechen. Und du musst ein Taxi bestellen. Am besten rufst du von West-Berlin aus an. Und einen Brautstrauß kannst du bestellen. Hier sieht es mit Blumen schlecht aus. Hast du überhaupt deine Geburtsurkunde mit?"

Wegen der Geburtsurkunde kann ich ein Telegramm an die Behörde in Missouri schicken. Aber mit den anderen Dokumenten bin ich mir nicht sicher. Die gibt es bei uns nicht. Woher soll ich einen Nachweis bekommen, dass ich nicht verheiratet bin? Christiane schlägt vor, in der amerikanischen Botschaft zu fragen.

Dann bleibt Christiane plötzlich stehen. „Was ziehe ich denn überhaupt an? Ich muss ein Kleid kaufen. Die Zeit ist zu knapp, um eins nähen zu lassen. Gut, dass wir den Anzug nähen ließen.“

Schon vor Wochen hatten wir in einem Laden Unter den Linden Stoff gekauft und mir bei dem Schneider im Dorf einen Anzug nähen lassen, den ersten Anzug, den ich je hatte, dunkelblau mit hellen Nadelstreifen. Der Schneider hatte gewarnt: „Aber immer den Knopf zumachen, ehe Sie den Reißverschluss hochziehen. Die Reißverschlüsse, die wir hier kriegen, taugen nicht. Alles Plaste.“

51

Am darauffolgenden Tag, rufe ich von West-Berlin aus an und bestelle ein Taxi für den Hochzeitstag. Christiane hatte mir versichert, drei Wochen vorher seien nicht zu früh. Auch ein Telegramm schicke ich ab, nach Jefferson City, Missouri, um eine beglaubigte Kopie meiner Geburtsurkunde zu bekommen.

In Ost-Berlin gehen wir zur Kirche, und anschließend wollen wir zur Botschaft fahren. Der Pfarrer ist über die Nachricht, dass wir heiraten dürfen sichtlich erfreut und stellt fest, dass ihn nichts daran hindert, uns am Tag der standesamtlichen Eheschließung kirchlich zu trauen. In der Botschaft begegnet mir eine große Hilfsbereitschaft. Der Konsul kennt mein Problem und lässt seinen Sekretär ein paar Dokumente erstellen, die er mit Unterschrift und eingeprägtem Siegel der Vereinigten Staaten von Amerika versieht.

In die Botschaft will Christiane nicht mitkommen. Sie wartet in der Friedrichstraße auf mich, gegenüber dem Hotel Metropol. Ich bin entschlossen, dieses eine Mal die Botschaft zu verlassen, ohne von der Volkspolizei kontrolliert zu werden und zwar aus purem Trotz. In einer Einkaufstasche habe ich einen Pullover mitgebracht. Als ich die Botschaft verlasse, stehe ich absichtlich lange vor den schönen Farbfotos von Ronald Reagan, die im Glaskasten ausgehängt sind. Die Polizei soll Zeit haben, eine Beschreibung von mir durchzugeben.

Nachdem ich die bunten Fotos recht lange bewundert habe, gehe ich, wie immer, in die Clara-Zetkin-Straße Richtung Friedrichstraße. Aber anders als sonst, gehe ich schnell in den Eingang des Intershops des Hotels Metropol. Hinter der Tür setze ich meine Brille ab und stecke sie in die Hemdtasche. Aus der Tasche nehme ich den Pullover und ziehe ihn über. Meine Mütze stecke ich in die Tasche, und die wiederum verschwindet unter dem weiten Pullover. So getarnt verlasse ich den Intershop.

In der Friedrichstraße gehe ich an den suchenden Polizisten unerkannt vorbei und über die Straße zu Christiane, die vor dem Genfer Hof steht. Sie sieht mich verblüfft an.

„Wie siehst du denn aus?"

Ich zeige auf die Polizisten auf der anderen Straßenseite und frage, wann sie aus ihrem Häuschen gekommen sind.

„Vor ein paar Minuten. Ich nahm an, um dich zu kontrollieren."

„Aber ich wurde nicht kontrolliert."

„Hast du dich umgezogen, um nicht kontrolliert zu werden?"

„Ja, und es hat geklappt."

„Wo hast du es getan?"

„Im Eingang zum Intershop."

Sie grinst. „Gut."

Den Rest des Tages gehen wir von Boutique zu Boutique in der Suche nach einem geeigneten Brautkleid. In die beiden Warenhäuser gehen wir erst gar nicht. Dort geht man nicht hin, wenn man etwas Vernünftiges sucht. Dort gibt es, laut Christiane, „nur Schund". Das Ergebnis des Tages: ein Paar weiße Schuhe in der Rathauspassage, 125 Mark.

„Was mache ich nun?"

Ich frage, ob die Intershops nicht Brautkleider hätten. Christiane scheint verblüfft, dass sie nicht selbst auf die Idee gekommen ist. Ich werde am übernächsten Tag mit Geld wiederkommen und wir werden die Suche fortsetzen.

52

Es ist ein Sonnabend. Wir fahren mit der S-Bahn bis Bahnhof Friedrichstraße. Saskia schläft in ihrem Kinderwagen. Wir wollen in das Hotel Metropol gehen. Um zum Intershop für Textilwaren zu kommen, muss man durch das Foyer gehen. Kurz bevor wir den Haupteingang erreichen, fängt es an zu regnen und zwar in Strömen. Wir eilen zum Eingang und sind froh, im Foyer zu stehen. Wir steuern auf den Intershop zu, kommen aber nicht weit. Ein sichtlich empörter Mann in Hoteluniform kommt auf uns zu.

„Was denken Sie sich, mit einem Kind in ein Hotel zu kommen?"

Christiane ist völlig verdattert. "Wir wollen zum Intershop."

„Aber nicht mit einem Kinderwagen."

„Warum soll ein Kinderwagen nicht in einem Hotel sein?"

„Das gehört sich nicht", sagt er laut.

Na, laut kann ich auch sein. „Sollen wir den Kinderwagen etwa draußen stehen lassen. Ist Ihnen vielleicht nicht aufgefallen, dass es draußen regnet."

„Das ist mir egal. Hier hat er nichts zu suchen." Ich hatte den Wagen geschoben. Nun nimmt Christiane ihn mir aus der Hand und stürzt auf die Tür zu, während ich das Rückzugsgefecht fortsetze.

„Raus hier."

„Da haben Sie recht. In ein solches Hotel möchte ich meine Tochter gar nicht erst bringen. Wir sind wohl nicht fein genug."

„Raus hier!"

„Nur zu gerne."

In ihrer Aufregung versucht Christiane, den Kinderwagen durch die Drehtür zu schieben, was den Hoteldiener noch mehr empört. Dann findet sie die richtige Tür, und ich gehe hinter ihr her.

Christiane schiebt den Wagen so schnell, dass ich kaum mithalten kann. Der Regenguss ist schon vorüber.

„Warum regst du dich so auf?"

„Sag mal, findest du sein Benehmen in Ordnung? Warum soll man keinen Kinderwagen in das Hotel mitnehmen?" Sie sagt nichts.

„Hätten wir Saskia draußen stehen lassen sollen?"

„Nein, aber..."

Er hätte höflich darauf hinweisen können, dass Kinderwagen unerwünscht seien, aber so? Wir sagen eine ganze Weile gar nichts. Christiane erzählt mir dann, dass Babys, solange sie noch in Windeln sind, nicht in Hotels übernachten dürfen. Auf meine Frage, wo sie übernachten sollten, sagte Christiane „Leute mit Babys haben eben nicht zu verreisen."

Unsere Suche nach einem Intershopkleid bleibt erfolglos. Weder in dem Intershop im Hotel Adria noch in dem Intershop nahe dem Grenzübergang Invalidenstraße findet Christiane etwas, das ihr gefällt. In dem letzten Shop probiert sie ein Kleid an, das mir gut gefällt. Ihr gefällt es aber nicht. Also bekomme ich den Auftrag, ein Kleid im Westen zu kaufen.

53

Ich sehe es ihr an. Es gefällt ihr nicht. „Ja, es geht." Die Frage, ob ihr das Kleid gefällt, stelle ich gar nicht. Sie hatte mir eine Beschreibung des Kleides, das sie haben wollte, gegeben. Vier Tage hatte ich danach gesucht, und zwar von halb zehn Uhr morgens bis zum Ladenschluss. Ich hätte nicht gedacht, dass es so viele Geschäfte für Damen gibt. Ich war meistens der einzige Kunde im Laden, und genau das war unangenehm. Immer stand eine Verkäuferin in der Nähe, und es wurde sofort erkannt, dass ich absolut keine Ahnung hatte. Also gab ich Christianes Beschreibung weiter und nannte die Größe. Ein richtiges Brautkleid wollte sie nicht haben, aber es sollte weiß sein.

Ich begann in der Wilmersdorfer Straße, schlug mich in Richtung Kurfürstendamm durch, schaute in jeden Laden bis zum Wittenbergplatz runter und in viele Seitenstraßen. Ich glaube, dass die meisten Verkäuferinnen zunächst annahmen, ich hätte mich in ihre Läden verirrt oder wollte etwas liefern. Nur in einem Laden fand ich ein Kleid, das ich am liebsten gleich gekauft hätte, hätte es nicht über 2000 Mark gekostet. In der Boutique sah ich kein Kleid unter 1500 Mark. Ich bemühte mich, die Fassung zu bewahren und tat so, als machte mir der Preis gar nichts aus.

Am vierten Tag fand ich mich in der Karl-Marx-Straße wieder. Dort fand ich das Kleid, das ich Christiane kaufte und das ihr nicht gefällt.

Als wollte sie höflicherweise vom Thema ablenken, sagt sie: „Es gibt ein Problem mit deiner Geburtsurkunde."

Die Urkunde ist erstaunlich schnell angekommen, und Christiane hatte sie zum Standesamt gebracht.

„Sie sagte, diese Beglaubigung reicht nicht aus. Sie hat mir gesagt, dass sie nicht wissen kann, ob derjenige, der die Urkunde beglaubigte, auch dazu berechtigt war."

Ich muss das erst mal verdauen. „Habe ich dich richtig verstanden?"

„Ich glaube schon."

„Und was soll das heißen, konkret?"

„Ich sollte die Urkunde dalassen und sie wollte der Sache nachgehen."

„Das ist doch blödsinnig."

„Natürlich ist das Blödsinn."

„Das ist nichts als eine Schikane."

Christiane nickt. „Ich meine, wenn sie das so sehen, wird sie noch untersuchen müssen, ob derjenige, der ihr bestätigt, dass derjenige, der die Urkunde beglaubigt hat, dazu berechtigt war es zu tun, dazu berechtigt war, das zu bestätigen und so weiter... Am Ende müsste sie im Weißen Haus anrufen. Aber ob sie dem Idioten glaubt oder glauben soll, ist auch fraglich."

„Das heißt, es könnte länger dauern, und wir haben nur noch eine Woche. Ich habe die Urkunde wieder mitgebracht. Vielleicht kannst du in der Botschaft fragen, ob sie uns wieder helfen können."

Ich fahre in die Stadt. Was bleibt mir anders übrig? Ich erzähle dem Konsul, was inzwischen passiert ist.

„Wie lange kann so was dauern?"

„Lange. Das ist so. Die Sache wird an die DDR-Botschaft in Washington weitergeleitet, und sie untersucht die Angelegenheit. Da können Sie mit sechs Monaten rechnen, mindestens, denn sie haben es nicht eilig."

„Das Ganze scheint mir nur eine Schikane zu sein." Diplomatisch verneint er es nicht.

„Aber wir können die Sache vereinfachen." Er holt ein Gerät hervor. "Ich versehe die Urkunde mit dem Siegel der Vereinigten Staaten von Amerika. Das werden sie akzeptieren."

Meine Geburtsurkunde hat dann zwei Siegel, von dem Staat Missouri und von den USA. Und das klappt. Nun können wir alle Dokumente zu dem Übersetzungsdienst "interpret" in der Mittelstraße 2-4 bringen. Es versteht sich, dass ich die Übersetzung in D-Mark bezahlen muss.

MfS Dokument 22

[IM Bericht]

28.11.82

Information zu Christiane Friedrich

Reetz

Mir wurde bekannt, dass das Kind von Christiane Friedrich demnächst getauft werden soll. Dazu wird auch der Freund von ihr der USA Bürger erwartet. Meine

Frau hörte von der Familie Friedrich, dass Christiane 70.000 Mark bezahlen soll, so viel hat ihre Hochschulausbildung gekostet, dann könne sie gehen.* Die Taufe findet noch im November bzw. Dezember statt.

Huber

[*Nicht zutreffend.]

54

Vom Brauch des „Polterabends" habe ich noch nie etwas gehört. Es muss dafür eingekauft werden, was Arbeit bedeutet. Ich bringe einiges aus dem Westen: Schokolade und Kartoffelchips. Christiane ist den ganzen Tag mit den Vorbereitungen beschäftigt, aber das tut sie gerne. Eingeladen sind Pia und Michael, Paula und Paul und einige Arbeitskollegen von Christiane und natürlich die neue Nachbarin mit ihrem „Verlobten". Ich beschäftige mich damit, Stühle und Tische zu rücken. Es wird im Schlafzimmer gefeiert. Im Wohnzimmer gibt es nicht genügend Sitzgelegenheiten, und Christiane hat wohl Angst wegen ihres Sofas. Es könnte von einem, der zu viel getrunken hat, „versaut" werden. Ich schiebe die Betten auseinander, eins an die Wand, das andere gegenüber. Auf jedem Bett können mindestens vier Leute Platz finden. Aus der Küche hole ich die beiden Stühle, und wir leihen uns zwei von Frau Ebert aus. Von der Nachbarin kommt auch noch ein Stuhl. Der Küchentisch kommt erst später in die Mitte, als Christiane mit den Vorbereitungen fertig ist.

Umgezogen hatte sie sich bereits, hantiert aber immer noch in der Küche herum. Ich sitze im Wohnzimmer und ärgere mich schon wieder über die **Berliner Zeitung**.

„Ehemaliger CIA-Direktor: MX-Raketen sind Waffen für den Erstschlag."

„Beschlüsse für den Wettbewerb 1983 – Bauindustrie bekommt einen neuen hochwertigen Federstahldraht – Hohe Ziele im VEB Draht- und Seilwerk Rothenburg – Produktivität steigt schneller als die Produktion".

„Beziehungen zwischen SED und SP Japans gewürdigt“

„Zusammenarbeit mit Irak wird vertieft.“

„Erich Honecker empfing kubanischen Minister – Ramiro Valdes Menendez überbrachte Grüße Fidel Castros“

Christiane kommt ins Zimmer. „Hör dir das hier an“, sage ich. „Der Generalsekretär des Zentralkomitees der SED und Vorsitzende des Staatrates der DDR, Erich Honecker, empfing gestern das Mitglied des Zentralkomitees der KP Kubas und Minister des Innern der Republik Kuba, Commandante der Revolution Ramiro Valdes Menendez.“

„Was ist damit?“

„Das hört sich doch blöd an.“

„Die Zeitung schreibt immer so.“

„Warum können sie nicht einfach schreiben, ‘Erich Honecker empfing Remiro Valdez Menendez‘? Das reicht doch.“

„Wenn man die ganzen Titel der Herrschaften weglassen würde, dann wäre die Zeitung noch kürzer.“

„Da könnte man Papier sparen. Wie kann man nur so was lesen?“

„Außer dir kenne ich niemand, der die erste Seite liest. Man beginnt hinten. Hinten gibt es gelegentlich etwas Wissenswertes zu lesen.“

Da kracht es. Nochmal und nochmal, draußen vor der Tür.

„Sie kommen.“

Ich reiße die Tür auf, und in dem Moment schmeißt Pia vergnügt eine Tasse auf den Boden. Michael, der selten lächelt, lässt lächelnd eine Untertasse zu Bruch gehen. Die beiden haben einen ganzen Sack voll Porzellan. „Scherben bringen Glück.“ Den Spruch hatte ich oft gehört.

„Mensch“, sagt Pia, „wir mussten überall fragen, bis wir genug Porzellan zusammen hatten. Da, die letzte Tasse.“ Da kracht es wieder. „Und nachher musst du alles zusammenfegen“, sagt sie zu mir.

„O ja, das hatte ich dir nicht erzählt." Christiane klopft mir auf die Schulter. „Der Bräutigam muss alles zusammenkehren."

„Dann hole ich einen Besen."

„Nein, noch nicht. Es kommt noch mehr."

Kaum hatten Pia und Michael ihre Sachen abgelegt, kracht es schon wieder. Ich mache auf.

„Du bist bestimmt der Bräutigam." Es sind zwei mir unbekannte Kolleginnen von Christiane. Noch eine fliegende Untertasse zerschellt am Boden.

Nach und nach kommen die Anderen und die Scherben werden immer mehr. Paula und Paul tragen tatkräftig zu dem sozialistischen Scherbenhaufen bei. Mir fällt auf, dass Paul an seinem Jackett das Parteiabzeichen nicht trägt, das mit den beiden Händen. „Eine Hand wäscht die andere", hatte er mir das Abzeichen erklärt. Nur einer poltert nicht, ein Kollege von Christiane. „Der hat sich mehr oder weniger selber eingeladen", erklärt Christiane mir später. Ich hatte ihn bei der Luxemburg-Liebknecht-Demonstration gesehen.

Nachdem sich alle bequem gemacht hatten, schleiche ich raus und kehre die Scherben zusammen, einen Haufen neben die Tür, einen neben die Toilette. Das ist erledigt.

Ich setze mich zu den anderen. Es wird gegessen, getrunken, geplaudert und getrunken. Man redet in kleinen Gruppen über die Einkaufsmisere – „Das wird immer schlimmer." – Autos – „14 Jahre musste er auf seinen neuen Wartburg warten." Ich sitze neben einer der Arbeitskolleginnen. Sie fängt an, über FKK zu reden, und plötzlich hören alle ihr aufmerksam zu.

„Ich könnte das nicht."

„Ist es nicht komisch mit einem zu reden, wenn man...?"

„Nein." Das Wort dehnt die Kollegin aus, als wollte sie sagen: „Wie kommst du darauf?" In der Tat sagt sie: „Nach einer Weile schaut man dem anderen nur ins Gesicht. Man fühlt sich ganz normal."

Ich erzähle von meiner letzten Blutspendeaktion, wie die Nadel der Spritze aus meinem Arm herausguckt, während die Schwester sich mit ihrer Kollegin über ihren Urlaub auf Ibiza unterhielt. Das Gespräch zersplittert.

Da krachte es wieder draußen. „Nanu, es sind alle da." Christiane und ich gingen zur Tür. Davor steht Frau Ebert. „Es ist alles schon zusammengekehrt."

„Kommen Sie doch herein."

„O nein, ich wollte Ihnen nur alles Gute wünschen. Das sind aber wenig Scherben", und sie zeigt auf den Haufen neben der Tür.

„Wollen Sie etwas trinken?"

„Nein, nein." Sie erhebt beide Hände und nimmt einen Schritt zurück. „Wo ist die Kleine?"

„Bei meinen Eltern."

„Da ist sie gut aufgehoben." Sie geht die Treppe hoch.

Michael sitzt still da, hört zu, lacht gelegentlich. Pia lehnt sich nach vorne und hält beide Hände an den Stuhl, als wollte sie aufspringen. Sie redet ohne Unterbrechung. Paula trink vorsichtig aus ihrem Glas. Bloß den Lippenstift nicht verschmieren. Paul wippt ständig mit dem linken Bein. Er sieht, während er cool raucht, ungemein nervös aus. Hin und wieder schaut er zu dem Spiegel des dunklen Fensters. Der selbsteingeladene Gast spricht mit Christiane, scheinbar über etwas Ernsthaftes. Er hält sein Bierglas in beiden Händen und trinkt nur selten daraus, aber dann ziemlich viel auf einmal.

Wie die Feier weitergeht, darüber kann ich nicht berichten, weil ich wegmuss, um rechtzeitig über die Grenze zu kommen. Ich habe vor, zurückzukommen und gehe davon aus, die anderen wären noch da. Ich finde aber nur Christiane in der Küche. Sie ist mit dem Abwasch beschäftigt.

„Hast du Probleme an der Grenze gehabt?"

„Nicht mehr als sonst."

„Nachdem du gegangen warst, ging die Feier langsam zu Ende."

„O, ich wusste nicht, dass ich so viel Leben in die Feier brachte."

„Einen Polterabend zu feiern, bei dem der Bräutigam abhauen muss, ist schon seltsam."

„Ich kann doch nichts dafür."

„Ist klar. Gehen wir lieber schlafen. Heute ist unser Hochzeitstag."

55

Ich stehe vor der Buchhandlung am Bahnhof Friedrichstraße und lese die Tafel, die dort hängt. An dieser Stelle wurden in den letzten Kriegstagen, als das Großdeutsche Reich nur noch aus der Berliner Innenstadt bestand, zwei junge Soldaten „von entmenschlichten SS-Banditen erhängt". Sie glaubten wohl nicht mehr an den Endsieg.

Hier hatte ich mich mit Dietmar verabredet. Eine Woche zuvor hatte ich in dem Blumenladen im Scheringgebäude in der Müllerstraße einen Blumenstrauß bestellt. Dietmar wollte ihn für mich abholen und über die Grenze bringen, damit alles frisch wäre für die Hochzeit. Er wollte die 25 Mark, die er tauschen musste, in der Buchhandlung ausgeben.

In der Nacht an der Grenze, als ich schon wieder gefragt wurde warum, wohin, wie, mit wem, hatte ich einfach gesagt: „Ich heirate heute." Da war der Grenzsoldat, der mich, wer weiß wie oft, ausgefragt hatte, so überrascht, dass er nichts sagen konnte. Dann hatte er mir doch „alles Gute" gewünscht.

Da kommt Dietmar aus dem Eingang. Er guckt unsicher um sich. Ich gehe auf ihn zu, und er sieht mich.

„Na? Nervös?"

„Noch nicht. Kamst du gut über die Grenze?"

„Der Kerl hat sich gewundert, warum ich einen Strauß mithatte, aber ich sagte, dass ein Freund heiratet, und er war zufrieden."

„Er wird wissen, wie es mit Blumen hier steht." Ich schlage vor, dass wir uns hinzusetzen und etwas trinken, aber er muss sofort nach West-Berlin zurück.

„Du sagtest, es gibt eine Buchhandlung hier in der Nähe?“

„Ja, hier gleich.“

Wir gehen zu der Buchhandlung und schließen uns der Schlange an. Die orangenen Plastikkörbe sind alle und ohne Korb kein Einlass. Wir sind dritte und vierte in der Schlange. Bald sind wir dran. Ich nehme den Korb. Eine Verkäuferin spricht Dietmar prompt an. „Ohne Korb kein Einlass!“

„Wir sind doch zusammen.“

„Na gut.“

Es ist eine kleine Buchhandlung. Dietmar blickt etwas verwirrt herum, nimmt eine Biographie von Ernst Thälmann in die Hand, blättert darin, stellt sie wieder ins Regal. „Sie sollen gute Bücher über Sport haben.“

Ich zeige ihm, wo sich die Sportbücher befinden. Nichts scheint ihn zu interessieren. „Und die Belletristik?“

„Da in der Ecke.“ Er dreht die Ständer langsam. „Die Auswahl ist nicht so toll.“

„Nein, sagte ich dir schon.“

Schließlich entscheidet er sich für Stephan Hermlins **Abendlicht** und eine Sammlung sowjetdeutscher Erzähler.

Nachdem ich Dietmar zum Grenzübergang gebracht hatte, fahre ich mit der S-Bahn zum Baumschulenweg. Ihre Eltern sind noch nicht da und sie macht sich offensichtlich Sorgen.

„Vielleicht kommen sie gar nicht.“

„Sie kommen schon.“

„Ich weiß nicht. Ein Tag der Freude ist es nicht gerade für sie.“

„Sie kommen schon.“ So sicher klang das nicht.

Christiane war erst gestern früh nach Berlin gekommen, um die letzten Vorbereitungen zu treffen, das heißt, mit dem Pfarrer zu reden und natürlich für den Polterabend. Ihre Eltern sollten Saskia heute mitbringen.

Am späten Nachmittag waren wir in die Kirche gegangen. Der Pfarrer begrüßte uns lächelnd, sagte aber kein Wort, zeigte bloß auf seinen Hals.

„Haben Sie die Stimme verloren?“

Er nickte. Dann huschte seine Frau ins Büro. Gott sei Dank.

„Ja“, sagte sie, und dann schien sie die Worte zu suchen. „Wie Sie sehen, hat mein Mann die Stimme verloren, aber es ist nicht so schlimm. Wir kriegen einen Gastpfarrer, und er kommt heute an. Wir haben schon angerufen und ihm mitgeteilt, dass er morgen ein Paar trauen soll. Er ist einverstanden.“ Das alles sagt sie langsam und betonte jedes einzelne Wort, als spräche sie mit Menschen, die kein Wort Deutsch können, aber sie sprach immer so. „Das heißt, wenn Sie einverstanden sind.“

„Ja, sicher.“

Der Pfarrer sah seine Frau mit erhobenen Augenbrauen an, ermunterte sie, weiter zu reden.

„Ja, das Beste ist, dass der Gastpfarrer ein Amerikaner ist, aus Brooklyn, glaube ich, kann aber gut Deutsch.“ Dann sprach der Pfarrer doch ganz leise. „Wir haben ihm ausrichten lassen, er soll gleich herüberkommen. Er landet in Tegel.“

„Es wird alles klappen. Seien Sie unbesorgt“, versicherte uns seine Frau. Sie seufzte dann. „Ach wissen Sie, wenn ich an Sie denke, dann fällt mir das alte Lied von den zwei Königskindern ein: ‚Es waren zwei Königskinder die hatten einander so lieb, sie konnten zusammen nicht kommen, das Wasser war viel zu tief, das Wasser war viel zu tief‘ Aber wissen Sie, Sie schaffen es. Da bin ich sicher.“ Der Pfarrer lächelte uns ermunternd an und zwinkerte mit beiden Augen.

„Wir lassen alles auf uns zukommen“ sagte Christiane.

Nun sitzen wir beiden Königskinder und warten auf das Taxi. Ich bin gut in meinen maßgeschneiderten Anzug gekommen, komme mir aber fremd vor.

Durch das Wohnzimmerfenster sehe ich, wie das Taxi vorfährt.

„Jetzt müssen wir aber los. Das Taxi ist da.“

„O Gott, wo bleiben meine Eltern denn bloß?“

„Sicher werden sie direkt zum Standesamt fahren. Sie wissen, wann es losgeht.“

Der Taxifahrer springt aus dem Auto heraus und macht uns die Tür auf. „Einen schönen Tag.“ Er sieht freundlich aus, ein Mann Mitte fünfzig, mit grauen Haaren. Er trägt zwar eine Uniform der BVB, ab sie sieht eher wie ein normaler Anzug aus mit einem weißen Hemd und Krawatte. Auf dem Dach, das Taxischild verdeckt von zwei goldenen Ringen und hinten im Fenster sind weiße Kunstblumen und Schleifen.

„Haben Sie nichts vergessen?“

„Nein, ich glaube nicht.“

„Ausweis dabei?“

„Ja.“

„Nervös?“

„Nein.“

Ich bin es in der Tat nicht und bin selbst überrascht. Aber ich stelle etwas anderes fest. Ich empfinde den Tag als einen Tag des Sieges gegen diesen Staat, und ich genieße das Gefühl.

„An einem solchen Tag hat man das Recht, nervös zu sein“, sagt der Fahrer. „Ich habe schon unzählige Brautpaare gefahren. Es gehört dazu.“ Ein angenehmer Mensch.

Gerade als wir am Krematorium vorbeifahren, schreit Christiane. Der Fahrer bremst instinktiv.

„Doch was vergessen?“

„Den Blumenstrauß.“

„Ach Herrje. Bleiben Sie ruhig. Wir fahren noch mal zurück. Die Zeit haben wir noch.“

Er wendet und erzählt, was für lustige Sachen er noch alles erlebt hatte bei Brautpaaren und fährt deutlich schneller als vorher. Ich gehe ins Haus und hole den Strauß.

Als wir das Standesamt betreten, warten schon Christianes Vater, Uwe und Christine.

Ihr Vater sagt „Mutti ist weiter zu dir in die Wohnung gefahren mit Saskia."

„Wir wollten aber Saskia dabeihaben", sage ich.

„Hör mal, wie stellt ihr euch das vor? Das Kind darf nicht aus seinem gewohnten Rhythmus kommen. Das geht nicht."

„"Natürlich geht das. Wir hätten sie selber mitbringen müssen." Das letzte sage ich zu Christiane.

Saskia hat er nicht mitgebracht, dafür einen Brautstrauß, einen Strauß mit Rosen und Tannenzweigen, hinter dem Christiane sich hätte verstecken können.

„Warum habt ihr einen Strauß mitgebracht?" will Christiane wissen.

„Wir wollten nicht, dass du ohne Strauß heiraten müsstest."

„Ich habe aber einen Strauß. John hat ihn besorgt."

„Sag bloß, es war gar nicht einfach einen Strauß zu bekommen..."

„Den hatten wir aber nicht bestellt. Denkst du, ich besorge meiner Frau keinen Strauß?" Christiane sagt, sie trage jetzt den Strauß aus dem Westen. Nachher in der Kirche könne sie den Ost-Strauß tragen.

Bevor wir heiraten dürfen, müssen wir warten. „Für alles muss man hier Schlange stehen", sage ich. Christiane findet das nicht lustig.

Uwe lacht. „Das stimmt."

Endlich kommt ein Brautpaar heraus. Wir sind dran. Es kommt jemand und verlangt unsere Ausweise. Dann betreten wir den Raum. Die Standesbeamtin begrüßt uns und die Anderen. Sie trägt eine Robe, so dass sie wie eine Pastorin oder vielleicht eher wie eine Richterin aussieht.

Wir setzen uns vor einen großen Schreibtisch. Die Dame bleibt dahinterstehen. Auf dem Tisch stehen ein Adventskranz mit zwei dicken Kerzen und eine kleine Schale, in die sie die Ringe legt, die Ringe, die wir im Intershop im Hotel Stadt Berlin gekauft hatten. In der linken Ecke hinter dem Schreibtisch steht die obligatorische Grünpflanze. Erich Honecker lächelt auch hier jugendlich von der

Wand. Um ihn herum große braune Sträuße, die auf die beigefarbene Tapete gedruckt sind. Eine weiße Gardine bedeckt dezent das Fenster.

Wir werden aufgefordert aufzustehen. Bevor die Zeremonie beginnt, sagt die Standesbeamtin zu mir: „Ich muss Sie darauf aufmerksam machen, dass Sie nach den Gesetzen der Deutschen Demokratischen Republik heiraten." Was denn sonst, denke ich, nicke aber nur.

Ohne hinzuschauen greift sie mit der linken Hand unter die Tischplatte. Ihre Hand bewegt sich hin und her. Irgendetwas kann sie nicht finden. Sie muss hinschauen. Auf einmal ertönt Musik, Verdi.

Wir werden getraut und tauschen die Ringe. Die Standesbeamtin gratuliert uns und überreicht uns das „Buch der Familie", braun mit weißer Schrift. Uwe und Christine gratulieren und Christianes Vaters gibt uns wortlos die Hand. Während der Zeremonie hat er sich die Augen zugehalten.

Wir stellen uns vor der weißen Gardine auf, damit der Fotograf ein Bild machen kann.

„Legen Sie doch den Arm um Ihre Frau." Ich tue es. Knips.

„Und jetzt schauen Sie einander an." Knips.

Er fordert die anderen auf, sich neben uns für ein Gruppenfoto zu stellen. Die Gruppe ist nicht so groß, wie wir erwartet hatten. Ihre Tante ist krank. Christianes Schwester hat uns gesagt, dass sie nicht kommen kann, ohne so richtig zu erklären, warum. Der Fotograf blickt in seinen Fotoapparat, dann zu uns.

„Bitte recht freundlich", sagt er zu Christianes Vater. „Sie haben doch Grund zur Freude."

„Ich sehe keinen Grund zur Freude" sagt mein neuer Schwiegervater.

Nachmittags soll die kirchliche Trauung stattfinden. Davor haben wir aber einen Tisch im Hotel Berolina bestellt. Der Taxifahrer bringt uns hin. Wie sind keine besonders lustige Gesellschaft. Es wird nicht viel gesprochen, was die Kellnerin sicherlich wundert. Zum Nachtisch will Christianes Vater Zitronencremespeise bestellen. Das essen sie immer zu Hause. „Haben wir nicht", sagt die Kellnerin freundlich. „Aber Orangencremespeise haben wir. Kann ich Ihnen empfehlen. Mal was anderes.“ Der Schwiegervater rümpft die Nase.

„Nein, dann lieber gar nichts.“

Nach dem Essen bringt uns der Taxifahrer nach Hause. Ich bezahle die Rechnung und gebe ihm ein gutes Trinkgeld in „West“.

Frau Ebert sitzt in der Wohnung. Während der kirchlichen Trauung soll sie auf Saskia aufpassen. Sie gratuliert uns und freut sich über unsere Hochzeit eindeutig mehr als die Schwiegereltern.

„Wollen wir nicht 'ne Tasse Kaffee trinken“, schlägt Christianes Mutter vor.

„Das müssen wir auf nachher verschieben. Die Glocken läuten schon.“

Wir laufen wie in einer Prozession zu der Kirche in der Baumschulenstraße. Die Leute auf der Straße bleiben stehen und schauen uns nach. Nicht jeden Tag wird kirchlich geheiratet. An der Ecke Kiefholzstraße/Baumschulenstraße müssen wir an der Ampel warten.

„Nicht mal einen Schlips trägt er“, meckert die Schwiegermutter vor sich hin.

„Er ist Amerikaner. In Amerika tragen die Männer keinen Schlips“, sagt der Schwiegervater. Das sagen sie so, als wäre ich gar nicht anwesend. Sie sprechen wie immer auch an diesem Tag kein Wort mit mir.

Wir werden nicht in der großen Kirche getraut, die zu dieser Jahreszeit zu kalt ist, sondern in dem großen Raum direkt an der Straße. Eine Arbeitskollegin Christianes ist auch gekommen. Sie, deren Vater Genosse war, hatte nie eine kirchliche Trauung gesehen, sagt sie.

Die Frau des Pfarrers macht uns mit dem amerikanischen Pfarrer, Mr. Charles Yerkes, bekannt, der von der ganzen Sache überwältigt zu sein scheint. Der Pfarrer, der uns hätte trauen sollen, gibt uns stumm aber freudestrahlend die Hand. Die Frauen aus dem Büro sind auch zugegen.

Pfarrer Yerkes macht die Sache gut. Sein Deutsch ist tadellos. Er hat es – welch eine Seltenheit — als Soldat in der Bundesrepublik gelernt und wollte nun als presbyterianischer Sozialist – noch seltener! – ein real existierendes sozialistisches Land aus erster Hand kennenlernen. Ich amüsiere mich über den Umstand, dass wir in Ost-Berlin ausgerechnet von einem Amerikaner aus Brooklyn getraut werden. Er hält ein großes Buch in den Händen. Darin sind einige lose Zettel, wohl Spickzettel. Gelegentlich fällt mir auf, dass er über meine Schulter guckt. Da gibt ihm der deutsche Pfarrer Handzeichen. Nachher freuen sich alle mit uns, fast alle.

MfS Dokument 23

Berlin, 10.12.1982

V e r e i n b a r u n g

über ein befristetes ruhendes Arbeitsrechtsverhältnis zwischen der Kollegin Christiane

S h r e v e und dem VEB EAW/SE

(Ruhevertrag)

Auf der Grundlage des § 246 AGB wird die Kollegin Christiane Shreve vom 3.12.1982 bis zum 7.7.1983 unbezahlt freigestellt.

Begründung:

Die Kollegin Shreve bittet, ihr Arbeitsrechtsverhältnis für die o.g. Zeit auszusetzen, da sie nach Beendigung ihres Schwangerschaftsurlaubs weiterhin ihr Kind selbst betreuen möchte.

Dem Ruhevertrag für den genannten Zeitraum wird durch den Betrieb SE zugestimmt.

[Unterschrift] Beer

amt. HA-Leiter SE-AA Gew. Vertrauensmann

[Unterschrift] Shreve

56

Als wir erfuhren, dass wir heiraten durften, habe ich, in der Annahme, wir könnten bald ausreisen, meine Arbeit aufgegeben. Mein letzter Arbeitstag war der Tag vor unserem Polterabend gewesen. Das Semester war zu Ende gegangen, und so war es natürlich sinnlos, mich für ein weiteres Semester zu verpflichten. Ich musste doch jederzeit startbereit sein. Um das zu ermöglichen, fing ich an, Kisten zu packen und in die USA zu schicken, zwölf Pakete machte es insgesamt und darin war alles enthalten, was ich entbehren konnte, vor allem Kleidung, aber auch die paar Bücher, die ich in West-Berlin gekauft hatte, zwei Schallplatten und einige Kleinigkeiten. Andere Kleidungsstücke hatte ich längst nach Ost-Berlin geschafft. Alles, was noch übrigblieb, passte in die Hohlräume des Gitarrenkoffers.

Dann kommt alles anders. Die Ausreisegenehmigung lässt auf sich warten. Der, der die Entscheidung zu treffen hat, weiß nicht, wie es sich in einem Schwebezustand lebt. Und doch ändert sich einiges. Als wir Bescheid bekommen haben, dass wir heiraten durften, habe ich einen Antrag auf ein mehrmaliges Visum gestellt. Christiane hatte mir dazu geraten. Ich wollte nicht.

„Wozu? Wir werden Berlin sowieso bald verlassen."

„Na na, das ist noch nicht sicher." Überhaupt trägt Christiane das neue Warten mit einer Ruhe, die mich reizt und noch unruhiger macht.

An dem Tag, an dem ich das Visum in meinen Pass gestempelt bekomme, wird Christiane zu ihrem Betrieb bestellt. Wir nehmen an, es gehe um ihre Ausreise. Also passe ich auf Saskia auf. An diesem Tag muss sie eine Impfung bekommen, und so gehe ich mit ihr zu der Mütterberatungsstelle in der Kiefholzstraße. Im Warteraum sind viele Kinderwagen. Ich nehme Saskia aus ihrem Wagen heraus, ziehe ihr die Mütze und Jacke aus und nehme Platz auf der langen Bank an der Wand. So wie die anderen Muttis auch, nehme ich mein Kind auf den Schoß. Niemand spricht mit mir. Also unterhalte ich mich mit Saskia, auf Englisch, aber leise, damit es nicht so auffällt.

Immer wenn eine Mutter mit ihrem Kind herauskommt, wird es liebevoll angezogen und in den Kinderwagen gelegt. Sehr genau und mit ernster Miene wird es getan. Bloß keinen Fehler machen. Alle anderen beobachten das Geschehen.

Saskia ist bester Laune, erzählt vor sich hin und freut sich über die anderen Babys. Ihre Nachbarin versucht, sie anzufassen. Als wir drankommen und ich sie auf dem Untersuchungstisch ausziehe, ist sie immer noch bestens drauf.

„Du bist ein fröhliches Baby", sagt die Ärztin, eine Frau um die fünfzig, die auf mich einen ruhigen und zufriedenen Eindruck macht, etwas, das man in Berlin selten sieht. „Leider wirst du wahrscheinlich nicht so lachen, wenn du deine Spritze bekommst." Dann zu mir. „Die Spritze tut in der Tat weh. Uns Erwachsenen tun die Spritzen schon weh, und die Babys werden richtig überfallen. Sie ahnen nichts Böses. Halten Sie bitte ihren Arm fest." Ich tut es. Saskia scheint doch was Böses zu ahnen und verstummt

„Da haben wir es. Jetzt darfst du schreien", sagt die Ärztin. Aber Saskia tut es nicht. Nein, sie erzählt wie vorher, und ihre Stimme klingt, als sänge sie. „Du bist mir eine", sagt die Ärztin verblüfft. „Das haben wir noch nie erlebt."

„Offenbar ein zähes Kind", sage ich.

Ich bringe Saskia wieder in das Wartezimmer und beginne sie anzuziehen. Mir fällt auf, dass ich von etwa zwanzig Augen, die der Babys nicht dazu gerechnet, beobachtet werde. Mal sehen, wie der das macht. Ich versuche, Saskia mit sowenig Ernsthaftigkeit wie möglich anzuziehen. Statt sie wie ein Stück wertvolles Meißner Porzellan in den Wagen zu legen, nehme ich sie auf den Arm und schiebe den leeren Wagen zur Tür. Das gefällt Saskia. Als ich mit dem Rücken die Tür aufmache, sehe ich, wie die jungen Mütter mich genau beobachten. „Wiedersehen." Niemand sagt etwas.

Zu Hause schiebe ich Saskias Kinderwagen in die Küche. Da ist es am wärmsten, und sie kann in ihrem Wagen liegenbleiben, bis ich ihr Essen fertig habe. Ich koche ihren Brei und fülle eine Flasche mit handgepresstem Mohrrübensaft. Der Saft hat mich mehr als eine Stunde Arbeit gekostet.

Während der Brei abkühlt, wickele ich Saskia. Sie hat bestimmt Hunger. Als ich den ersten Löffel zu ihrem Mund führe, fängt sie an zu schreien, so laut sie kann.

Ich schaukele sie, aber sie schreit umso mehr. Ich greife zur Flasche und probiere es damit. Sicher wird das Saugen sie beruhigen, aber auch davon will sie nichts wissen. Ich angele ihren Nucki aus dem Kinderwagen. Den nimmt sie in den Mund, nur um ihn auszuspucken. Mit der rechten Hand fange ich ihn auf, bevor er auf den Fußboden fallen kann. Noch mal in den Mund, noch mal raus. Diesmal fliegt er in Richtung Tisch, und ich stoße mit der Hand gegen die Tischkante, dass es knallt. Der Nucki fliegt trotzdem zu Boden. Saskias Gesicht ist knallrot, und sie schreit weiter. Ich schaukele sie auf dem Arm und singe. Sie schreit lauter als ich singen kann. Ich stehe auf und gehe mit ihr in der Küche hin und her. Es hilft nicht. Ich singe auch dazu und wiege sie in den Armen. Nichts. Sie schreit so, dass ich Angst habe, sie kriegt keine Luft, aber nein, um so schreien zu können, muss sie sogar ganz schön Luft holen. Ich lege sie in ihren Wagen und schiebe ihn hin und her. Das scheint sie geradezu zu empören. Ich nehme sie wieder heraus. Ich könnte selber heulen. Wo bleibt Christiane? Nein, du musst selber damit fertig werden. Ich werde damit nicht fertig. Ich bin fertig. Saskia schreit weiter. Ich spüre wie ihr Herz pocht. Jetzt fällt mir die Spritze ein. Das muss es sein. Die erste Schweißperle fällt auf meine Brille. Saskia ist ein kleiner Backofen in meinen Armen. Ich wiege sie. Sie heult. Ich singe zu ihr. Sie brüllt. Ich versuche, ihr noch mal die Saftflasche zu geben. Sie schreit. Sie schreit. Ich drücke sie an mich und laufe hin und her.

Ich weiß nicht, wie lange es dauert, bis sie einschläft. Vom Gefühl her schätze ich die Zeit auf mindestens sechs oder sieben Stunden, aber in der Tat war es vielleicht eine Stunde. Saskia hat sich bis zur Erschöpfung ausgebrüllt. Nun schläft sie und sieht so friedlich aus, als wäre nie was gewesen. Ich bin ebenfalls erschöpft und hoffe innig, dass sie recht lange schlafen wird. Ich lass mich auf einen Stuhl nieder.

Saskia schläft noch, als Christiane nach Hause kommt. Auch ich bin eingeschlafen. Die Küchentür macht einen fürchterlichen Krach, als sie geöffnet wird.

„Mensch, sei leise. Saskia schläft."

„Wie lange schläft sie schon?"

„Weiß ich nicht. Wie spät ist es?" Christiane schaut auf die Uhr. 16 Uhr.

„Ich weiß nicht, vielleicht eine halbe Stunde, vielleicht auch länger."

„Wieso schläft sie im Kinderwagen? Warum hast du sie nicht in ihr Bett gelegt? Wieso stehen ihr Brei und ihre Flasche noch hier? Hast du ihr gar nichts zu essen gegeben? Sie hätte doch um zwei Uhr etwas kriegen müssen."

Ich schiebe Christiane aus der Küche.

„Langsam, langsam. Wenn du wüsstest, was sich hier abgespielt hat, würdest du ruhig sein. Ich bin heilfroh, dass sie endlich schläft."

„Hat sie geweint, als sie ihre Spritze bekam?"

„Nein, sie hat gelacht. Sie hat gesungen."

„Das gibt's nicht."

„Doch, das gibt's. Sie lachte, und sie lachte, als ich sie hier auszog, und sie lachte als ich sie wieder angezogen habe. Dann, als ich ihr etwas zu essen geben wollte, hörte sie auf zu lachen." Daraufhin erzähle ich Christiane die ganze Geschichte, und sie stellt keine Fragen mehr.

Wir setzen uns ins Wohnzimmer und ich frage, was sie im Betrieb erfahren hat.

„Nichts Gutes. Mir wurde gesagt, dass du die Wohnung nicht betreten darfst."

„Wie kommen sie darauf?"

„Ja, das hier ist eine Betriebswohnung, und der Betrieb hat das Hausrecht und dir haben sie ein Hausverbot ausgesprochen."

„Das ist doch absurd. Wir sind verheiratet, endlich."

„Sie haben mich sogar dazu aufgefordert, eine Erklärung zu unterschreiben, dass du die Wohnung nicht mehr betreten wirst."

„Hast du etwa unterschrieben?"

„Nein, ich sagte ihnen, dass ich darüber nachdenken muss, ob ich unterschreibe."

„Was sind das für Menschen, die von einer Frau verlangen, dass sie ihrem Mann den Zutritt zu ihrer Wohnung verweigert?"

„Wohnte nur ich hier, hätten sie wahrscheinlich nichts gesagt. Es geht anscheinend um die Nachbarin. Ihr dürfe man nicht zumuten, dass einer aus dem kapitalistischen Ausland sich in der Wohnung aufhält."

„Was willst du machen?"

„Zunächst versuche ich, gar nichts zu tun. Aber sie haben mich nochmal vorgeladen, um die Sache zu besprechen. Sie werden sicherlich darauf drängen, dass ich die Erklärung unterschreibe."

„Ist dir bewusst, wie verrückt das ist? Am selben Tag, an dem das Innenministerium der DDR mir ein mehrmaliges Visum unter der Adresse dieser Wohnung erteilt, spricht dein Betrieb mir ein Hausverbot aus. Die rechte Hand weiß nicht, was die linke tut."

Wir beschließen, mit der Nachbarin und ihrem „Verlobten" über die Sache zu sprechen. Sie lachen, als wir es Ihnen sagen, und auch, als ich über Fluchtmöglichkeiten spekuliere für den Fall, dass jemand zur Kontrolle kommen sollte. Aber ihr Lachen kommt mir gekünstelt vor.

Es passiert nichts. Christiane wird bedrängt, eine Erklärung zu unterschreiben, aber ohne ausdrücklich „nein" zu sagen, schiebt sie es vor sich her, bis die Frage nicht mehr aktuell ist. Es kommt sogar ganz anders. Mit meinem neuen Visum ziehe ich praktisch nach Ost-Berlin. Nur selten gehe ich für einzelne Tage nach West-Berlin rüber, vor allem, um Dietmar Bücher zu bringen.

Johns Reisepass

MfS Dokument 24

[IM Bericht]

14.12.82

Information zu Christiane Friedrich

Die Christiane Friedrich hat am 9.12.82 in Berlin Schöneweide geheiratet u. dort auch gefeiert. Am 15. Januar findet mit Ehemann in Reetz bei ihren Eltern eine kleine Feier statt. Sie hörte, die o.g. musste in Berlin heiraten. Es würde ihr Tag und Stunde vorgeschrieben. Ch. F. möchte die DDR Staatsbürgerschaft behalten. Zum März 1983 soll die Übersiedlung stattfinden. Ihre persönlichen Gegenstände darf sie mitnehmen. Die Eltern sind nach wie vor gegen die Übersiedlung der Tochter. Am 15. Januar nehmen folgende Paare an der kleinen Feier teil.

- Erwin Schulze Ltr. der MVA Reetz mit Frau
- Franz Köpp Kommissionshändler Reetz

- Werner Kerl Heizer Brauerei Wiesenburg
- Herbert Friedrich Mitarbeiter der Sparkasse Wiesenburg u. wohnhaft in Reetz
- Kurt Moldehn Reetz Ausbau Revierförster
- evtl. Klara Rabinowitsch Reetz Hausfrau

Hubert

57

Dann ist es soweit. Die Absurdität unseres bisherigen Daseins ist längst zur Normalität geworden. Wir brechen nicht in Jubelschreie aus. Nein, auch ich nicht. Ich wusste, dass Christiane es nicht tun würde, aber ich hatte mir so oft in Gedanken ausgemalt, wie ich diesen Augenblick feiern würde. Jetzt ist es soweit, und es ist nun mal so.

Christiane erhält einen sogenannten „Laufzettel“, auf dem steht, wo sie sich überall zu melden, beziehungsweise abzumelden hat: bei der Post, beim Gaswerk, bei ihrer Bank, bei einer Bank, wo sie nicht mal ein Konto hat – sicher ist sicher – und etlichen anderen Stellen. Als erstes muss sie eine Erklärung unterschreiben, in der es heißt, sie verzichtet auf jegliche Erbrechte in der DDR. Sie bekommt auch eine Ausreisefrist. Innerhalb vier Wochen hat sie das Land zu verlassen und zwar mit einem Direktflug in die USA.

Es gibt vieles zu erledigen. Fast alles muss Christiane alleine machen. Ich bleibe bei Saskia. Jeden Tag kehrt Christiane erschöpft nach Hause zurück und erzählt, was sie erledigt hat.

„Mehr nicht?“

„Mach du das mal. Ewig muss man mit der S-Bahn fahren und warten, und dann haben sie gerade keine Sprechstunden oder der, der über den Stempel verfügen darf, hat den Tag frei genommen. Du hast keine Ahnung.“

Sie zieht den Mantel aus und sieht richtig verkrampft aus.

„Soll ich dir eine Tasse Kaffee machen?“

„Ja, das wäre nicht schlecht. Schläft Saskia?"

„Ja, aber sie ist eben erst eingeschlafen."

Christiane kommt nicht schnell zur Ruhe.

Als das Wasser kocht, kippe ich zwei Teelöffel Kaffee in eine Tasse und gieße Wasser hinein. „Türkisch" nennt man das in der DDR. Ich stelle die Tasse auf den Tisch und setze mich.

„Hast du Zweifel an der ganzen Sache?"

„Nein." Sie sagt das in einem Ton, der keinen Zweifel verrät. Sie richtet sich auf. „Am Anfang war ich unsicher, aber ich überlegte mir, man muss sich doch so oder so entscheiden. Ewig in der Schwebe hängen, das geht nicht. Ich meine, hätte ich dich nicht kennengelernt, wäre ich nie auf die Idee gekommen, einen Antrag zu stellen. Aber nach diesem ganzen Theater ... Man merkt, wie sehr man von der Willkür irgendwelcher anonymen Menschen abhängig ist. Man lernt diesen Staat nur dann kennen, wenn man damit in Konflikt kommt." Sie trinkt einen Schluck Kaffee.

„Ich sah einen Spruch von Rosa Luxemburg an der Mauer: 'Die Ketten spürt man nur wenn man sich bewegt'".

„Wann wollen wir zur Botschaft?" fragt sie.

„Willst du mit?"

„Ich denke, ich muss hin, um das Einreisevisum zu beantragen."

„Ja, schon, aber hast du keine Angst mehr, bestraft zu werden?"

„Ach, weißt du, für die bin ich schon abgeschrieben. Mir kann nichts mehr passieren."

„Gut, dann gehen wir morgen."

Sie ist auch bei der Spedition gewesen und hat vier große Holzkisten bestellt. Wir müssen auch einen Flug buchen.

Der Besuch in der Botschaft verläuft wie erwartet. Der Konsul gratuliert uns, und man sieht es ihm an, dass er sich in der Tat freut. Ohne Zögern bekommt

Christiane das Einreisevisum in ihren neuen DDR-Pass gestempelt. Nachher werden wir von der Volkspolizei kontrolliert. Nicht wenig überrascht ist der Genosse Polizist, einen DDR-Reisepass anzuschauen und zwar mit einem Einreisevisum für die USA, immerhin eine Seltenheit. Wegen des Besuchs hat Christiane keine Schwierigkeiten bekommen. Sie hat Recht. Für die DDR ist sie als Mensch abgeschrieben.

Von der Botschaft fahren wir mit dem 57er Bus bis zum Alexanderplatz und laufen zum Interflug-Büro. Eine lange, dürre, stark geschminkte Frau begrüßt uns. Christiane wirkt wieder unsicher.

„Ich möchte einen Flug nach Kansas City buchen."

„Wohin?"

„In die USA", sage ich, „nach Kansas City. Es muss aber ein direkter Flug sein."

„Ja, das ist über Prag möglich. Zurzeit gibt es keine Aeroflot-Flüge in die USA."

Es fällt mir ein: Afghanistan.

„Von Prag aus fliegt aber jede Woche eine Maschine nach New York."

„Dann möchten wir einen Flug über Prag in die USA buchen, für drei Personen, das heißt, für zwei Erwachsene und ein Baby."

Sie schaut uns an, als hätte Christiane etwas Unanständiges gesagt. „Wann möchten Sie reisen?"

„In vier Wochen."

Die junge Frau setzt sich an einen Schreibtisch und tippt mit ihren rotlackierten Fingernägeln an einem Robotron-Computer die Daten ein. Sie schaut den flackernden Bildschirm an und kommt dann zu uns zurück.

„Es tut mir leid, aber die Flüge von Prag nach New York sind schon bis Ende April ausgebucht und es gibt schon eine lange Warteliste."

„Das ist aber viel zu spät. Ich muss eher weg."

„Ja, dann müssen Sie in Westeuropa umsteigen." Wir schauen einander an.

„Machen wir einfach", sage ich. „Wenn es nicht anders geht." Christiane fragt, ob wir den Flug in Mark der DDR bezahlen könnten.

Ich werde nach meiner Nationalität gefragt.

„Nein, das geht nicht."

„Wieso nicht, wo soll meine Frau westliche Währung herhaben?"

„Ich kann es nicht ändern. Alle Flugtickets ins kapitalistische Ausland müssen in einer westlichen Währung bezahlt werden."

„Das glaube ich Ihnen nicht." Sie sieht mich an. „Gut, ich bin Ausländer und rechnete schon damit, aber meine Frau und Tochter sind DDR-Bürger."

„Es tut mir leid, aber dann müssen Sie für Ihre Frau und Tochter bezahlen."

„Das kann nicht stimmen."

„Es stimmt", sagt sie kalt.

„Ich glaube, wir kommen wieder. Das müssen wir uns überlegen." Christiane schiebt mich weg.

Wir stehen ratlos vor der Tür. Da fällt mir etwas ein. „In der Rathauspassage gibt es ein Finnair-Büro. Fragen wir doch da."

„Schaden kann es nicht."

„Selbstverständlich können Sie einen Flug bei uns buchen. Dafür sind wir doch da. Wann wollen Sie fliegen?"

„In vier Wochen."

Die Frau geht an ihren Computer und wendet sich zu uns.

„Zwei Erwachsene und ein Baby."

„Ja."

„Wo in den USA wollen Sie hinfliegen?"

„Kansas City."

Sie tippt weiter.

„Sie können von Amsterdam nach New York mit uns fliegen und dann mit TWA nach Kansas City. Nach Amsterdam müssen Sie einen Flug mit Interflug buchen."

Christiane sieht mich an. Ich ahne, was sie denkt. Welch ein Unterschied.

Ich erzähle ihr unsere Lage und auch das, was wir bei Interflug erfahren hatten, dass Christiane und Saskia in D-Mark bezahlen sollen, ob das stimmt.

„Das sagen sie doch immer bei Interflug. Selbstverständlich können Sie“ – dabei schaut sie Christiane an – „in DDR-Mark bezahlen. Lassen Sie sich nichts einreden. Allerdings nur für den Flug nach Amsterdam.“

Also wird der Flug gebucht. Wir kehren zum Interflug-Büro zurück und buchen einen Flug nach Amsterdam und erzählen der jungen Dame, was wir von Finnair erfahren hatten. Und sieh mal an, auf einmal geht es doch, mit DDR-Mark zu bezahlen.

Am Mittwoch werden die Umzugskisten geliefert, riesige Kisten aus rohem Holz. Das Wohnzimmer ist ohnehin nicht sonderlich groß und mit Schrankwand, Sofa, Kaffeetisch, zwei Sesseln, Fernseher und Kachelofen recht vollgestellt. Die Kisten lassen überhaupt keinen Weg mehr frei. Wir stellen eine Kiste auf die andere, um etwas Platz zu schaffen.

58

„Ich hätte gedacht, du würdest dich noch mehr freuen“, sagt Dietmar.

Ich bin wieder in West-Berlin, um mein Zimmer aufzugeben und einiges andere zu erledigen. Christiane ist zu ihren Eltern gefahren. Die Wohnung in der Marienthaler Straße steht leer.

„Ich gebe zu, dass ich gemischte Gefühle habe. Natürlich bin ich froh, dass wir es bald hinter uns haben. Das ewige Hin und Her, das Leben in zwei Welten hält keiner auf Dauer aus. Und wenn ich, wie ich es heute tat, an der Ecke Birkenstraße/Stromstraße stehe und diesen Strom von Autos sehe und diesen Krach höre, dann bin ich froh, diese Großstadt bald verlassen zu können.“

„Aber?“

„Ja, aber. Aber auf der anderen Seite hat man das Gefühl, wenn man an die Freunde und Bekannten in der DDR denkt, dass man ein sinkendes Schiff verlässt, dass man sie alle irgendwie im Stich lässt."

„Würdest du vielleicht doch lieber in die DDR ziehen?"

„Nein, das nicht. Ich könnte dort nicht leben."

„Dann verstehe ich dich nicht ganz."

„Ich mich auch nicht. Ich hatte ein Gefühl der Euphorie erwartet, aber das will sich nicht einstellen."

„Und wie fühlt sich Christiane?"

„Ich glaube, sie hat Angst."

„Das kann ich doch verstehen. Sie zieht in eine ihr völlig fremde Welt." Dietmar ist sehr ernst.

„Die Tatsache ist, diese Situation lässt keine vernünftige Lösung zu."

„Egal wo ihr hingeht, muss einer von euch ein Opfer bringen. Es hört sich etwas dramatisch an, aber bei euch geht die Teilung der Welt durch eure Familie. Es ist doch so."

„Ja, und die Tatsache ist, dass Christiane sich nicht entschieden hatte, die DDR zu verlassen, weil sie die Verhältnisse dort unerträglich fand – das sieht sie inzwischen anders – sondern nur meinetwegen."

„Aber in irgendeine Richtung musste die Entscheidung fallen."

„Natürlich, aber weißt du, was ich befürchte? Dass die Trennung von ihrer Familie die größte Belastung sein wird. Seitdem sie in Berlin wohnt, fährt sie praktisch alle zwei Wochen nach Hause, und weiß Gott, nicht um sich zu erholen, denn dort arbeitet sie nur."

„Na gut, ich fahre auch gern mal nach Hause und höre gern mal den neusten Dorfklatsch, aber nach zwei, drei Tagen, will ich wieder weg. Dann reicht es mir."

„Ich sehe da Schwierigkeiten. Du weißt, einmal trennten wir uns, weil Christiane sich nicht entschließen konnte auszureisen. Und ich glaube noch heute, dass die mögliche Trennung von ihrer Familie damals die entscheidende Rolle spielte."

„Wie lange kennt ihr euch eigentlich?"

„Seit 1977."

„Das heißt, das Ganze zieht sich seit mehr als fünf Jahren hin. Das ist auch eine Belastung."

Ich spüre auf einmal keine Lust mehr, über die Sache zu reden.

„Also, ich darf meine Sachen hier abstellen, wenn ich mein Zimmer aufgebe?"

„Ja, und schlafen kannst du hier auch, so oft du es nötig hast. Da mache dir keine Gedanken."

59

Um das Zimmer, in dem ich 19 Monate gewohnt habe und das früher – das habe ich von Frau Baum erfahren – ein Zimmer für Dienstmädchen gewesen war, loszuwerden, muss ich die Besitzerin des Hauses anrufen. Ich denke, naiv wie ich bin, ich brauche bloß den Schlüssel irgendwo abzugeben. Ich rufe die Frau an und erklärt ihr, dass ich Berlin verlassen muss. Sie erhebt keine Einwände wegen der Nichteinhaltung der Kündigungsfrist, aber, „Die Wohnung muss ich natürlich ansehen. Weiß Gott, in welchem Zustand Sie sie zurücklassen wollen."

„Wissen Sie in welchem Zustand das Zimmer war, als ich einzog?"

„Sie haben sich schließlich bereit erklärt, die Wohnung so zu übernehmen."

„Glauben Sie mir, Sie können sich den Weg sparen, aber von mir aus."

Wir machen einen Termin für den folgenden Tag aus.

Ich stehe am Fenster, als ein schwarzer BMW vorfährt und in der zweiten Reihe parkt. Daraus steigt eine ältere Frau in einem Pelzmantel. Das muss sie sein, denn sie passt nicht in diese Straße.

Tatsächlich, es klopft, und die Frau tritt samt ihren Klunkern ins Zimmer. Ich muss fast lachen. Wie im Film, denke ich, die Hausbesitzerin im Pelz kommt zum

Slum, um persönlich dafür zu sorgen, dass die Slumbewohner ihr Eigentum nicht verslumen lassen.

Ohne ein Wort zu sagen, schaut sie sich im Zimmer um. Das heißt, sie braucht sich nur im Kreis zu drehen. Was kann sie sagen? Das Zimmer ist schäbig, aber absolut sauber.

„Sie wissen, ich könnte von Ihnen verlangen, dass Sie neu tapezieren. Es ist längst fällig, aber wir werden es diesmal sein lassen."

Was soll ich sagen? Ich sage nichts. „Wissen Sie, Sie können froh sein, eine solche preiswerte Wohnung gefunden zu haben." Ich weiß, dass das Zimmer für die Größe viel zu teuer war.

Sie fragt, wie lange ich schon in Berlin bin und ob ich die Stadt mag, wartet aber nicht auf eine Antwort. Ja, die Stadt sei nicht das, was sie mal war. Da seien „Herr Frahm und Co." zu lange an der Macht gewesen. „So, ich muss gleich weg. Ich habe einen Termin", sagt sie.

Ich muss die Frau aus dem Zimmer schaffen, bevor ich was sage.

„Wo soll ich den Schlüssel lassen?"

„Sie können ihn in einen Umschlag tun und mir schicken. Auf Wiedersehen."

„Auf Wiedersehen." Bloß nicht.

Ich stelle den letzten Eimer in den kleinen Raum, wo das Babybett steht. Einen Eimer Koks und sechs Eimer Briketts habe ich aus dem Keller heraufgeholt. In der letzten Zeit bin ich so selten in Moabit gewesen, dass ich mit dem Ehepaar Baum nur wenig gesprochen habe. Sie wissen, dass wir geheiratet haben, und ohne dass wir viele Worte darüber verloren haben, ist es ihnen sicher klar, dass ich bald weggehen werde. Heute muss ich mich verabschieden.

Wie immer, hat Frau Baum Wasser warm gemacht, damit ich meine Hände waschen kann. Ich trockne sie am Tuch ab.

„Nun muss ich mich von ihnen verabschieden, Frau Baum." Sie nickt.

„Wo ist ihr Mann?"

„In der Stube."

Ich gehe hinein. Er sitzt am Fenster und schaut hinaus, nein, er schaut zum Fenster, das gleiche Fenster, das ich vor zwei Monaten repariert hatte, nachdem er es im besoffenen Zustand kaputtgeschlagen hatte.

„Herr Baum, ich muss jetzt gehen. Passen Sie gut auf sich auf."

Er nickt, ohne mich anzusehen. Er lehnt sein Kinn auf seinen Stock. Ich strecke ihm die Hand entgegen. Er dreht sich um und gibt mir die Hand. Sein Gesicht ist nass. „Verdammt, jetzt habe ich niemanden, der mir mein Bier holt." Dann schaut er wieder zum Fenster. Frau Baum bringt mich zur Tür.

„Auf Wiedersehen, Frau Baum."

Sie sieht mich nicht an, gibt mir aber die Hand. Ich mache die Tür hinter mir zu.

60

Die Stimmung bei Christianes Eltern ist mies. Am nächsten Morgen geht unser Flug in die USA und noch am Abend wollen wir nach Berlin fahren. Ganz unvermittelt sagt Christianes Vater am Mittagstisch: „Wir werden dich nie wiedersehen."

Auf dem Bahnsteig hat er, der sonst nie Emotionen zeigt, Tränen in den Augen. Es ist nicht geplant, dass ihre Eltern nach Berlin mitfahren sollen, aber als wir in den Zug steigen, entscheidet Christianes Mutter, doch mitzufahren.

Christiane stöhnt: „Das wird ja unerträglich."

Saskia bleibt im Kinderwagen auf dem Gang zwischen den beiden Waggons. Christianes Mutter sitzt neben ihr auf dem Klappsitz. Wir haben Glück und finden Sitzplätze, einander gegenüber. Bis Berlin sagen wir, glaube ich, kein Wort, jedenfalls keins von Bedeutung.

Mit nicht mehr Verspätung als sonst kommen wir in Berlin an. „Berlin-Schöneweide. Alle aussteigen. Der Zug endet hier."

Wir steigen aus, tragen den Kinderwagen die Treppe hinunter und dann wieder hinauf zum S-Bahnsteig. Die S-Bahn kommt. Wir steigen ein. Christiane setzt sich. Ich bleibe stehen, Christianes Mutter ebenfalls. Wir fahren die eine Station und steigen aus. Wir tragen den Kinderwagen die Treppe hinunter, und ich denke mir: Jetzt steigst du am Bahnhof Baumschulenweg das letzte Mal aus. Ich empfinde Abscheu gegen diesen Bahnhof, gegen die Fahrkartenautomaten, gegen den Zeitungskiosk mit seinen erbärmlichen Zeitungen. Noch einmal muss ich hier einsteigen, um über die Grenze nach West-Berlin zu fahren und am nächsten Morgen mit dem Flughafenbus zum Flughafen Schönefeld zu fahren.

Als wir in die Wohnung kommen, legen wir Saskia in ihr Bett und decken sie gut zu, denn das Zimmer ist nicht beheizt worden. Das Bett haben wir Pia und Michael geschenkt. Sie sollen es am nächsten Tag abholen. Die beiden Betten, die dem Betrieb gehören, sowie die Kasernenschränke sind noch da, aber das Wohnzimmer ist leer. Daher müssen wir uns in die Küche setzen. Gleich aber kommen die Nachbarn aus ihrem Zimmer.

„Kommt doch zu uns. Wir machen eine Flasche Wein auf."

„Das ist eine gute Idee", meint Christiane, wohl um einen Abend des Schweigens oder der Vorwürfe ihrer Mutter zu entgehen. Ihre Mutter erhebt sich widerwillig. Ich trage einen Küchenstuhl und der Verlobte trägt den anderen.

Ehe wir uns hinsetzen können, klingelt es. Ich mache auf. Pia und Michael stehen vor der Tür.

„Wir dachten, es muss gefeiert werden, das Ereignis." Michael hält eine Flasche Sekt hoch. „Ich habe Nudelsalat mitgebracht und Bouletten."

Christiane kommt aus dem Zimmer der Nachbarn. „Na, das ist eine Überraschung", und sie sah zum ersten Mal an diesem Tag richtig fröhlich aus.

Pia und Michael haben ihre Mäntel noch nicht ausgezogen, als es nochmal klingelt. Es sind Paula und Paul. Auch sie haben zu Essen und Trinken mitgebracht. Christiane strahlt. Ihre Mutter gibt jedem stumm die Hand.

Michael und ich tragen den Tisch aus der Küche in das kleine Zimmer. Teller und Gläser werden verteilt. Wir essen und trinken und sind guter Dinge.

„Was halten Sie von Christianes Ausreise?“ fragt Pia Christianes Mutter

„Ich sage nur: bleibe im Lande und nähre dich redlich.“ Die Stimmung ist dahin und verbessert sich erst, als Schwiegermutter sich zu Saskia zurückzieht.

„Ist deine Mutter immer noch dagegen.“

„Meine Eltern können sich mit der Sache einfach nicht abfinden. Sie sind fest davon überzeugt, dass sie mich nie wiedersehen werden. Es ist beinahe, als würde ich sterben.“

„Mein Gott, das ist heutzutage nicht mehr so tragisch. Die Welt ist doch klein“, meint Paula.

„Das begreifen meine Eltern doch nicht. Nur als mein Vater im Krieg war, hat er ihr Dorf verlassen. Meine Mutter war nie woanders. Sie kennen nichts anderes, und alles, was sie nicht kennen, empfinden sie als bedrohlich.“

„Aber es sind doch so viele Menschen nach Amerika ausgewandert.“

„Und meine Mutter hält diese Menschen für dumm. Sie kann nur mit dem immer gleichen Spruch kommen: ‚Bleibe im Lande und nähre dich redlich.‘“

„Aber hier lebt man nur bequem, solange man die Klappe hält“, sagt Pia.

„Christianes Eltern sind aber der Meinung“, sage ich, „dass man genau das tun soll.“

„Nicht nur sie. Das ist doch ihre ganze Generation.“

„Als unser Antrag abgelehnt wurde, sagte ihr Vater: ‚Ihr macht euch Schwierigkeiten.‘ Dass der Staat uns Schwierigkeiten machte, fiel ihm gar nicht ein. Der strenge Vater Staat hatte nein gesagt, und wir hatten uns zu fügen.“

„Ganz so ist es nicht“, wirft Christiane ein. „Er kann sich durchsetzen, wenn er will. Als ich für die höhere Schule nicht vorgeschlagen wurde, ging er zu der Schule und beschwerte sich, bis ich doch vorgeschlagen wurde. Bloß in diesem Fall wollte er einfach nicht, dass wir heiraten und erst recht nicht, dass ich ausreise.“

„Ich beneide dich. Du wirst was von der Welt sehen. Du kommst hier raus.“

„Wie ist das Gefühl, dass du morgen in Amerika sein wirst?"

„Na ja, ich kann es mir gar nicht vorstellen. Für mich ist es nicht Wirklichkeit. Wir werden sehen."

Es ist an der Zeit, dass ich gehen muss. Ich mache den Abschied so knapp wie möglich und schleiche alleine davon, wie ich hunderte Male spät nachts davongegangen bin. Etwas geht zu Ende. Nie wieder wird es so sein. Ich beeile mich nicht. Ich werde es schon schaffen, vor Mitternacht über die Grenze zu kommen. Ich loche eine Fahrkarte und steige die Treppe hoch. Friedrichstraße ist schon angezeigt.

Auf dem Bahnsteig stehen nur zwei andere Menschen, ein junges Paar, das sich aneinanderklammert, um sich zu wärmen. Ich sehe zwei Scheinwerfer in der Ferne. Ich muss an mein erstes Jahr in Deutschland denken. Es ist schon fünfzehn Jahre her. Ich wohnte damals in einem kleinen Dorf in Hessen und fuhr morgens mit der Eisenbahn zur Schule. Man konnte das Licht des aus Wetzlar kommenden Zuges schon in weiter Ferne sehen. Es dauerte mehrere Minuten, bevor die Dampflokomotive bei uns eintraf.

Ich steige in die S-Bahn ein. In dem Zug ist es etwas wärmer als draußen. Außer mir sitzt nur einer in dem Waggon, ein Soldat im langen Mantel und Wintermütze.

Am Bahnhof Plänterwald steigt keiner aus, keiner zu. Ich sehe die Lichter der Hochhäuser hinter der Mauer im Westen, das letzte Mal. Am Bahnhof Treptower Park steigen vier junge Männer zu. Sie tragen alle ähnliche grüne Kutten und lange Haare. Sie sind schon besoffen, dennoch lassen sie eine Schnapsflasche rumgehen. Laut sind sie auch. Am Ostkreuz steigen sie wieder aus.

Es wird wieder ruhig. Warschauer Straße, Jannowitzbrücke, Alexanderplatz, die ausgestorbene Innenstadt. Der Soldat steigt Marx-Engels-Platz aus. Als wir in den Bahnhof Friedrichstraße einfahren, bin ich alleine im Waggon.

Treppe runter, raus aus dem Bahnhof, vorbei an der Stelle, wo zu anderen Jahreszeiten alte Frauen Blumen verkaufen, rüber zu dem Ausreisepavillon. Kaum Menschen. Das ist schlecht. Ich gebe dem Grenzsoldaten in seinem Kästchen meinen Reisepass. Er schaut das Foto an und zu mir hoch. „Nehmen Sie bitte die Mütze ab.“ Ich tue es. Er gibt mir meinen Pass zurück. Treppe runter zum Zoll.

Ich warte vor der Zollstelle, während die Plastiktüten von zwei Männern aus Sri Lanka durchsucht werden. Drei Zöllner stehen den Zweien gegenüber. Plötzlich falle ich dem einen Uniformierten auf. Ich gebe ihm meine Zollerklärung, obwohl ich vergessen habe, sie auszufüllen. Er wendet sie hin und her.

„Sie haben gar nichts ausgefüllt.“

„Ich führe auch nichts aus.“

„Sie haben trotzdem die Zollerklärung ordnungsgemäß auszufüllen.“

„Warum?“

„Kommen Sie mit.“

Er streckt seine Hand auffordernd aus. Ich kenne den Weg. Als der Zöllner die Tür des kleinen Raumes hinter sich zugemacht hat, sagt er, ich soll die Taschen leeren. Ich tue es.

„Haben Sie noch Mark der DDR?“

„Nein.

„Wen haben Sie heute besucht?“

„Das steht doch auf meiner Einreisekarte“, die er in der Hand hält. Er liest die Karte.

„Ist das eine Verwandte von Ihnen?“

„Ja.“

Er sieht mich an, offensichtlich in der Erwartung, dass ich die Sache näher erläutere.

„So, das ist alles.“ Meine Taschen sind leer. Er fasst sie alle nacheinander an und wendet sich den Gegenständen, die auf dem Tisch liegen, zu. Mein Portemonnaie nimmt er in die Hand. Er zählt das Geld, auch das Kleingeld. Eine DDR-Mark hält er hoch.

„Und was ist das?“

„Eine Mark.“

„Eine Mark der DDR."

„Stimmt."

„Aber Sie haben gesagt, dass Sie kein DDR-Geld mitführen."

„Die eine Mark habe ich vergessen."

„Bei der Zollkontrolle der Deutschen Demokratischen Republik haben Sie genaue Angaben zu machen."

„Mein Gott, eine Mark."

„Eine Mark ist eine Mark. So, Sie können alles wieder einpacken."

Langsam packe ich ein.

„So, das nächste Mal, genaue Angaben." Womit er mir auch meine DDR-Mark wiedergibt.

Als ich herausgehe, treffe ich die zwei Männer aus Sri Lanka und einen anderen Zöllner. Der dritte Zöllner sagt zu meinem Begleiter: „Hol doch die anderen zurück." Gemeint sind drei junge Männer, die auf die Passkontrolle warten und der ähnlichen Kleidung nach zu urteilen, auch aus Sri Lanka kommen. Mein Zöllner begleitet sie zu den Filzräumen. Sein Kollege sagt ihm und zwar so laut, dass alle Wartenden, die das Geschehen sowieso genausten verfolgen, hören können: „Ich bin froh, dass ich mit denen nicht da rein muss." Darauf antwortet mein Zöllner, ebenso laut: „Ja, die stinken ganz schön, aber ich mache das Fenster auf." Dabei haben die Räume keine Fenster.

Bei der Passkontrolle schiebe ich meinen Pass unter das Glas. Ehe der Soldat den Pass ansieht, schaut er zu dem Spiegel, der über meinem Kopf hängt, hoch. „Nehmen Sie bitte die Mütze ab." Ich tue es. Er schiebt den Pass wieder unter das Glas. Es summt. Ich drücke die Tür auf. Das letzte Mal. Als ich mich der Stelle nähere, vor der ich ein paar hundert Mal warten musste, sehe ich den kleinen Grenzsoldaten, der uns Wartenden gegenüber stets so gehässig ist. Er steht neben dem Spiegel, der aus der anderen Richtung sicher ein Fenster ist. Am liebsten hätte ich ihm gesagt, dass ich mit meiner Frau und meiner Tochter morgen die DDR verlasse und mich von ihm nicht mehr schikanieren lassen muss. Aber wozu?

Vor der Tür warten schon einige auf die Einreise nach Mitternacht. Die Gesichter sind mir bekannt. Treppe runter, den S-Bahnsteig lang, vorbei am Intershop, Treppe hoch, vorbei an den Intershops, Gang entlang, Treppe runter. Auf dem U-Bahnsteig, neben dem Zeitungskiosk, stehen drei DDR-Soldaten und geben sich Mühe, ernst dreinzuschauen. Der Soldat in der Mitte, der kleinste und der, wie es aussieht, das Sagen hat, steht breitbeinig da, mit seinen Daumen in seinem Gürtel. Der Zug Richtung Alt Mariendorf fährt in die Station ein. Ich steige ein und lasse die Soldaten hinter mir.

61

Die grünen Ziffern sind das einzige, was ich sehen kann, als der Wecker summt. Ich drücke den Ton aus, ehe Dietmar und Kathy auch wach werden. Wider Erwarten habe ich fest geschlafen, wenn auch nur ein paar Stunden. Ich ziehe mich an und gehe auf die Toilette. Die dicke Decke, unter der ich geschlafen habe, lege ich zusammen. Ich wähle die Taxi-Rufnummer.

Froh, die beiden nicht geweckt zu haben, gehe ich die Treppe hinunter. Christiane hatte sich Sorgen gemacht, dass ich nicht Tage im Voraus das Taxi bestellt hatte. Das habe ich im Westen noch nie gehört, habe ich ihr versichert. Für ihre Fahrt zum Flughafen hatte sie vor zehn Tagen das Taxi bestellt. Als ich unten ankomme, wartet das Taxi schon. Der Taxifahrer springt aus dem Auto und macht den Kofferraum auf. Ich lege den Gitarrenkoffer hinein und steige ein. „Busbahnhof.“

Ich brauche gar nicht erst nach dem richtigen Busbahnsteig zu suchen. Gleich sehe ich den rot-weißen Ikarus-Bus mit dem Ost-Berliner Kennzeichen. Wir sind nur zehn, vielleicht zwölf, die zum Flughafen Schönefeld wollen.

Auf der Stadtautobahn sind kaum Autos unterwegs. Ich bin nervös. Mein Magen schmerzt, wie immer, wenn ich eine Reise antrete. Wenn wir nur endlich über die Grenze wären, denke ich. Nein, ich weiß, erst wenn das Flugzeug startet, werde ich ruhig, werde ich sicher sein können, dass es tatsächlich losgeht, dass niemand kommt und uns mitteilt, wir müssen noch länger warten. Ich glaube, hätte ich noch ein einziges Mal um Mitternacht über die Grenze gehen müssen, ich hätte es ganz einfach nicht mehr geschafft. In den letzten Tagen hatte ich einen Zwiespalt in mir gespürt. Jetzt herrscht Klarheit. Ich schaue die vorbeifließende Stadt gar nicht erst an. Wozu auch? Weg von hier, nur weg von hier, immerfort weg von hier.

Der Flughafen Schönefeld ist ein kleiner Flughafen, passt zu der DDR. Fast gleichzeitig mit dem Bus hält ein Taxi vor dem Eingang. Ich sehe Christiane, ihre Mutter und Saskia. Ich gehe raus, um die Koffer zu tragen. Ob ich gut rübergekommen sei, fragt Christiane. Ihre Mutter gibt mir stumm die Hand.

Wir tragen die Koffer zu dem Check-In und ich gehe meine Gitarre holen. Da stehen einige vor uns, und die Schlange bewegt sich kaum. Wir stehen hilflos da. Niemand weiß so richtig was zu sagen.

Wir sind dran, Flugkarten, Pässe hinlegen, Koffer durchgeben. Alles in Ordnung.

Also verabschieden wir uns. "Passt bloß auf euch auf", sagt Christianes Mutter. Wir gehen durch die Zollkontrolle und winken, bis sie nicht mehr zu sehen ist.

Etwa eine halbe Stunde später hebt die Interflug-Maschine ab, und wir können die Mauer weit unter uns sehen. Unser zweites Kind reist ohne Pass.

Die Geschichte war noch nicht zu Ende

Unsere Geschichte mit der DDR war noch nicht zu Ende. Wir waren zusammen. Unser zweites Kind war geboren. Wir hatten eine Wohnung in Kreuzberg. Doch von den Fenstern unserer Wohnung konnten wir über die Mauer nach Ostberlin schauen. Wir konnten die Menschen dort sehen, wie sie andere Wege gingen als wir. Wir sahen die Autos, die klangen und rochen anders als die in der westlichen Welt.

Wir wohnten am Grenzübergang Oberbaumbrücke. Oft gingen wir mit den Kindern zum Fluss, um die Enten zu füttern. Dort stand ein Denkmal für die Menschen, die von der anderen Seite des Flusses auf diese Seite kommen wollten und dafür sterben mussten. Ein Schild erklärte auf Deutsch und Türkisch, dass die Wasserstraße zum Ostsektor der Stadt gehörte. Dort beobachteten die Kinder nicht nur die Vögel, sondern auch das graue Kanonenboot, das langsam den Fluss entlangfuhr und gelegentlich am anderen Ufer, vor der langen weißen Mauer anlegte. Am westlichen Ende der Brücke stand ein Schild, das warnte, man verlasse den amerikanischen Sektor von Berlin. Auf der östlichen Seite des Schildes war zu lesen, dass man den amerikanischen Sektor betrete und dass es verboten sei, Schusswaffen zu tragen. Neben dem Schild war eine Konstruktion, gebaut aus Holz, leicht gekrümmt und mit Schießscharten, wie in einer alten Burg. Sie sollte eine sichere Zuflucht sein, sollten die Grenzer schießen. Wir standen mit unseren Kindern, eins im Osten, eins im Westen geboren an der Schnittstelle des Kalten Krieges und waren heilfroh, endlich zusammen zu sein.

Lange währte unser Aufenthalt in den USA nicht. Nach nur wenigen Monaten war mir klar, dass Christiane nicht dortbleiben wollte. Also machten wir Pläne nach Deutschland zurückzukehren, und zwar nach West-Berlin. Diese Entscheidung war entweder mutig oder purer Leichtsinn. Wir hatten kein Geld, keine Arbeit und keine Wohnung. Dafür hatten wir ein Kind und Christiane war im sechsten Monat schwanger.

Die ersten Tage in West-Berlin überbrückten wir bei einem Ehepaar, das bei mir Englisch gelernt hatte. Dann ging es ins Notaufnahmelager nach Marienfelde, wo Christiane und Saskia als Übersiedler registriert wurden. Ich durfte dort nicht sein, aber Christiane schmuggelte mich ins Lager, damit ich auf Saskia aufpassen konnte, während sie ihren „Laufzettel" abarbeitete.

Bald darauf zogen wir in das Rote Kreuz Heim am Waterloo Ufer. Hier lebten Menschen, die der Sozialismus an das Ufer des Westens gespült hatte. Dieses Heim diente den Bewohnern als Zwischenstation. Ihre Heimat hatten sie verlassen und waren im Westen noch nicht angekommen. Das waren Deutsche, die einen Ausreiseantrag gestellt hatten oder freigekauft worden waren. Die größte Gruppe bestand zu der Zeit aus Mitgliedern des sogenannten Weißen Kreises aus Jena, die vor kurzem, nach öffentlichem Protest, hatten ausreisen dürfen. Zu den Freigekauften gehörten auch die auffälligen jungen Männer, die sich so kleideten, dass man ihre vielen Tätowierungen bewundern konnte und die stets reichlich zu trinken fanden. Wir lernten auch eine polnische Familie kennen, die auf Grund ihres Engagements für *Solidarność* die Volksrepublik Polen verlassen mussten. Diese Freundschaft hält noch bis heute.

Sobald Menschen das Heim verließen, weil sie eine Wohnung gefunden hatten, kamen neue Bewohner. Es war eine Drehtür zwischen Ost und West, eine Zuflucht für Menschen, die mental noch im Osten, aber physisch bereits im Westen waren.

Wir bewohnten eine winzige Wohnung in diesem Heim. Das war ein Privileg, das wir Christianes Schwangerschaft zu verdanken hatten. Die meisten Bewohner teilten Räume, Toiletten und Bäder sowie Küchen. In diesem Heim lernte unsere Tochter laufen. Ich verbrachte viele Stunden leicht gebückt, damit das Kind ihren Bewegungsdrang stillen konnte. Sie war glücklich in diesem Heim. Da waren andere Kinder, die sie schnell kennenlernte. Bald kannten alle unsere kleine blonde Tochter.

In dieser Zeit lernten wir, wie alle im Heim, die deutsche Bürokratie kennen, die einen zur Verzweiflung treiben konnte, die aber auch den neuen Anfang ermöglichte.

Es war in diesen ersten Wochen, dass ich bei Christiane eine Verwandlung feststellte, eine Verwandlung von einem eher vorsichtigen, zurückhaltenden DDR-Menschen zu einem selbstbewussten Westmenschen. Sie informierte sich über ihre Rechte und über die Hilfen, die sie als Übersiedler in Anspruch nehmen durfte und trat den Bürokraten, anders als viele andere in ihrer Situation, absolut souverän gegenüber. Es dauerte nicht lange, bis sie als eine Art inoffizielle Beratungsstelle im Heim fungierte. Sie wusste, was einem zustand und welche Papiere man vorlegen musste. Ebenso energisch ging sie auf die Suche nach einer Wohnung. Und nur ein paar Wochen vor der Geburt unseres Sohnes bezogen wir eine Wohnung. Wir waren im Westen angekommen.

Unsere Verbindungen in die DDR waren aber noch vielfältig. Christianes Familie lebte noch dort und auch viele Freunde. Wir hatten nicht die Absicht, diese Menschen einfach abzuschreiben. Christiane hatte ihren DDR-Pass behalten und auch unsere Tochter war noch Bürgerin der DDR. Ich reiste meistens mit meinem Westberliner Ausweis, gelegentlich mit meinem amerikanischen Pass. Es hing davon ab, wo wir über die Grenze wollten. Während der fünf Jahre zwischen Christianes Ausreise und dem Fall der Mauer blieb die absurde Welt der Mauer ein Teil unseres Lebens.

Eine meiner ersten Reisen war nach Ostberlin, damit meine Schwiegereltern, beide noch nicht im Rentenalter, ihren neuen Enkel sehen konnten. Christianes DDR-Pass war abgelaufen und musste verlängert werden. Ich schob den Kinderwagen über die Oberbaumbrücke, lief zum S-Bahnhof Warschauer Straße und fuhr zum Baumschulenweg, um sie bei unserer alten Nachbarin Frau Ebert zu treffen. Sie warteten schon, als ich in dem Haus eintraf. Nachdem sie ihren Enkel eine kurze Zeit gehalten hatte, verschwand meine Schwiegermutter plötzlich mit der Erklärung, sie wolle einkaufen. Nicht nur ich ärgerte mich, auch mein Schwiegervater fragte laut, ob das sein müsste.

Sie tauchte mit einer ganzen Tüte voller Babykleidung wieder auf. Auf meine Erklärung hin, dass ich Babykleidung nicht ausführen durfte – es war tatsächlich verboten – reagierte sie ungläubig und bestand darauf, dass ich die Sachen mitnehme. Da kam mir eine Idee. Bei unseren Kindern benutzten wir ausschließlich Baumwollwindeln und seitdem wir von zuhause weggegangen waren, hatte ich Jakob schon zweimal die Windel gewechselt. Die schmutzigen Windeln waren in einer Plastiktüte in meiner Tragetasche. Ich nahm die stinkenden Windeln aus der Tüte, legte die neugekauften Babysachen darunter und dann obendrauf die schmutzigen Windeln

Zurück nach West-Berlin ging es wieder über die Oberbaumbrücke. Als ich zu der Zollkontrolle kam, verlangte der Zöllner, dass ich meine Tragetasche leere. Ich nahm alles heraus, auch die Plastiktüte mit den gebrauchten Windeln. Der Zöllner verlangte, dass ich die Tüte leere. Ich sagte entschieden, wenn er das wolle, müsse er es selber tun. Tatsächlich öffnete er die Tüte, als ihn aber der Mief der Windeln traf, machte er sie gleich wieder zu. Ich durfte gehen und wir hatten die Babysachen von Oma mit.

Als wir das erste Mal bei Christianes Eltern übernachteten, musste Christiane sich bei der Polizei in Belzig melden, genau wie ich es immer getan hatte. Wir waren aber nicht gleich zur Polizei gefahren, sondern warteten bis zum nächsten Tag. Als wir auf der Dienststelle unter der Burg waren, wurde Christiane mit Argwohn behandelt. Die Herren wussten ganz genau, wer wir waren. Mich hatten sie oft genug gesehen, aber Christiane war zum ersten Mal persönlich erschienen. Sie übergab dem Polizisten hinter der Theke ihren Reisepass. Er war sichtlich überrascht. Mit Sicherheit war es das erste Mal, dass er den DDR-Pass einer im kapitalistischen Ausland lebenden jungen DDR-Bürgerin in der Hand gehalten hatte. Er schaute den Einreisestempel an und fragte in barschem Ton, warum sie sich nicht gestern gemeldet hätte. Sie entgegnete, sie mache das doch jetzt. Ich fragte, wieso eine DDR-Bürgerin sich überhaupt anmelden müsse. Ich dachte, das sei nur für Ausländer. Da sagte der Polizist: „Wir müssen wissen, wer sich hier rumtreibt." Auf meinen Protest, dass seine Wortwahl wohl daneben war, erntete ich nur einen bösen Blick. Diese Anmelderei wurde dann auch für Christiane zu einem festen Bestandteil ihrer Besuche in der DDR.

Unser Sohn wurde in Ostberlin getauft, in der Kirche zum Vaterhaus. Pfarrer Meinel, der uns hatte trauen sollen, aber die Stimme verloren hatte, sollte die Taufe vornehmen. Meine Eltern waren aus Amerika für das Ereignis gekommen. Da wir kein Auto hatten, fuhren wir mit der U-Bahn zum Grenzübergang im Bahnhof Friedrichstraße. Mit den Kindern benutzte Christiane den Durchgang für „Bürger der DDR". Mit meinen Eltern und einer großen Tasche mit Babysachen und

Windeln benutzten wir den Durchgang „andere Staaten". Ich erklärte ihnen, was jetzt passieren würde. Sie wurden zusammen in die Schleuse gelassen. Die Stahltür ging zu und ich musste warten, aber nicht übermäßig lange. Als ich in der Schleuse war und dem Soldaten hinter dem Glas meinen Pass gab, ahnte ich schon Böses. Kaum hatte er das Dokument aufgeklappt und meinen Namen gelesen, ging die Tür hinter mir, durch die ich gerade gekommen war, auf. Ich sollte auf dem mir noch vertrauten roten Sofa Platz nehmen. Das Spiel kannte ich. Also setzte ich mich auf das rote Sofa und wartete. Die Zeit verging. Schließlich kam ein Soldat mit meinem Pass. Ihm war ich schon ein paarmal begegnet. Er stand vor mir. Ich blieb sitzen, als würde ich ihn empfangen. Er schaute mich an. „Sie schon wieder." Er fragte nach dem Zweck meines Besuches „in der Hauptstadt" und ich erklärte ihm, dass mein Sohn heute getauft würde. Wieso „in der Hauptstadt" wollte er wissen. Ich sagte, wir wollten ihn in der Kirche taufen lassen, in der wir geheiratet hatten. Er schaute mich skeptisch an, kannte also meine Geschichte nicht näher. Wo mein Sohn sei und wo meine Frau? Ich erklärte, sie seien schon durch. Meine Frau sei DDR-Bürgerin und benutze einen anderen Durchgang. Nun wollte er sich von mir bestätigen lassen, was er gerade gehört hatte. Meine Frau ist DDR-Bürgerin, aber sie lebt mit mir in „Berlin (West)"? Ich nickte. Er gab mir meinen Pass und ich durfte gehen.

Bei der Zollkontrolle musste ich meine Tasche auspacken. Als der Zöllner den ganzen Babykram sah, fragte er, für wen das sei. Ich antwortete, für meinen Sohn. Wo mein Sohn sei? Ich sagte: „Er ist schon durch." Er schaute mich verdutzt an. „Wie das?" Ich erklärte, er sei mit seiner Mutter eingereist, sie sei DDR-Bürgerin und es ginge bei ihr viel schneller. Der Mann war offensichtlich völlig überfordert. Mit einer Handbewegung machte er klar, ich könne meine Sachen einpacken und gehen.

Als ich durch die letzte Tür in die Bahnhofshalle kam, warteten die anderen bereits. Meine Eltern sahen kreideweiß aus. Sie hatten Angst gehabt, die Kommunisten hätten mich verhaftet. Als wir in der Kirche „Zum Vaterhaus" eintrafen hatte der Gottesdienst schon begonnen. Die Taufe war wieder ein kleiner Sieg gegen den „real existierenden Sozialismus".

Nachdem wir ein Auto gekauft hatten, hatten wir mehrere Grenzübergänge zur Auswahl. Es hing davon ab, mit welchen Ausweisen mein Sohn und ich einreisten und das hing davon ab, wo wir hinwollten, ob ich ein gültiges Visum hatte und einiges mehr. Christiane und Saskia reisten immer mit Christianes DDR-Pass, der in regelmäßigen Abständen problemlos vom Außenministerium der DDR verlängert wurde. Jakob und ich hatten unsere amerikanischen Pässe und unsere Westberliner Ausweise. Bei einer geplanten Reise, die ich mit Westberliner Ausweis antreten wollte, stellten wir zu spät fest, dass Jakobs Visum in seinem Westberliner Ausweis abgelaufen war. Also musste er mit seinem amerikanischen Reisepass in die DDR einreisen. Ich hatte aber kein gültiges Visum in meinem amerikanischen Pass. Das Problem war, es gab keinen Grenzübergang, wo wir alle einreisen durften. Über Checkpoint Charlie durfte ich als Westberliner nicht einreisen. Wir entschieden uns für den Grenzübergang Invalidenstraße, wo Jakob als Amerikaner theoretisch nicht einreisen durfte. Aber ein Kleinkind konnte ohne die Eltern nicht einreisen. Das müssten die Grenztruppen doch einsehen.

Wir fuhren los. Es war das erste Mal, dass wir diesen Grenzübergang benutzten. Ich fuhr vor und der Soldat nahm unsere Ausweise an sich, sagte aber gleich, dass Jakob als Amerikaner hier nicht einreisen durfte. Wir fragten ihn, wie ein Kleinkind allein einreisen sollte. Er ging mit den Pässen davon. Mit großen Augen sahen die Kinder die fremde Welt an. Der Grenzsoldat kam mit unseren Ausweisen wieder. In dem Moment liefen zwei bewaffnete Soldaten an unserem Auto vorbei, wohl die Wachablösung für den Turm am Grenzübergang. In dem Moment, als der Soldat sich in mein Fenster lehnte, hörten wir Jakob sagen: „Dann schießen sie die Leute tot!" Für unsere Ohren als seine Eltern waren die Worte klar und deutlich. Entweder verstand der Soldat unseren Sohn nicht oder er überhörte seine Worte. Wir bekamen unsere Pässe wieder mit dem Hinweis in Bezug auf Jakobs Reisepass. „Aber nie wieder."

Ein ähnlicher Vorfall ereignete sich am Grenzübergang Friedrichstraße/Zimmerstrasse (Checkpoint Charlie). Als der Grenzsoldat sich zu meinem Fenster herunterlehnte, schrie Saskia aus voller Überzeugung: „Doofe DDR." Auch hier passierte nichts.

Wir waren an diesem Tag nach Dresden gefahren, um dort Freunde zu besuchen. Zwei Tage später kehrten wir nach Berlin zurück und mussten natürlich über Friedrichstraße wieder ausreisen. Es war Winter und unser Renault R4 heizte nicht besonders gut. Als wir an die Grenze kamen, war es schon spät, etwa halb elf, und es war kalt. Als wir anhielten, befahl der Grenzsoldat: „Alle aussteigen!" Christiane und ich stiegen aus. Er schaute auf den Rücksitz, wo unsere Kinder eingehüllt in Decken fest schliefen. „Die Kinder auch!" Ich sagte ihm ruhig, dass ich die Kinder nicht aus dem Auto nehmen würde. Es sei kalt und sie schliefen. Er zeigte mit einem Finger auf den Rücksitz und sagte deutlich lauter: „Die Kinder müssen aussteigen!" Ich wiederholte, was ich eben gesagt hatte. Christiane stand auf der anderen Seite des Autos. Als ich sie anschaute, schüttelte sie nur den Kopf und machte eine Bewegung, als wollte sie die Autotür aufmachen. Ich sagte ihr, dass sie das lassen sollte. Der Soldat wurde ungehalten. Ich sei bei der Grenzkontrolle der Deutschen Demokratischen Republik und habe seine Befehle zu befolgen. Ich erklärte ihm, er könne unter dem Sitz hinten kontrollieren, aber die Kinder bleiben drin. „Kommen Sie mit zum diensthabenden Offizier." Ich schaute Christiane an, die den Kopf schüttelte, und folgte dem jungen Mann. Der Offizier wiederholte, ich sei bei der Grenzkontrolle der Deutschen Demokratischen Republik und habe den Befehlen der zuständigen Soldaten zu folgen. Ich wiederholte, die Kinder werden im Auto bleiben. Es sei kalt und ich wolle nicht, dass sie krank werden. Der Offizier schaute mich einen Moment an und sagte dann, „Aber nie wieder." Wir durften gehen.

Unsere Freunde aus dem Roten Kreuz Heim, Colin und Marion, die von einer Reise nach Nordirland nicht in die DDR zurückgekehrt waren, baten mich, ihre Großmutter über die Grenze nach West-Berlin zu begleiten. Sie war schon an die

80 und konnte nicht mehr gut laufen. Die Großmutter lebte in der Stadt Brandenburg. Es war aber abgemacht, dass ich sie in der Wohnung ihres Bruders in der Straße der Pariser Kommune abholen sollte. Das klappte. Omi, wie auch ich sie nannte – ich lernte nie ihren Namen kennen – war eine sehr angenehme alte Dame und wir verstanden uns gut, trotz der Tatsache, dass sie extrem schwerhörig war.

Später baten sie mich nochmal sie abzuholen, aber ehe ich „ja" sagen konnte, erklärten sie, dass Omi es nicht mehr nach Ostberlin schafft. Ihr Sohn, Marions Vater, der ein hohes Tier in der SED in Brandenburg war, würde sie zu einem Parkplatz in Drewitz bringen und ich könne sie dort abholen und mit ihr nach Westberlin fahren. Sie sagte mir auch, ihr Gehör hätte sich so verschlechtert, dass sie im Grunde gar nicht mehr hören könne.

Am entsprechenden Nachmittag rief Marion mich an, ob ich ein paar Sachen für ihre Familie mitnehmen könnte. Ich stimmte auch dem zu. Sie kamen mit einer großen blauen Tüte voller Sachen vorbei. Ich bat sie aber, die Zollerklärung auszufüllen. Das taten sie und füllten auch die Einreisekarte aus. Sie wollten so lange bei uns warten, bis ich wiederkam.

Immer, wenn wir über Dreilinden in die DDR einreisten, bedeutete das lange Wartezeiten. Es gab immer lange Autoschlangen, denn auch alle Transitreisenden überquerten hier die Grenze. Viele stiegen aus und schoben das Auto weiter. Wenn die Ausweise abgenommen wurden, wurden sie durch ein langes Rohr zum Kontrollhäuschen geschickt. Erreichte man mit dem Auto das Häuschen, waren die Pässe fertig und man fuhr weiter zur Zollkontrolle. Das bedeute wieder lange zu warten. Es wäre unmöglich gewesen, alle zu kontrollieren. Daher waren die Kontrollen oft nur kurz. Wenn man Glück hatte, wurde man auf Grund der Vielzahl der Autos einfach durchgewunken.

Die vielen Einreisen über Dreilinden geschahen grundsätzlich vormittags. Als ich Omi abholen wollte, war es später Nachmittag. Der Grenzübergang Dreilinden war verwaist. Bei der Passkontrolle war ich der Einzige, was gut war. Bei der

Zollkontrolle war ich auch der Einzige, was schlecht war. Die Zöllner hatten alle Zeit der Welt mich zu kontrollieren.

Ich schob das Fenster des R4 nach vorne und gab dem Zöllner meinen Pass, die Einreisekarte und die Zollerklärung, die unsere Freunde ausgefüllt hatten. Er schaute die Papiere in Ruhe an. „Steigen Sie bitte aus." Er ging hinter das Auto. „Machen Sie den Kofferraum auf!" Ich tat es. Darin lag die große blaue Plastiktüte mit den Geschenken für die Verwandten. „Bringen Sie die Tüte mit!" und er steuerte Richtung Häuschen. Plötzlich drehte er sich um. „Und bringen Sie den Kindersitz mit!" Gemeint war der Kindersitz für unseren Sohn auf dem Rücksitz. Ich stellte die Tüte ab, machte die Tür auf und schnallte den Sitz ab. Alles wurde auf den Tisch im Häuschen gepackt. „Und nun packen Sie aus!" Der Zöllner hielt die Zollerklärung in seiner Hand. Ich packte aus und legte alles einzeln auf den Tisch. Er fasste die verschiedenen Sachen an und verglich alles mit der Zollerklärung. Da ich gar nicht gefragt hatte, was in der Tüte war, war die Überraschung groß, als Jeans, Zeitschriften, Make-Up, verschiedene Lebensmittel und vieles mehr zu sehen war. Der Zöllner schaute mich an und nickte mit dem Kopf. Er zeigte auf verschiedene Gegenstände und sagte zufrieden. „Das alles steht nicht auf der Zollerklärung." Er schwieg, als erwartete er eine Reaktion von mir, aber ich sagte nichts. „Und, wieso nicht?" Ich erklärte ihm, dass ich die Zollerklärung nicht ausgefüllt hätte, sondern dass es die Freunde, für deren Verwandte das alles war, getan hätten.

Er legte den Zettel auf den Tisch und wandte sich dem Kindersitz zu. Der Sitz wurde in ein Röntgengerät gestellt. Er machte die Tür zu und ich sah, wie der Kindersitz sich drehte, damit er von allen Seiten gesehen werden konnte. Da war natürlich nichts zu sehen. Er nahm ihn wieder heraus.

Er stellte ihn wieder an den Tisch und sah die Einreisekarte an. Er fragte, für wen die Sachen seien. Ich sagte, ich hole eine ältere Dame ab, die Großmutter von Freunden in West-Berlin, und die Geschenke sind für ihre Familie, die ich nicht kenne. Er fragte nach dem Namen der Familie. Ich gab zu, dass ich es nicht wusste.

Aber ich wüsste sicher, wie die Dame, die ich abhole, heißt. „Omi.“ Er fragte wieder, wie sie heißt. Ich erklärte ihm, dass ich sie nur als „Omi“ kannte. Mehr konnte ich nicht sagen. „Wenn Sie die Dame abholen wollen, dann wissen Sie aber wo sie wohnt. Sagen Sie mir die Adresse.“ Wieder musste ich passen. Ich hätte die Wahrheit sagen sollen, aber ich erfand eine Geschichte. Ich wüsste genau wie ich dahin komme, mir aber die Straßennamen und Hausnummer nie gemerkt hätte. Und warum, wollte er wissen, konnten ihre Verwandten in Westberlin ihre Großmutter nicht abholen. Ich sage, sie seien aus der DDR abgehauen und dürfen nicht einreisen. Warum waren sie abgehauen, wollte er wissen. Ich sagte, vermutlich, weil sie lieber im Westen leben wollte. Da stellte er keine weiteren Fragen.

Der Zöllner schaute lange die Sachen auf dem Tisch an, sagte dann, ich müsse dafür 55 Mark Zollgebühr zahlen. Ich könne das gleich machen, raus aus der Tür und links um die Ecke sei die Kasse. Ehe ich ging, fragte ich, wie er nur beim Hinschauen auf genau 55 Mark komme. „Wenn ich alles genau ausrechne, wird es teurer.“ Ich zahlte. Dann durfte ich alles einpacken.

Der Zöllner ging mit mir zum Auto zurück. Die Tüte und den Kindersitz durfte ich aber noch nicht in das Auto tun. Inzwischen war es dunkel geworden und alles war in das kalte Licht der DDR-Lampen getaucht. Er sagte, ich sollte die Türen, die Haube und die Klappe hinten aufmachen. Zuerst schaute er sich den Motorraum an und zwar gründlich. Ich musste die Kappe vom Luftfilter abmachen und er sah sich den Filter an. Er suchte von oben mit einer Taschenlampe und von unten mit einem beleuchteten Spiegel auf Rädern alles ab. Er suchte im Auto, griff unter das Armaturenbrett. Da fiel mir ein, dass ich dort 250 DDR-Mark versteckt hatte. Bei jedem von unseren häufigen Besuchen wurde ich gezwungen, täglich 25 Mark umzutauschen, und nur selten hatten wir die Gelegenheit, etwas zu kaufen. Also hatten wir das, was sich ansammelte immer dabei, wie ein DDR-Mensch, immer bereit, Geld auszugeben, aber mit zu wenigen Möglichkeiten. Ich überlegte schnell, falls er das Geld fand, mich offensiv darüber zu beschweren, dass man gezwungen wurde, Geld zu tauschen und das zu einem völlig unrealistischen Kurs. Er fand das Geld nicht. Er schaute unter die Sitze und drückte mit beiden Fäusten darauf, dann dasselbe mit dem Rücksitz. Er fand natürlich nichts, weil nichts zu finden war. Schließlich schaute er hinten rein. Er befahl mir die Verkleidung rauszunehmen. Ich schaute sie mir an – zum ersten Mal – und erklärte ihm, dass ich das nicht konnte. Sie war festgeschraubt und ich hatte keinen Schraubenzieher bei mir. Ohne ein Wort zu sagen, ging er zu einem Häuschen und verschwand darin. Nach einigen Minuten kam er mit einem Schraubenzieher zurück. Geht nicht, sagte ich gleich. Es sind Kreuzschrauben, und er hatte einen normalen Schraubenzieher gebracht. Wieder verschwand er im Häuschen und es dauerte recht lange, ehe er wiederauftauchte, mit einem Kreuzschraubenzieher. Ich nahm ihn und versuchte die Schrauben zu lockern, aber die Spitze des Schraubenziehers war so abgenutzt, dass sie nicht griff. Ich zeigte ihm das und hoffte, er gibt auf. Er nahm den Schraubenzieher und lief wieder zu dem Häuschen. Diesmal dauerte es noch länger, bis er wiederkam und tatsächlich hatte er einen tauglichen Kreuzschraubenzieher dabei. Ich machte die Seitenklappen ab. Er schaute sich alles genau an. Da war nichts zu sehen. Da gab er auf und schien frustriert, nichts gefunden zu haben. Mit einer Handbewegung und ein paar gemurmelten Worten gab er mir zu verstehen, dass ich alles wieder einpacken konnte. Bis ich die Seitenklappen festgeschraubt, die Haube wieder zugemacht hatte, den Kindersitz wieder festgemacht und die große Tüte eingeladen und alle Türen zugemacht hatte, waren wieder zehn Minuten vergangen.

Ich setzte mich ins Auto. Er lehnte sich ans Fenster mit meinen Papieren in der Hand. „Sie können fahren. Sie brauchen mindesten eine Stunde nach Brandenburg, eine Stunde zurück. Wenn Sie schneller hier sind, dann weiß ich, dass ihre Geschichte gelogen ist und es wird Konsequenzen geben.“ Er gab mir meine Papiere und salutierte.

Ich konnte endlich fahren. Mehr als eine Stunde hatte die Zollkontrolle gedauert. Ich bog bei Drewitz ab und fand den Parkplatz. In der Dunkelheit stand ein einziges Auto. Ich fuhr heran und sah Omi auf dem Beifahrersitz. Ihr Sohn stieg aus und ich ging ihm entgegen. Er stellte fest, dass ich mich sehr verspätet hatte und ich erklärte ihm, was an der Grenze passiert war samt der Warnung des Zöllners. Er war mit mir einer Meinung, dass ich nicht direkt zum Grenzübergang fahren konnte. Ich wäre weniger als eine halbe Stunde weggewesen. Er schlug vor, zur Raststätte Michendorf zu fahren und uns dort eine Weile hinzusetzen, um die Zeit totzuschlagen.

Ich folgte ihm zur Raststätte. Als wir ausstiegen, war Omi durcheinander. Sie fragte laut, was wir hier zu suchen hätten. Wir wollten doch nach Westberlin. Ihr Sohn nahm sie beim Arm und führte sie zu der Gaststätte. Er bestellte für sich und für Omi eine Tasse Kaffee und für mich einen Tee. Da saßen wir, ich, der Amerikaner, der SED-Funktionär, dessen Tochter abgehauen war und Omi, die in der Tat inzwischen fast völlig taub war. Wie alle Menschen, die nicht gut hören können, sprach sie sehr laut. Sie fragte, warum wir hier säßen und warum wir nicht nach West-Berlin führen. Das dauere ihr alles zu lange. Ihr Sohn, der so gut wie ich wusste, dass die Gaststätte voller Spitzel war, versuchte, ihr die Situation zu erklären, aber er wollte nicht zu laut reden. Omi verstand nichts und fragte nochmals laut, wann wir endlich nach West-Berlin fahren würden. Sie sagte das laut genug, dass es jeder hören konnte, und die Menschen drehten die Köpfe schon zu uns um. Ich versuchte ihr zu erklären, dass wir bald fahren würden, dass wir uns aber erst hier ein bisschen aufhalten wollten. Sie verstand nichts. Dann herrschte ein paar Minuten Ruhe. Ihr Sohn und ich hatten einander nicht viel zu sagen. Er lehnte sich zu mir und sagte, es hören hier welche mit. Ich nickte. Omi wurde immer unruhiger und sie wurde lauter.

Ich sagte dem Sohn, ich sollte vielleicht doch schon fahren. Ich würde mir etwas einfallen lassen. Er war ganz offensichtlich erleichtert. Ich brachte Omi zu meinem Auto, gab ihrem Sohn die große Tüte und wir verabschiedeten uns.

Als wir wieder am Grenzübergang waren, war knapp eine Stunde vergangen. Ich klammerte mich an die Hoffnung auf einen anderen Zöllner zu treffen. Die

Passkontrolle ging schnell und ich fuhr zur Zollkontrolle. Da stand er, der Mann, der mich bei der Einreise abgefertigt hatte. Ich schob das Fenster auf und gab ihm unsere Papiere. Er nahm sie und schaute demonstrativ auf seine Uhr. Er lehnte sich ans Fenster und sah Omi an. „Junge Frau, wie heißen Sie?“ Omi lächelte ihn an. „Kennen Sie diesen Herrn?“ Omi lächelte. „Hat er Sie zu Hause abgeholt?“ Omi lächelte weiter. Der Zöllner schaute mich fragend an. „Sie ist taub“, sagte ich. Er sah Omi an. Sie lächelte. Er gab mir unsere Papiere und winkte uns durch.

Als wir bei unseren Freunden eintrafen, war die Erleichterung groß.

Später fanden wir einen Vermerk zu dieser Episode in unserer Akte der Staatssicherheit. Es gab nichts, das nicht registriert wurde.

Die Grenze blieb also auch nach Christianes Ausreise ein fester Bestandteil unseres Lebens. Ich kannte das Prozedere, die Art, wie man behandelt wurde, die Atmosphäre. Christiane musste alles erst kennenlernen. Langsam begriff sie, was ich in all den Jahren durchgemacht hatte. DDR-Menschen, die bis zum Fall der Mauer nicht ausreisen durften, kannten diesen Aspekt des „real existierenden Sozialismus“ gar nicht.

Das Verhältnis zu unserer Familie und unseren Freunden in der DDR war daher zwangsläufig ein gespaltenes. Wir wussten wie sie lebten, kannten ihre Umwelt. Von unserem Leben wussten sie im Grunde nichts. Die Unterhaltungen bei Besuchen drehten sich fast ausschließlich um ihr Leben. Wir lebten in verschiedenen Welten. Fast naturgemäß wuchs von Anfang an die Distanz zwischen uns. Die Mauer spaltete auch uns.

“OPK ‘Missouri‘“

Erst nach dem Untergang der DDR lernten wir die andere Seite unserer Geschichte kennen, die Geschichte, die die Staatssicherheit geschrieben hatte.

Eine junge Frau führte uns in einen Raum, in dem ein Halbdutzend Menschen lesend an Tischen saß. Vor ihnen lagen Berge von Akten. Wir wurden registriert und erhielten ein Abkürzungsverzeichnis, ohne das die Akten nicht zu entziffern gewesen wären. Der Umfang der Akten, die uns ausgehändigt wurden, betrug lediglich vierzehn Seiten, fast nichts im Vergleich zu den anderen in dem Raum. Wir waren im Lesesaal der „Gauck-Behörde“, der Behörde des Bundesbeauftragten für die Unterlagen des Staatssicherheitsdienstes der ehemaligen Deutschen Demokratischen Republik.

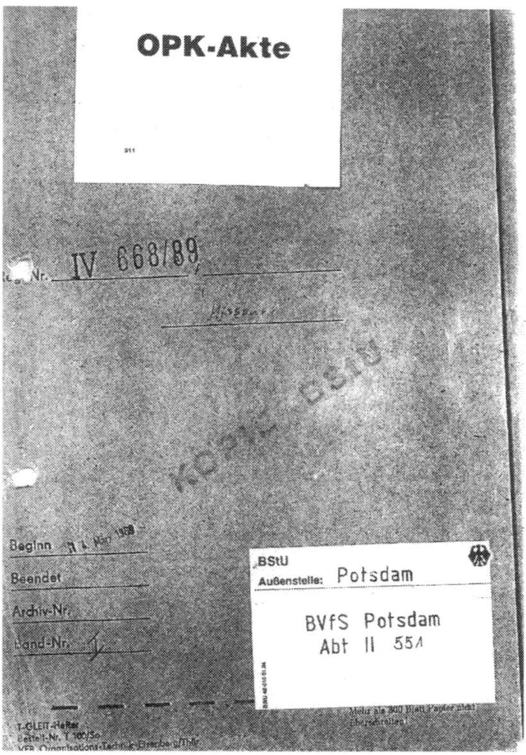

Die Akten füllen viele Kilometer Regale. Im Auftrag der SED hatte die Staatssicherheit nicht nur Menschen beobachtet, die für den Staat als gefährlich betrachtet wurden. Heute weiß man, es wurden Menschen manipuliert, Karrieren wurden ruiniert. Falsche Freunde wurden auf Menschen angesetzt, falsche Gerüchte in die Welt gesetzt, die den Ruf eines Menschen zerstörten, psychologische Kampagnen gegen Menschen geführt. Als die geheimen Akten allmählich ans Licht kamen, entdeckten die Opfer, dass Freunde, Nachbarn, Kollegen und in extremen Fällen sogar Ehepartner sie ausspioniert hatten, oft über viele Jahre hinweg. Manche Menschen sahen sich veranlasst, ihre eigenen Biographien neu zu schreiben. Tatsachen wurden als Täuschungen enttarnt, Sicherheiten verschwanden. Viele hatten nicht das Leben gelebt, welches sie meinten, gelebt zu haben. Die Staatssicherheit war für die SED-Diktatur aber lebensnotwendig, weil sie offensichtlich der Überzeugung war, dass ihrem Volk nicht zu trauen war.

Sobald wie möglich hatten Christiane und ich einen Antrag auf Akteneinsicht gestellt. Wir waren nicht sicher, gingen aber davon aus, dass eine Akte über uns existieren müsste.

Mehr als zwei Jahre lang hörten wir nichts. Das hat uns nicht so sehr gestört, denn wir erwarteten keine besonderen Überraschungen in unserer Akte. Schließlich hatten wir uns nicht politisch gegen die DDR engagiert, Christiane hatte das Land aus rein persönlichen Gründen verlassen und sowohl sie, als auch unsere Tochter, hatten, damit sie leichter einreisen konnten, die DDR-Staatsbürgerschaft behalten.

Dann kam eines Tages doch ein Anruf. Ja, es gab eine Akte über uns. Eine Karteikarte bewies, dass wir seit Oktober 1977, dem Monat in dem wir uns kennergelernt hatten, observiert worden waren. Die Akte konnte nicht gefunden werden, aber sie war nie abgeschlossen worden. Das heißt, die Staatssicherheit hatte uns bis zum Ende im Visier gehabt. Vielleicht existierte die Akte gar nicht mehr, wurde uns gesagt, denn die letzte Aufgabe der Stasi war es, bestimmte Kategorien von Akten zu vernichten, darunter die über DDR-Deutsche, die Ausländer geheiratet hatten und ausreisten. Danach hatten wir die Angelegenheit fast vergessen, obwohl es uns schockiert hatte, dass wir zwölf Jahre observiert worden waren.

Nachdem wir jede Hoffnung begraben hatten zu erfahren, was uns die SED angetan hatte, kam noch ein Anruf. Vierzehn Seiten unserer Akte waren aufgetaucht, alle aus dem Jahre 1989. Es war nicht viel, aber die konnten wir uns anschauen, wenn wir wollten.

Obwohl es bis 1989 in der anderen Hälfte der Welt gelegen hatte, war das ehemalige Stasi-Hauptquartier, jetzt, wo die Mauer weg war, bloß ein paar Minuten von unserer Wohnung entfernt. Als wir im Gebäudekomplex eintrafen, mussten wir uns ausweisen. Ein Passierschein wurden uns angeheftet und der Sicherheitsbeamte rief die Frau an, mit der wir verabredet waren.

Die junge Frau, die uns unsere Akte aushändigte, hatte schon vorsorglich eine Kopie gemacht, damit wir sie gleichzeitig lesen konnten. Ich hielt die originale Akte in meiner Hand und fühlte mich in eine andere Zeit und an einen anderen Ort zurückversetzt. Wie schnell man vergisst, wie es war, besonders wenn die vergangene Zeit unangenehm und gleichzeitig so absurd war. Sogar die schlechte Qualität des Papiers erinnerte mich an die Welt, die einst hinter der Mauer existiert hatte.

Die 14 Seiten waren ein Wirrwarr von Abkürzungen, Tarnnamen und schlechtem Deutsch. Wir verbrachten mehr Zeit damit, in dem 51-seitigen Abkürzungsverzeichnis zu blättern als beim Lesen. Dabei erwarteten wir nichts von Bedeutung, aber je weiter wir lasen, desto beunruhigender wurde die Lektüre. Plötzlich fiel ein anderes Licht auf Ereignisse aus der Vergangenheit. Was damals unbedeutend erschienen war, erhielt plötzlich Gewicht. Sachen, über die wir Witze gemacht hatten, waren nicht zum Lachen gewesen. Als wir mit unserer Akte fertig waren, war uns klar, in welcher Gefahr wir uns damals befunden hatten, ohne es je geahnt zu haben. Später kamen weitere Dokumente hinzu. Sie erzählen nicht nur aus der Zeit, in der wir auf die Ausreise warteten, sondern und vor allem aus der Zeit danach.

Sobald bekannt wurde, dass wir im August 1983 nach Berlin zurückgekehrt waren, hatte das erneute Interesse des Ministeriums für Staatssicherheit an uns begonnen. Kurz nach unserem ersten Besuch in Reetz nach unserer Rückkehr nach Berlin lieferte der „Informeller Mitarbeiter" *IM „Hubert"*, der schon vor der Ausreise über uns berichtet hatte, Informationen.

In einem Brief an die Bezirksverwaltung für Staatssicherheit, Abteilung XVIII, vom 23. Dezember 1983 bat Oberstleutnant Teich, Leiter der Kreisdienststelle in Belzig, *„um Kontroll- und Überwachungsmaßnahmen einleiten zu können"*, die *„Löschung der Erfassung"* von Christiane und die Übergabe des vorhandenen Materials an die Diensteinheit Belzig.

Oberstleutnant Teich musste seine Bitte um die Übergabe des vorhandenen Materials am 11. April 1984 wiederholen und begründete seine Bitte mit der Erklärung: *„da es nach unseren Kenntnissen keine Bezugspunkte der Christiane in ihrem Verantwortungsbereich mehr gibt."* Diese Bitten wurden von der Bezirksverwaltung Berlin Abteilung XVIII/AI abgelehnt.

Am 18. Juli 1984 schrieb Oberstleutnant Teich an das Ministerium für Staatssicherheit in Berlin und machte darauf aufmerksam, dass die Kreisdienststelle schon am 11. April 1979 einen Ermittlungsauftrag zu Christiane Friedrich erhalten hatte und den schon am 24. April 1979 realisiert hatte. *„Zur Begründung des E-Auftrages wurde eine operativ interessante Verbindung, die in einem operativen Vorgang bearbeitet wird angesehen."* Weiter hieß es im Brief: *„Beide Personen* [John und Christiane Shreve] *werden durch unsere Diensteinheit operativ unter Kontrolle gehalten und sind in der Abt. XII für uns erfasst. Wir bitten um die Übergabe des durch Ihre Diensteinheit erarbeiteten operativen Materials, da keine Archivierung festgestellt wurde."*

Am 24. September 1984 berichtete der *IM „Hubert"* über einen Besuch meiner Eltern in Reetz. Er schrieb *„Die Eltern besitzen in der USA eine kleine Farm mit einigen Angestellten."* Meine Eltern hatten weder eine Farm noch Angestellte. Aber der Bericht geht weiter: *"Familie Friedrich ist enttäuscht über ihren Schwiegersohn, denn die Kehrseite der Medaille ist daß Shreve nicht arbeitet u. auch nicht will aber Christiane arbeiten muß. Shreve ist zu Hause u. betreut die beiden Kinder. Der Shreve möchte daß die Kinder erst Englisch lernen u. dann Deutsch. Shreve ist der ‚ewige Student' u. gibt hin und wieder*

Nachhilfestunden. Martha Friedrich sagte, daß sie Shreve, diesen Nichtstuer nicht hier haben möchte.“

Im „*Kontrollbeleg*“ “, dem Bericht von der Zollkontrolle, vom 20. Oktober 1984 wurde über meine Ausreise um 15.20 Uhr nach einem Besuch bei Christianes Freundin Marianne Brockhof berichtet. Sie arbeitete auch in EAW und wollte ausreisen. Die *H.P.* [*Hinweisperson*, also ich] war, wurde berichtet, um 9 Uhr eingereist und hatte nichts mitgeführt, das „*zum Verbleib in der DDR bestimmt*“ war, hatte aber 100 DM bei sich. Bei der Ausreise hatte ich sechs Bücher. Zwei habe ich *2vom MU* [Mindestumtausch] *gekauft*“, also von dem Geld, das ich an der Grenze tauschen musste, und gab an, dass ich die anderen von der *K.P.* [*Kontaktperson*, also Marianne] geschenkt bekommen hatte. Unter den Büchern war eins über den Lebensweg von Rosa Luxemburg. Darauf wird von einem Gespräch über mein Studium berichtet, das ich mit Sicherheit mit keinem Zöllner der DDR geführt habe. Ein paar Einzelheiten aus dem Bericht stimmen, andere nicht. Ich besitze zwar die gesammelten Werke von Rosa Luxemburg, aber ich habe nie ein Buch über sie besessen. An der Grenze erzählte ich in solchen Situationen grundsätzlich nur Lügen.

Spätestens 1985 wurde ich der Spionage verdächtigt. In einem Dokument vom 16. Januar 1985 stellte der Leiter der Kreisdienststelle, Oberstleutnant Teich, fest, dass „*Anhaltspunkte für eine Kuriertätigkeit vorhanden*“ seien. Eine häufige „*Einreisetätigkeit*“ sei zu melden. Es wurde festgestellt, dass die bisherigen Einreisen per „*Bahn über die GÜST* [Grenzübergangsstelle] *Friedrichstr.*“ erfolgten. Die Staatssicherheit hatte Informationen, wohl von Freunden oder Familie oder durch das Lesen von Briefen, dass wir einen Gebrauchtwagen kaufen wollten „*so daß mit Einreisen über Drewitz bzw. Heinrich-Heine-Str. zu rechnen ist*“. Eine Fahndung wurde beschlossen, durch die „*die Möglichkeit der Kontrolle der Person auf dem Territorium der DDR begünstigt werden*“ sollte.

Verschiedene Maßnahmen wurden angeordnet. Sobald ich an die Grenze kam, sollte sowohl mein Passfoto als auch das meiner Frau fotokopiert werden. Der

OdH [Operativer Diensthabender] der Kreisdienststelle musste sofort unter der Telefonnummer 8911 über meine Einreise informiert werden. Die Zollkontrolle wurde angewiesen, besonders auf *„mitgeführte Unterlagen und Dokumente"* zu achten. Schließlich hieß es: *„Da die weiteren operativen Maßnahmen zum Fahndungsobjekt bei Ankunft im Kreis realisiert werden sollen, ist weiterhin von Interesse ob die Einreise mit Pkw erfolgt."*

Diese beschlossenen Maßnahmen waren möglicherweise eine Reaktion auf einen Besuch der amerikanischen Botschaft in Ost-Berlin am 16. Januar 1985 mit Marianne Brockhof, die Christiane von der Arbeit im Elektro-Apparate-Werke Treptow kannte. Unter den Dokumenten der Staatssicherheit ist ein Bericht über einen *„Operativer Lagefilm"* mit den Hinweisen *„USA-Botschaft"* und *„Aufsucher"*. Es wird berichtet, dass ich *„John-Ralf Shreve"* und Marianne Brockhof die Konsularabteilung aufsuchten und uns zwischen 14.29 und 15.47 im Gebäude der amerikanischen Botschaft aufhielten.

Acht Tage nach dem Besuch in der Botschaft ging ein Brief vom Sowjetischen Verbindungsoffizier der Bezirksverwaltung für Staatssicherheit Potsdam an den Leiter der Kreisdienststelle Belzig. Das Thema war der *„Suchauftrag der Befreundeten Dienststelle Berlin vom 02.11.84, Nr. D. 717139"*. Unter *„Freunde"* verbergen sich die Sowjets und eine *„befreundete Dienststelle"* war also eine sowjetische Dienststelle. Darin hieß es: *„Die F-10-Überprüfung"* [die Feststellung, ob eine Person von einer Diensteinheit erfasst war] ergab, dass John Shreve in der Dienststelle Belzig erfasst war. In Vertretung vom Generalmajor Krawtschenko wurde gebeten, den Grund der Erfassung mitzuteilen sowie um die Übersendung eines Auskunftsberichtes. *„Da wir terminlich gebunden sind, bitten wir um baldige Übersendung."* Am 11. Februar 1985 antwortete Oberstleutnant Teich. Über John Shreve *„und seine Ehefrau, deren Eltern in unserem Kreis wohnhaft sind, ist auf der KD ein op. Ausgangsmaterial zur weiteren Verdichtung vorhanden.*

Nach Aussagen des Genossen Kronin (sowjetische Aufklärung) aus Berlin gibt es eine Einigung mit dem Gen. Sascha Telf. 2/429, daß er in Verbindung mit unserer Diensteinheit an diesem Material weiter arbeitet."

Am 3. April 1985 berichtete wieder der *IM „Hubert*" über einen sechs Wochen zurückliegenden Besuch von uns in Reetz. Wir sind mit dem Auto am 21. Februar gekommen und ich bin am selben Tag nach West-Berlin zurückgekehrt. Christiane und die Kinder kehrten am 22. Februar zurück. Er berichtete über einen Arbeitsplatzwechsel von Christiane und dass ich an einer Doktorarbeit über Pädagogik arbeitete, was falsch war. Dann schrieb er zum Besuch meiner Eltern im August 1984 in Reetz Folgendes:

„Die Eltern des Schreve [sic] waren aus den USA im August 1984 in Reetz bei Friedrichs. Sie waren sehr beeindruckt von der DDR, weil man ihnen in den USA ein völlig falsches Bild von der DDR gegeben hat. Die Mutter wollte einen von ihr verfaßten Artikel über die wirklichen Verhältnisse in Hinsicht der wirtschaftlichen und sozialen Lage in der DDR in den USA in einer Zeitung veröffentlichen bzw. veröffentlichen lassen, was ihr aber von der Zeitung oder Presse verwehrt wurde."

Wahr ist, dass meine Mutter gesagt hatte, man müsste über die Verhältnisse in der DDR schreiben, aber weil sie ihrer Meinung nach viel schlimmer war als sie sich das vorgestellt hatte. Einen solchen Artikel wollte sie aber nicht selbst schreiben.

In einem *„Vermerk zum Material ‚Amerikaner'*" vom 5. Juli 1984 berichtete Major Zantke, dass an dem Tag ein Treffen mit *AIM „Skoda*" *„zur Einweihung in die Aufgabenstellung*" durchgeführt worden war. *AIM* war die Abkürzung für *„Austauschbarer Inoffizieller Mitarbeiter*". Es kann auch *„IM-Vorlauf*" heißen. Der *AIM* berichtete, er kenne die Familie Friedrich gut und könne daher *„ohne große Umstände*" über die Tochter und Schwiegersohn in *„WB*" sprechen. *„Sein Ziel wird es sein, von dem Vater unter dem Vorwandt* [sic] *für die Kinder etwas mitzunehmen, die Adresse in WB zu erhalten. Die weitere Zielstellung besteht dann in dem Erhalt einer Übernachtungsmöglichkeit bei der Familie Shreve mit dieser Zielstellung soll die Möglichkeit für umfangreiche*

Abschöpfungsgespräche geschaffen werden." „*Skoda*" versprach, den Auftrag noch im Juli aufzufüllen. „*'Skoda' ist eingewiesen alles zur Person des ‚Amerikaners' und der Zielstellung und Perspektiven abzuschöpfen. Die politische Grundhaltung ist dabei zu erarbeiten.*"

Der nächste Treff mit „*Skoda*", bei dem er Resultate vorlegen sollte, war für den 2. August 1985 festgesetzt. Mit diesem zweiten Gespräch kann Major Zantke nicht zufrieden gewesen sein. „*Skoda*" hatte keine der ihm gestellten Aufgaben erledigt. Bei einem Besuch von mir und meiner Familie in Reetz hatte er auf eine seltsame Art und Weise versucht, Kontakt mit mir aufzunehmen. Er zerschlug ein Fenster in seiner Werkstatt und ging zu meinem Schwiegervater und bat ihn eine neue Scheibe einzusetzen. Während der Arbeit unterhielt er sich mit meinem Schwiegervater „*über die unterschiedlichsten Probleme*". Er fragte nach mir, aber erhielt nur die Antwort, dass ich mit den Kindern zu Hause war. Zu einer Begegnung mit dem „*Amerikaner*" kam es nicht. Später sprach er mit meiner Schwiegermutter und deutete an, dass er nach West-Berlin fahre und könne etwas für die Tochter und Enkelkinder mitnehmen. Meine Schwiegermutter war sofort einverstanden und sagte ihm, er soll sich unbedingt melden, bevor er fährt. „*Damit ist der Kontaktgrundlage geschaffen und bei der geplanten Reise in der 2. Augusthälfte kann der ‚Amerikaner' in WB aufgesucht werden. ‚Skoda' wird versuchen dabei die Übernachtung zu erreichen.*"

Major Zantke fasste das, was über mich bisher bekannt war, zusammen.

„*Ab 1984 begann Shreve sich intensiv auf die Doktur-Aspirantur vorzubereiten.*

Nach Aussagen seiner Ehefrau sind diesbisherigen [sic] *Versuche zur Aufnahme einer Tätigkeit des John in Berlin/West gescheitert. Durch die Schwiegereltern in Reetz wird der John als arbeitsscheu eingeschätzt. Er sei jetzt 35 Jahre und habe in seinem Leben nie richtig gearbeitet. Im Interesse der Aufrechterhaltung der Ehe, wird diese Aussage nur zu guten Bekannten in Reetz geäußert.*

Im Charakter wird Shreve ruhig und umgänglich eingeschätzt. Er legt großen Wert auf seine US-Staatsbürgerschaft, die er in Gesprächen hervorhebt. Seine Kinder müssen sich in seiner Muttersprache mit ihm unterhalten, damit sie englisch genau so gut wie deutsch sprechen.

In Gesprächen zu politischen Themen nimmt Shreve die Haltung eines Sozialdemokraten ein. Er verurteilt SDI und die Aufrüstung insgesamt. Verherrlicht die Demokratie der USA und die damit verbundenen persönlichen Freiheiten der Bürger. Diese Kenntnisse wurden nur aus Abschöpfungen des Umgangskreises gewonnen.

Die Ehe wird stabil eingeschätzt. Die Ehefrau hat sich auf seine Mentalität voll eingestellt und ist zufrieden das [sic] *Kinder gut und umfangreich von ihm betreut werden."*

Zantke schrieb, dass eine Fahndung der Abteilung VI im ersten Halbjahr 1985 *„keine besonderen Ergebnisse brachte."* Dennoch *„Mehrere Überprüfungen der Person Shreve in der Abt. XII durch Dienststellen der Freunde machte das operative Interesse dieser Diensteinheiten an der Person deutlich. In Koordinierung über den Verbindungsoffizier der Freunde der BV* [Bezierksverwaltung] *wurde dem Gen. Kostin von der sowjetischen Militäraufklärung Berlin die Bearbeitung gestattet.*

Dieser Genosse wollte jedoch, daß wir die Person kontaktieren und er sie dann bei positiven Verlauf übernimmt.

Da von uns dieses Ansinnen nicht eingegangen wurde, kam es zu keiner aktiven Bearbeitung durch die Freunde. Der Gen. Kostin ging 1986 in die SU zurück."

In dem abschließenden Satz des Berichts stellt Major Zantke die *„Bearbeitungswürdigkeit"* meines Falles in Frage.

Es gibt in den Unterlagen dann eine Lücke bis Februar 1987. Dann kommt ein ausführlicher Bericht über meine Einreise über Drewitz um 10 Uhr am 22. Februar 1987. Warum gerade diese Einreise so viel Aufmerksamkeit erregte, kann ich nicht beurteilen. Christiane und die Kinder waren bei den Schwiegereltern und ich wollte sie abholen. Unter dem Begriff *„Sachbetreff"* liest man: *„USA-Bürger studiert in Westberlin und reiste für einen Tag in die DDR. Er hat Kontakt zu einem DDR-Bürger und bezeichnete diesen als Verwandten. Im Rahmen der Filtrierung."* Die Bedeutung des abschließenden Satzbruchstückes ist nicht klar. Es wird notiert, dass ich mit einer Senatsbescheinigung, die vom 16.02.87 bis 19.04.87 gültig war, eingereist war. Der Autotyp, Farbe, Kennzeichen und Daten der ersten und letzten Zulassungen wurden notiert. Auf Seite 2 steht u.a. *„Bei der Dokumentenannahme und deren*

Überprüfung, die der Unterzeichnende [Hauptmann Münster] *durchführte, wurde festgestellt, daß der Reisepaß des Sh. nicht mit abgegeben war. Daraufhin sprach der Unterzeichnende den Sh. an und ließ sich seinen Reisepaß (USA) zeigen. In diesem Zusammenhang erwähnte Sh., daß das Einreisevisum im Reisepaß abgelaufen ist und er sich aus diesem Grund eine Bescheinigung vom Westberliner Senat ausstellen ließ. Der Unterzeichnende konnte aus dem Reisepaß entnehmen, daß mehrere Visa zur Einreise in die DDR angebracht waren.*" Hauptmann Münster schrieb zu meiner Person: *„Sh. war sauber und ordentlich gekleidet. Er trug einen Vollbart. Bei der planmäßigen Abfertigung trat Sh. höflich und korrekt auf.*" Er fügte schließlich einen Auszug aus dem Telefonbuch von *"Berlin (West), Ausgabe 1985/86*" mit Christianes Name und unserer Telefonnummer bei.

Beim *„Kontrollbeleg*" der Zollkontrolle hieß es: *„HP* [Hinweisperson, also ich] *reiste für einen Tag in die DDR zu KP* [Kontaktperson, also meinem Schwiegervater]." Ich führte 63 D-Mark mit mir, aber keine Geschenke. Es wurde von mir verlangt, die Seitenverkleidung des Autos abzuschrauben. Der *„HP"* kam *„den erteilten Verfügungen nur noch zögernd und langsam nach.*" Es wurde notiert, dass es meine zweite Einreise im Jahr sei, die erste am Tag zuvor. Zuletzt waren die folgenden Eintragungen:

In einem Schreiben vom 25. März 1987 von Oberst Gerhard Poßekel von der Hauptverwaltung Aufklärung in Potsdam an die Kreisdienststelle Belzig bestätigt er die Übernahme des operativen Ausgangsmaterials *„Tischler*". Nach Absprache zwischen Major Zantke und dem Leiter des Referates 2 der Abteilung XV, dem Genossen Major Jäger am 12. März 1987 sowie Einsichtnahme in die Akten wurde das Material *„Tischler*" als *„operativ-interessant für die Linie XV eingeschätzt*" und um *„die Übergabe der Registrierungen aller im Material erfassten Personen sowie Fahndungen der Abteilungen VI und M gebeten.*

Bei der weiteren op. Bearbeitung des Materials durch die Abt. XV [Aufklärung] *wird um Unterstützung der KD Belzig und evl. Nutzung des AIM ‚Skoda' entsprechend den Möglichkeiten gebeten.*" Er bedankte sich bei Major Zantke *„für die geleistete Unterstützung*".

In einem *„Vermerk zum operativen Material ‚Tischler'"* kam Major Zantke zu dem Schluss, dass weder *IM „Skoda"* noch *IM „Hubert"* *„für die Lösung der Aufgabenstellung"* geeignet seien. *„Skoda"* habe keinen guten Ruf im Ort und sei gesundheitlich angegriffen. *„Hubert"* kenne *„Tischler"*, also meinen Schwiegervater; seit über 50 Jahren und weil er sich *„außer dem Besuch von Gemeindevertretersitzungen um keine großen politischen Ereignisse kümmert"* sei es nicht möglich, eine *„glaubwürdige Legende zur Kontaktierung anzuwenden."* Er kam zu dem Schluss, dass die weitere Bearbeitung *„auf die gewachsenen Verbindungen zur Tochter von ‚Tischler' konzentriert werden"* müssten. *„Die Personen in Brandenburg, Herzberg und Dresden müßten gründlich aufgeklärt werden."* In unserer Akte befand sich eine handgemachte Tabelle, die mit roten und grünen Pfeilen die postalischen und persönlichen Kontakte zu den Menschen in unserer persönlichen Umgebung zeigen.

Am 13. August bat der Genosse Oberst Poßekel von der Bezirksverwaltung für Staatssicherheit in Potsdam um eine Pass Dokumentation über mich, also Informationen über Grenzübertritte. Am 24. August 1987 schickte Hauptabteilung VI diese Information.

Am 26. August 1987 wurde bei der Abteilung XXI [Auskunft, Information, Archiv] mit einem *F 10* Antrag Information über Christiane angefordert. In einem handschriftlichen Vermerk auf einem Zettel zur Archivforderung vom 23. September 1987 stand: *„Genn. Stark hat Interesse an der Christiane, weil sie als DDR-Bürgerin in WB lebt."* Am 10. Februar 1988 und wieder am 20. Mai 1988 folgten *F 10* Anträge an die Abteilung XII über John Shreve.

In einem Bericht aus Potsdam vom 23. September 1988 heißt es: *„Im Rahmen der aufklärungsmäßigen Bearbeitung des für die Abt. XV operativ-interessanten USA-Bürgers Dr. Shreve, John-Ralph … wurde herausgearbeitet, daß der Sh. über mehrere Verbindungen zu Bürgern der DDR verfügt, deren berufliche Tätigkeiten und Positionen von feindlichem Interesse sein könnten."* Wir verfügten, hieß es, über persönliche und postalische Kontakte in der DDR, von denen einige *„von besonderem feindlichem Interesse"* sein könnte. Die Namen von vier Freunden wurden genannt. In einem Fall hieß es, dass eine *„M-*

Kontrolle", eingeleitet worden sei, d.h., Briefe geöffnet wurden. *„Über die 4 angeführten Verbindungen hinaus unterhält das Ehepaar Sh. weitere zahlreiche Kontakte zu DDR-Bürgern, die aber bisher noch nicht weiter aufgeklärt wurden bzw. nicht von op. Interesse für die Linie Aufklärung sind."*

Am 15. Oktober 1988 kam ein schriftlicher Vorschlag von Leutnant Borchert von der Abteilung XV. Er stellte fest: *„Die Hinweisbearbeitung des Materials ‚Tischler II' durch die Abteilung XV ließ keine erfolgsversprechenden Ansatzpunkte für eine operative Bearbeitung sichtbar werden."* Doch die „*Zielperson*", also ich, verfügte *„direkt oder indirekt über mehrere Verbindungen zu DDR-Bürgern, deren berufliche und gesellschaftliche Stellung von feindlichem Interesse sein könnten."* Daher schlug er vor, das Material *„Tischler II"* zur weiteren Bearbeitung an die Abteilung II zu übergeben. Abteilung II war für Spionageabwehr zuständig.

1989 nahm die Intensität der Aktivitäten des Ministeriums für Staatssicherheit in unserem Fall deutlich zu. Schon am 12. Januar lag ein Bericht bei der Bezirksverwaltung für Staatssicherheit Potsdam Abteilung II/3 von einem *IMB „Tolik"* zum *„Ehepaar Shreve, wh. WB"* vor. Die Bezeichnung *„IMB"* heißt *"IM der Abwehr mit Feindverbindung bzw. zur unmittelbaren Bearbeitung im Verdacht der Feindtätigkeit stehender Personen"*. *„Tolik"* hatte sich mit einer Freundin von Christiane, S., bekannt gemacht. S. habe dem *IMB „Tolik" „veranlaßt, von seinem privaten Telefonanschluß aus Kontakt zur Familie Shreve auszunehmen bzw. zu halten." „Tolik"* war Dr. med. Mahmood El-Hakim. Er sollte eine größere Rolle in unserer Ausspähung spielen.

„Auftragsgemäß" hatte *„Tolik"* seine Bekannte S., eine Freundin von Christiane, gebeten, ihn mit Christiane persönlich bekannt zu machen. Er benutzte die Legende, dass sein Neffe in West-Berlin eine preisgünstige Wohnung suchte, und wollte Christiane fragen, ob sie behilflich sein könnte. S. sagte *„Tolik"*, dass Christiane sie gegen 10 Uhr am 28. Dezember 1988 besuchen wollte. Zu dem Termin erschien *„Tolik"* und bei *„einem gemeinsamen Kaffeetrinken legte der IM dann sein Problem dar, daß sein Neffe in WG ist, keine eigene Wohnung hat und z.Z. in einer nicht gerade*

angenehmen Umgebung lebt. Da er z.Z. studiere, brauche er hierzu auch mehr Ruhe. Sein Neffe sei, was Umgang mit Behörden betrifft, ziemlich unerfahren, und er selbst kenne sich in WB nicht so gut aus.“ Christiane sagte ihm, die Sache sei schwierig und teuer und eigene Dokumente seien notwendig. Sie fragte, wie sie seinen Neffen erreichen könnte, damit sie ihn über ihre Bemühungen informieren könne. *„'Tolik' entgegnete darauf, daß er die Telefonnummer nicht bei sich habe und machte den Vorschlag, daß sie sich mit ihm in Verbindung setzt, wozu er seine Visitenkarte übergab.“* Christiane gab ihm ihre Adresse und Telefonnummer. Im Bericht waren weitere Informationen über Christiane, die *„Tolik“* nach der Begegnung weitergab.

- *„Sie stammt aus der DDR und ist immer noch DDR-Bürgerin.*
- *Sie ist Alleinverdiener, weil ihr Mann ohne Arbeit und Einkommen ist.*
- *Ihre beiden Kinder sind 4 und 7 Jahre alt und am heutigen Tage mit dem Vater in WB geblieben.*
- *Für ihre Wohnung bezahlen sie 900,- M Miete.*
- *Ihr Mann schreibt über Biermann, dem Vernehmen nach einer positiven Darstellung.*

Die Sh. führte an, daß das Schreiben/Drucken dieses Werkes 2000,- DM kosten würde.

Der IM hakte ein und sagte, daß er jemanden finden würde, der das weit billiger macht.

Die Sh. wehrte jedoch mit dem Bemerken ab, daß der IM hiermit nur Ärger kriegen würde.“

Der IM erzählte Christiane von seinem Neffen, und hier wurde im Zusammenhang mit dem Neffen der Namen *„OPK 'Kerbela'“* eingeführt. Sein Neffe sei wegen des damaligen Krieges aus dem Irak geflohen, habe sich zwischendurch in *„verbotenen Ländern (Darunter Libyen)“* aufgehalten. Er absolviere ein *„Sprachstudium“* und verdiene 800,- Mark im Monat. Der *IM* teilte Christiane mit, dass er erst im neuen Jahr erreichbar sei, da er einen Kurzurlaub in Thüringen mache. Da bot der *IM* an, der Familie Shreve eine Urlaubsunterkunft im Thüringer Wald zu vermitteln. Christiane zeigte Interesse.

Die Bezeichnung *„OPK ‚Kerbela'“* im Zusammenhang mit dem “Neffen“ ist rätselhaft. *OPK* heißt *„Operative Personenkontrolle“*, und das Ziel war es, *„feindlich-negative Handlungen“* frühzeitig zu erkennen und somit zu verhindern. Operative

Personenkontrollen wurden bei Verdachtsmomenten zu Verbrechen und Straftaten, oppositionellem Verhalten, aber auch zum präventiven Schutz von sicherheitsrelevanten Personen eingeleitet. Durch politisch-operatives Zusammenwirken wurden staatliche Organe, Betriebe und Institute, gesellschaftliche Organisationen, die Deutsche Volkspolizei und andere Institutionen zur Informationsgewinnung eingesetzt. Weitere Informationen wurden durch eine systematische Verletzung des Post- und Fernmeldegeheimnisses gewonnen. Oft wurden auch zum familiären Umfeld der betreffenden Person sowie zum Freundes- und Kollegenkreis Erkundigungen eingeholt. Die Erkenntnisse der Personenüberprüfung wurden in einem Abschlussbericht festgehalten und bildeten somit die Vorstufe für eventuell anschließende Operative Vorgänge. Zwischen 1985 und 1988 führte das MfS jährlich etwa 8.000 operative Personenkontrollen durch."

Christiane meldete sich telefonisch beim *IMB „Tolik"* am 2. Januar 1989, um ihm mitzuteilen, dass die betreffenden Stellen alle geschlossen hätten, aber sie bemühe sich weiter. Am Abend des 10. Januar 1989 rief Christiane beim *„Tolik"* erneut an und gab ihm zwei Adressen, an die sich der Neffe wenden könnte. Daraufhin sagte der *IMB*, dass er im Monat Mai Unterkünfte für vier Erwachsene und vier Kinder vermitteln könnte. Christiane sagte, sie müsse erst klären, ob der Termin nicht schon besetzt sei. *„Anschließend sagte sie, daß der IM oder sein Neffe sie jederzeit anrufen könnten. Der IM hat zwischenzeitlich seinen Neffen informiert, daß auf einer anderen Wohnung Hoffnung besteht, worüber dieser sich erfreut zeigte."*

Das heißt, der „Neffe" stand wie wir unter Verdacht. Falls die betroffene Person bei der *OPK „Kerbela"* tatsächlich ein Neffe des irakischen Arztes war, spionierte er auch seine eigene Familie aus. Wahrscheinlicher ist, dass die Geschichte eines Neffen ausschließlich *„Legende"* des *„Toliks"* war, also die fiktive Geschichte, die einen Kontakt zu uns ermöglichte. Doch die *OPK „Kerbela"* war sicherlich ein wirklicher Vorgang.

Am 1. Februar 1989 bat Oberstleutnant Mai von der Bezirksverwaltung für Staatssicherheit Potsdam Abteilung II/3 seine Kollegen aus der Abteilung XVII/EAB in Berlin um die *„Beschaffung und Übersendung der Kaderunterlagen der Sh."* sowie *„um Übermittlung von Hinweisen zu evtl. Rückverbindungen der Sh. zu ihrem ehemaligen Kollegenkreis."*

Schon am 24. Januar 1989 baten die Kollegen der Abteilung XX in Dresden, wo Christiane von 1973 bis 1977 studiert hatte, *„um Überprüfung..., ob Hinweise zu den damaligen Kommilitonen und Kommilitoninnen ermittelt werden können. Benötigt werden gegebenenfalls Name, Vorname und Geburtsdaten der betreffenden Personen."* Offensichtlich hatte die Staatssicherheit bei mir keine Beweise einer geheimdienstlichen Tätigkeit und nahmen dafür meine Frau stärker ins Visier.

Währenddessen sprach *IMB „Tolik"* am 31. Januar 1989 mit Christianes Freundin S. und bat um einen Termin für den Kurzurlaub in Thüringen. S. schlug den Termin 18. bis 21. Mai 1989 vor und der *IMB* versprach, bei einem Besuch in Thüringen im Februar die Sache zu klären.

Nun kommen wir zu den 14 Seiten Dokumenten, die wir beim Besuch bei der Gauck-Behörde zu lesen bekamen. Oben auf dem Blatt stand *„Einleitung der OPK ‚Missouri'"*. Die Bezeichnung *„Operative Personenkontrolle"* bedeutete, wie oben beschrieben, die Stasi hatte uns nicht nur beobachtet, sondern auch Maßnahmen gegen uns initiiert. *„OPK"* war als die *„neue Erfassungsart"* angegeben. Die *„vorhandene Erfassungsart"* war *„SV"* gewesen. *„SV"* stand für *„Sicherheitsvorgang"*.

Das Dokument, datiert vom 2. März 1989, war eine Zusammenfassung der Maßnahmen, die zwischen dem 10. Februar und dem 25. August jenes Jahres gegen uns geplant, bzw. unternommen wurden. Die Informationsquelle wurde als *„inoffiziell"* beschrieben, d.h. von *„inoffiziellen Mitarbeitern"*.

Zunächst lasen wir eine Zusammenfassung der Information, die man über meine Frau und mich zusammengetragen hatte. Unter der Überschrift *„Sachverhalt"* hieß es,

"Die Shreve lernte 1977 in der Hauptstadt der DDR, wo sie seinerzeit wohnte, den USA-Bürger Shreve, J-R. kennen.

1981 wurde ein Antrag auf Eheschließung und Übersiedlung in die USA gestellt, der zunächst abgelehnt wurde.

Nachdem die Shreve in ihre Übersiedlungsbestrebungen führende Mitarbeiter des USA-Senats und des Repräsentantenhauses eingeschaltet und die Botschaft der USA sich in einer Note an das MfAA der DDR für die Genehmigung der Übersiedlung eingesetzt hatte, wurde das Anliegen der Shreve positiv entschieden.

Die Shreve verzog mit ihrem Ehemann im Februar 1983 in die USA. Seit August 1983 ist das Ehepaar Shreve in Berlin ansässig. Seit diesem Zeitpunkt eine intensive Einreisetätigkeit zu Verwandten und Bekannten in den Bezirk [Potsdam], *die Hauptstadt der DDR und andere Bezirke.*

Shreve gibt in den Reiseunterlagen als Tätigkeitsbezeichnung Student an der FU Westberlin an.

Inoffiziell erarbeiteter Information zufolge hat er sein Germanistikstudium jedoch abgeschlossen und ist arbeitslos. Weitere inoffizielle erarbeitete Information besagen, dass Shreve zurzeit mit der Anfertigung seiner Doktorarbeit beschäftigt ist, in der auch die Person des ehemaligen DDR-Bürgers Wolf Biermann behandelt wird.

Das Ehepaar Shreve unterhält umfangreiche Rückverbindungen in die DDR, postalischer und persönlicher Art.

Ein Teil der bisher bekannten Kontakt- und Verbindungspersonen weisen auf Grund ihrer beruflichen Tätigkeit u.a. Aspekt/Merkmale auf, die sie für eine nachrichtendienstliche Tätigkeit imperialistischer Geheimdienste operativ interessant erschienen lassen."

Unter der Überschrift „Persönlichkeit", lasen wir über mich,

„Shreve nahm nach Beendigung der Schulzeit in den USA ein Lehrerstudium (Deutsch/Geschichte) auf. Nach dem Studiumabschluß bekam er in den USA keine Anstellung und begann deshalb 1977 an der FU-Berlin-West ein Germanistikstudium, dass er im Zeitraum 1981/82 abschloß. Danach bekam er seinen Darstellungen zufolge keine geeignete Anstellung

und arbeitete aushilfsweise als Lkw-Fahrer und Sprachmittler Englisch und erteilte Nachhilfestunden für Kinder begüteter Eltern.

Seit ca. 1984 soll Shreve ohne Beschäftigung sein und seit diesem Zeitpunkt seine Doktorarbeit schreiben. Von seinen Schwiegereltern wird er als ewiger Student bezeichnet und als arbeitsscheu eingeschätzt.

In charakterlicher Hinsicht wird Shreve als ruhig, sachlich und umgänglich eingeschätzt.

Die Eltern des Shreve leben in St. Joseph/USA, wo sie eine kleine Farm betreiben."

Die Fehler in dem Bericht waren zahlreich. Zu der Zeit lebten meine Eltern schon seit Jahren nicht mehr in St. Joseph und eine Farm hatten sie nie gehabt. 1977 hatte ich mich nicht an der Freien Universität immatrikulieren lassen, sondern an der Technischen Universität, und beendete 1981/82 nirgendwo ein Studium. Auch als LKW-Fahrer oder *„Sprachmittler"* hatte ich nie gearbeitet und hatte auch nie Nachhilfestunden für Kinder *„begüteter Eltern"* gegeben. Trotz aller Fehler, war es schockierend zu erfahren, was sie alles über mich wussten. Viele Details konnten nur aus unserem engsten Freundeskreis gekommen sein. Die *„Operative Personenkontrolle"* hatte erst am 10. Februar 1989 begonnen, aber es war offensichtlich, dass sie über längere Zeit Informationen gesammelt hatten. Das, was uns am meisten beunruhigt hatte, waren die Schlüsse, die aus diesen Informationen gezogen wurden.

"-Bedingt durch den persönlichen und beruflichen Werdegang der Familie Shreve, insbesondere solcher Fakten , wie

Übersiedlung als DDR-Bürgerin in die USA,

Kontakte zur USA-Botschaft,

Wohnsitznahme in WB [West-Berlin] *und Reisetätigkeit in die DDR,*

Verbindung zu Personen mit operativ interessanten Merkmalen in der DDR

Kann geschlussfolgert werden, dass das Ehepaar Shreve möglicherweise in das Blickfeld imperialistischer Geheimdienste gelangt ist und für imperialistische Geheimdienste unter nachrichtlichen Gesichtspunkten bedeutsam erscheint.

-Die unterhaltenen Rückverbindungen in die DDR sind unter dem Gesichtspunkt potentieller Abschöpfungsquellen und Aufklärungsobjekte einzuordnen.

-Durch zielgerichteten IM-Einsatz zur OPK ‚Missouri' bestehen Möglichkeiten zur Qualifizierung/ Klärung des Kontrollprozesses ‚Kerbela ' (Kontakt- und Werbeaktivitäten des amerikanischen Geheimdienstes) sowie zur Realisierung weiterer Blickfeldmaßnahmen mit dem einzusetzenden IM (IMB ‚Tolik ')"

Die Staatssicherheit war überzeugt, wir wären Spione oder zumindest potentielle Spione. Unter dem Verdacht hatte die DDR zahlreiche Menschen für Jahre weggesperrt. Und die Tatsache, dass Christiane ihre DDR-Staatsbürgerschaft behalten hatte, hätte unsere Familie noch mehr gefährden können, denn in ihrem Fall hätte sie des Hochverrats verdächtigt werden können. Mein erster Gedanke war, was wäre mit unseren Kindern geworden. 1989 war es allgemein bekannt, dass das SED-Regime keine Skrupel hatte, Kinder von ihren Eltern zu trennen. Unsere Tochter war zu der Zeit noch DDR-Bürgerin.

Wir lasen weiter und entdeckten die Ziele der „Operativen Personenkontrolle".

„1. Herausarbeitung der Einreisemotive in die DDR und Aufklärung/ Dokumentierung der im Zusammenhang mit den DDR-Aufenthalten entwickelten Aktivitäten.

2. Aufklärung der Kontakt- und Verbindungspersonen in der DDR unter dem Gesichtspunkt ihrer möglichen Einbeziehung in nachrichtendienstliche Handlungen.

3. Forcierung des Kontrollprozesses :Kerbela ' und Realisierung von BFA-Maßnahmen mit dem IMB ‚Tolik'.

4. Vervollständigung der Persönlichkeitsaufklärung der OPK-Personen."

Der Bericht war vom 22. Februar 1989, meinem 37. Geburtstag und unterschrieben von einem Major Lerbs, einem Major Madaus und bestätigt von Oberstleutnant Mai, Leiter der Abteilung II/3 der Bezirksverwaltung für Staatssicherheit Potsdam.

Ein Schlüsselbegriff ist *„BFA-Maßnahmen"*. *„BfA"* steht für *"Blickfeldarbeit"* und war ein *„Versuch des MfS einen inoffiziellen Mitarbeiter gezielt in das Blickfeld gegenüber Geheimdienst zu bringen. Um bei seinem Kontakt auf dessen Arbeit Einfluss zu nehmen."*

Es folgte der *„Maßnahmeplan zur Operativen Personenkontrolle ‚Missouri '"*. Die geplanten *„operativen Maßnahmen"* wurden in drei Kategorien unterteilt: erstens, die Ansetzung von *IMs*, zweitens, die Nutzung von *„operativ-technischer Mittel und Methoden"*, und drittens, *„andere Maßnahmen"*.

Drei IMs sollten uns 1989 ausspionieren. Sie trugen die Decknamen „*Tolik*", „*Ernesto*" und „*Hubert*". Zu der Zeit wussten wir natürlich nicht, wer „*Tolik*" war. „*Tolik*", hieß es, war in der Lage, uns direkt zu bearbeiten, inklusive *„operative Einsätze im Operationsgebiet"*, sprich, in West-Berlin. „*Tolik*" hatte auch die Aufgabe der *„Anbahnung einer persönlichen Verbindung zwischen den OPK-Personen ‚Kerbela' und ‚Missouri' zur Auslösung operativ-bedeutsamer Reaktionen und damit zur Forcierung des OPK Prozesses bei ;Kerbela'"*. Offensichtlich kannte „*Tolik*" „*Kerbela*", den wir nicht kannten oder zur Zeit des Berichts nicht kannten. „*Tolik*" war auch damit beauftragt herauszufinden, an welche Art von Information wir angeblich interessiert wären. Wir fragten uns damals, wer „*Tolik*" sein könnte? Wir schrieben eine Liste Namen auf, diskutierten über jeden einzelnen, bis wir die Liste auf ein paar Personen reduziert hatten. Sicher konnten wir aber nicht sein. Wir fragten uns, ob wir „*Kerbela*" kennengelernt haben konnten, wer er auch sein mochte. Auf jeden Fall hatte der zuständige Führungsoffizier am 15. Februar 1989 ein Treffen mit „*Tolik*" gehabt, um die präzisen Maßnahmen zu besprechen. Erst mit den später erhaltenen Dokumenten konnten wir seine Identität zweifelsfrei feststellen.

Dann kam IMB „*Ernesto*" an die Reihe. Wir lasen,

„Da der IMB ‚Ernesto' im gleichen Betrieb arbeitet, in dem die weibliche OPK-Person bis 1982 tätig war, werden mit dem IM Voraussetzung und Möglichkeiten zum Einsatz an den OPK-Personen bzw. deren Verbindungspartner [Name geschwärzt] *geprüft.*"

Obwohl das Verb „*arbeitet*" eindeutig in der Gegenwart war, ließ der Zusammenhang nicht unbedingt den Schluss zu, dass „*Ernesto*" immer noch in dem Betrieb tätig war. Wir nannten drei oder vier Namen, kamen aber wieder zu keinem Schluss.

Über *IMS „Hubert"* gab es präzisere Information. *IMS* bedeutete *„IM zur politisch-operativen Durchdringung und Sicherung des Verantwortungsbereiches."* Er *„besitzt persönliche Kontakte zu den Eltern der weiblichen OPK-Person und erarbeitete in der Vergangenheit Information zur Persönlichkeit sowie zur Entwicklung der OK-Personen in WB."* Wir schauten uns an und nannten spontan denselben Namen, obwohl wir wussten, es wäre unmöglich gewesen etwas zu beweisen, es sei denn die Gauck Behörde fände weitere Akten. Wer es auch sein mochte, er war am 10. März 1989 bei der Kreisdienststelle in Belzig gewesen, wo ihm gesagt wurde, welche Information er über uns zu liefern hatte.

Obwohl wir damals nicht mit Sicherheit sagen konnten, wer diese Spitzel waren, war eins klar: Es waren Menschen, die uns kannten. Sie hatten uns verraten und unsere Familie in Gefahr gebracht. Wir waren wie Fliegen gewesen, die einem Spinnennetz immer nähergekommen waren. Und das Netz sollte weitergesponnen werden. Am 20. März sollte *„bei der Abteilung XII zur Herausarbeitung von weiteren IM/GMS im Wohnbereich der bisher bekannten Kontakt- und Verbindungspersonen der OPK-Personen"* begonnen werden. „*GMS*" hieß *"Gesellschaftlicher Mitarbeiter für Sicherheit"* und das waren *„inoffizieller Mitarbeiter"*, die *„staatsloyal"* auftraten, um Information zu sammeln. Es waren oft Parteifunktionäre, die keinen direkten Kontakt zum Zielperson hatten. 1989 gab es etwa 330.000 *GMS*.

Der nächste Teil des Berichts trug die Überschrift *„Nutzung operativ-technischer Mittel und Methoden"*. Auf Grund der vielen Begriffe, die wir noch nicht haben entziffern können, ist es unmöglich genau zu wissen, was mit uns geschah, bzw. geschehen sollte. Zwei Sachen waren aber eindeutig. Erstens, die Stasi bemühte sich, die eigenen Spitzel zu kontrollieren. Am 15. April sollte *„eine besondere operative Maßnahme (A)* [Aufklärung] *der Abteilung 26 zur Überprüfung der Berichterstattung des IM in Bezug auf die OPK ‚Missouri' und ‚Kerbela'" durchgeführt werden."*

Und *„Division III"* sollte anfangen zu kontrollieren, wie Kontakte geknüpft, Vereinbarungen getroffen und Information weitergegeben wurden. Bis heute wissen wir nicht genau, was *„Division III"* war, aber unser Fall wurde offensichtlich sehr ernst genommen und wir wurden nicht nur als *potentielle* Spione angesehen.

Eine weitere Notiz erhellte ein Ereignis, worüber wir uns nie Gedanken gemacht hatten. Im Mai 1989 hatten wir ein Wochenende mit Freunden in dem kleinen Ort Gießübel in Thüringen verbracht. Zusammen waren wir hingefahren, aber weil wir kein Visum für den Ort hatten, meldeten wir uns bei der Polizei in Belzig an, mit der Angabe, die Schwiegereltern zu besuchen. Zu der Zeit stellte ich die Frage, ob das Vorgehen klug sei, aber die anderen haben mich ausgelacht. Ich hatte Recht gehabt. Schon in April wusste die Stasi von unseren Plänen und am 30. April fand ein Treffen statt, um *„besondere operative Maßnahmen (B) in Zusammenarbeit mit der Abteilung 26 bei der erwarteten Einreise im Monat Mai 1989"* zu realisieren. Die Stasi fuhr mit, und zwar in Form vom *IM „Tolik"*, also Dr. Mahmood El-Hakim. Aus später erhaltenen Dokumenten lernten wir noch mehr über jenes Wochenende.

Aus dem abschließenden Teil *„andere Maßnahmen"* erfuhren wir mehr.

-Ab dem 10. Februar leitete die *Abteilung M* [Postkontrolle] *„Fahndungsmaßnahmen"* ein *„zur Feststellung/Aufklärung bestehender sowie sich neu anbahnender Verbindungen."* Das heißt, unsere Post wurde geöffnet.

-Am 10. März fing man an, die *„OPK-Personen, die Kontakt- und Verbindungspartner sowie die in Erscheinung getretenen Objekte, Telefonanschlüsse und Kfz. in den Speichern des MfS"* zu überprüfen.

-Am 20.März wurden *„Fahndungsmaßnahmen"* eingeleitet *„bei der Abteilung VI zur einmaligen Dokumentierung der Reiseunterlagen sowie als Grundlage für einen zielgerichteten IM-Einsatz."*

-Am 15. Juni sollten die *„Aufklärungs- und Überprüfungsmaßnahmen zu den bisher bekannten Kontakt- und Verbindungspersonen unter besonderer Berücksichtigung ihrer operativen Bedeutsamkeit in nachrichtendienstlicher Hinsicht"* realisiert werden.

-Schließlich sollten am 25. August die *„Kontrollergebnisse und Abteilung ergänzender und weiterführender Maßnahmen"* zusammengefasst werden.

In unserer Akte befand sich ein letztes Dokument, ein Zettel handgeschriebener Notizen vom 1. August 1989, unterschrieben von Major Madaus. Es war eine Zusammenfassung der aus unseren Briefen an Freunde und Familie in der DDR gewonnenen Information. Es wurde notiert, wann wir in Urlaub fahren wollten, dass unsere Kinder die Zeit im Dorf bei den Schwiegereltern verbringen wollten (was nicht zutreffend war), und dass wir wegen einer teuren Autoreparatur finanzielle Schwierigkeiten hatten. Sie wussten, dass ich meine Doktorarbeit abgeschlossen hatte und ab Herbst an einer Abendschule unterrichten wollte. Weiter wurde notiert, dass Christiane sich um eine Stelle in Karlsruhe beworben hatte. Wir kamen uns vor wie die Opfer von einem Spanner.

Ein Bericht des *IMB „Tolik"* vom 1. März 1989 zur *OPK „Missouri"* ist vom großen Interesse. In dem Bericht heißt es, dass der IMB am 18. Februar 1989 *„im Zusammenhang mit zu lösenden Aufgaben zu den OPK ‚Kerbela' und ‚Missouri' auftragsgemäß nach West-Berlin"* reiste. Er gibt an, über den Grenzübergang Staaken direkt zu der Wohnung von *„Kerbela"* gefahren zu sein. Er informierte *„Kerbela"*, dass er einen Amerikaner kennengelernt hatte, der *„Kerbela"* eventuell bei der Übersiedlung in die USA behilflich sein könnte. Er berichtet, er habe um 13 Uhr bei *„Missouri"* angerufen. Zunächst war John am Apparat. Daraufhin stellte er sich vor und fügte hinzu, er sei der Bekannte von Christianes Freundin S. John holte Christiane an dem Apparat. *„Tolik"* sagte, er sei in Berlin bei seinem Neffen und wollte sie und ihren Mann zum Kaffeetrinken als ein Dankeschön für die Unterstützung bei der Wohnungsbeschaffung einladen. Christiane sagte, sie erwarte gegen 17 Uhr jemand wegen der Heizung und schlug vor, zu ihnen zum Kaffee zu kommen. *„Tolik"* sagte, er komme gegen 16 Uhr.

„ ‚Tolik' setzt sich um 14.30 Uhr in Bewegung, da er noch einige Kleinigkeiten für die Familie ‚Missouri' als Mitbringsel besorgen wollte und auch die Fahrtstrecke nicht kannte. ‚Tolik' besorgte beim Metrohandel ein paar Süßigkeiten für die Kinder, eine Schachtel Pralinen und 2 Büchsen Ananas und machte sich auf dem Weg.

Nach mehrmaligem Nachfragen bei Straßenpassanten fand er die angegebene Straße und parkte seine Pkw ab. Zu Fuß begab er sich auf die Suche nach der richtigen Hausnummer, die er nach ca. 10 Minuten erreichte.

Das Wohnhaus Falckensteinstraße 4 [die Adresse war nachträglich handschriftlich eingefügt] *war das einzige gepflegte Haus in der ganzen Straße, insgesamt machte die gesamte Wohngegend einen sehr verwahrlosten Eindruck.*

‚Tolik' klingelte an der Haustür, die dann über Türsummer geöffnet wurde. An der Wohnungstür in der 6. Etage, die er über einen Aufzug erreichte, wurde er von John empfangen und in die Wohnung gebeten. Hier wurde er von Christiane begrüßt.“

Beim „*Teetrinken*“ sprach man über den geplanten Urlaub in Thüringen.

„‚Tolik' schlug vor, dass er zum Anreiseziel mitfahren könne, um sie mit den Bungalowbesitzern bekanntzumachen. Es wurde vereinbart, daß ‚Tolik' zunächst zur Familie R*[…]*[der Name war nachträglich handschriftlich eingefügt] *fährt und dann gemeinsam nach Reetz* [der Name war nachträglich handschriftlich eingefügt] *auf, wo sich die Familie ‚Missouri' aufhalten wird. ‚Tolik' warf die Frage auf, weshalb sie nicht länger in Thüringen bleiben wollen, worauf John entgegnete, daß dies für sie einen* [sic] *finanzielle Frage sei. Er schilderte, daß in der Familie nur die Frau verdient und die Hälfte ihres Einkommens (1200,- DM) bereits für die Wohnungsmiete gebraucht wird.*

‚Tolik' sprach dann die ziemlich verwahrloste Wohngegend an, wobei John den Eindruck des IM bestätigte und ihm die insgesamt schlimmen Zustände im Stadtbezirk schilderte. Den Darstellungen von John zufolge wohnen im Haus und in der näheren Umgegend viele Ausländer, zu denen er einen guten Kontakt unterhält. John ging auch auf die Abschiebepraxis von Ausländern ein und berichtete, daß ein ihm bekannter Libanese, der sich 8 Jahre in WB aufhielt, ebenfalls abgeschoben werden sollte. John hätte sich für diesen Libanesen eingesetzt, wodurch sein weiterer Verbleib in WB gesichert werden konnte.“

Laut des Berichts dauerte der Besuch ca. anderthalb Stunden.

„Da es regnete und der Pkw des IM in einiger Entfernung von der Wohnung stand, erklärte John sich bereit, den IM mit einem Regenschirm zu begleiten. ‚Tolik' ließ sich den günstigsten Rückweg erklären, den John ihm bereitwillig schilderte. Er brachte in diesem Zusammenhang die

Frage an, ob WB für ihn neu sei. ‚Tolik' entgegnete, daß er bereits mehrmals hier war und ca. alle 4 Wochen herkommt. John registrierte dies mit einem kurzen – Aha! Unterwegs lud er dann den IM zum Wiederkommen ein, er sei jederzeit bei ihnen willkommen. Die weitere Unterhaltung während des Weges zum Pkw bezog sich allgemein auf das Leben in den USA und in WB, wobei John die Meinung vertrat, daß in Amerika mehr Leben ist, in WB wäre nicht so viel los, außerdem seien die Deutschen allgemein sehr stur.

Der IM gewann während des kurzen Gespräches mit John von diesem einen guten Eindruck, mit dem man sich gut unterhalten kann.

John spricht ein sehr gutes Deutsch, drückt sich gewählt aus und verkörpert einen sehr hohen Bildungsstand. Er ist Bart- und Brillenträger. Mit seinen Kindern unterhielt er sich abwechselnd in Deutsch und Englisch."

Dieser lange, detailreiche Bericht, der von Major Madaus unterschrieben war, endete mit einer Einschätzung.

„Die angestrebte Zielstellung – Herstellung eines persönlichen und ausbaufähigen Kontaktes – wurde erreicht. Über die Legende – Konsultation zu Lebensbedingungen in der USA in Verbindung mit der von ‚Kerbela' erwogenen Übersiedlung in die USA – ist ein weiterer Kontaktausbau zu ‚Missouri' möglich, der auch durch den von 'Tolik' organisierten Thüringenaufenthalt gefördert werden kann."

Dieser Bericht wirft Fragen auf. Es werden viele Details korrekt wiedergegeben, wie der „*Türsummer*" und der Fahrstuhl, doch andere Details sind falsch. Zum Beispiel lag weder unser Einkommen noch unsere Miete bei 1200 DM. In einem früheren Bericht gab der *IMB* 900 Mark als unsere Miete an. Noch gravierender ist die Geschichte von dem Libanesen, für den ich mich angeblich eingesetzt habe und erreicht haben soll, dass er nicht abgeschoben würde. Die Geschichte ist frei erfunden. Woher sollte ich den Einfluss nehmen, einen Libanesen mit einem solchen Problem vor einer Abschiebung zu bewahren. Es ist absurd. Das größte Problem in diesem Bericht ist, dass wir uns an einen solchen Besuch nicht erinnern können. Er fand nämlich nicht statt. Ich habe erst während unseres Aufenthaltes in Thüringen Dr. med. Mahmood El-Hakim kennengelernt. Also, was sollte dieser

Bericht bezwecken? Ich vermute, der IMB wollte sich wichtigtun oder musste sich rechtfertigen.

Von dem nächsten Bericht von IMB *„Tolik"* vom 5. April 1989 ist mehr als die Hälfte geschwärzt, aber der Rest wirft wieder Fragen auf. Der Bericht handelt von einer weiteren *„auftragsgemäßen"* Reise nach West-Berlin am 31. März 1989 *„um die von ‚Missouri' benannte Adresse (Mitwohnerzentrale Kurfürstendamm) aufzusuchen, um eine Wohnung für ‚Kerbela' zu beschaffen und andererseits die Kontaktierungslegende bei ‚Missouri' zu stützen."*

Darauf folgte eine lange geschwärzte Stelle. Ob *„Tolik"* überhaupt bei der Mitwohnzentrale war, ist zweifelhaft. Es steht da, dass er aus dem West-Berliner Telefonbuch erfuhr, die Adresse der Mitwohnzentrale sei Kurfürstendamm 222, wie er angeblich von Christiane erfahren hatte, sondern 227. Normalerweise würde man die Verwechselung als verständlichen Fehler einstufen. Doch im Bericht liest man: *„Aus dieser Sachlage heraus kann die Schußfolgerung gezogen werden, daß es sich um eine unbewußte Falschübermittelung oder aber auch um eine gezielte Desinformation von ‚Missouri' gehandelt hat, um die Legende von ‚Tolik' zu überprüfen.*

Unter letztgenannten Aspekt muß auch die Tatsache gesehen werden, daß ‚Missouri' die Mitwohnerzentrale Sybelstraße Nr. 52 genannt hat.

"Im WB-Telefonbuch erscheint jedoch als Adresse Sybelstraße 53 bzw. 51."

Mit Sicherheit war *„Tolik"* nicht zu diesen Adressen gefahren. Dann zu dem Schluss zu kommen, *„Missouri"* wollte ihn testen, ist geradezu paranoid. Der Schluss des Berichts, wieder von Major Madaus unterschrieben, ist entblößend.

„Der IM wurde beauftragt, erneut die Mitwohnzentrale am Kurfürstendamm aufzusuchen und beim nächsten Zusammentreffen mit ‚Missouri' das Problem der falschen Adresse in geeigneter Form anzusprechen evtl. Spekulationen und Verdächtigungen von ‚Missouri' vorzubeugen."

Der nächste Bericht von *IMB „Tolik"* zur *OPK „Missouri"* trägt das Datum 23. April 1989, also unmittelbar nach unserem Aufenthalt in Thüringen. Es heißt *„Tolik"* sei auf Grund eines *„Fahrzeugproblems"* bei Familie R. mitgefahren. Sie trafen gegen 13.30 Uhr am 18. Mai 1989 in Gießübel ein. *„Missouri"* kam erst gegen 18 Uhr an. Den Abend verbrachte *„Tolik"* bei Freunden und am 19. lehnte *„Tolik"* eine Einladung zu einem gemeinsamen Ausflug *„dankend ab"*.

Am 29., auf Bitte der Familie R., kam *„Tolik"* bei einer Fahrt nach Rudolstadt mit. Am Abend war *„Tolik"* wieder nicht dabei. Am 21. fuhren alle zum Panoramahotel in Suhl, traten dann die Heimreise an. Nun kommt der Bericht zur Sache und es wird klar, warum *„Tolik"* überhaupt mitgefahren ist.

Es folgten zwei Seiten mit den Informationen, die *IMB „Tolik"* über das Wochenende *„erarbeitet"* hatte. Manches war der Staatssicherheit längst bekannt, z.B. wie wir uns kennengelernt hatten, oder dass ich ein Buch über Wolf Biermann schrieb. Es schien *„Tolik"* Mitteilens wert zu berichten, dass ich einen Freund hatte, der *„ein anerkannter Schriftsteller"* ist und dessen Werke Auflagen in Millionenhöhe haben sollen. Gemeint war wohl Walter Kempowski, den ich kannte, den ich aber nicht als Freund bezeichnet hätte. *„Tolik"* bezeichnete mich als *„literaturinteressiert"*, weil ich ihn gefragt hatte, ob er das Buch *Ganz Unten* von Walter Wallraff kannte.

Ich weiß noch, dass *„Tolik"* sehr an meiner Meinung zu Gorbatschow interessiert war. Er stellte meine Position dar: *„Gorbatschow ist der Mann der Stunde – auch in Amerika wäre ein neues Denken, ähnlich wie in der Sowjetunion, angebracht."* Dass ich eine gewisse Hoffnung mit dem neuen sowjetischen Führer verband, stimmte, aber ich glaube nicht, dass ich die USA mit der Sowjetunion so verglichen habe. Der *IMB* schrieb auch über meine angeblich geäußerte Meinung zu der Entwicklung in der DDR Folgendes: *„Der XII. Parteitag wird vorgezogen, weil ein Führungswechsel in der DDR zwingend notwendig ist. Honecker wird seinen Einschätzungen zufolge zurücktreten, um jüngeren Leuten Platz zu machen."* Ich mag etwas über die Notwendigkeit eines Machtwechsels in der DDR gesagt haben, aber den nächsten Parteitag der SED mit Nummer habe ich definitiv nicht erwähnt.

„Tolik" schrieb, sicherlich zu Recht, dass ich mich kritisch über den Zustand der Bausubstanz in der DDR äußerte. Unser Freund E.R. erzählte ihm, ich sei mütterlicherseits *„deutschstämmig"* und glaubte, weil wir über Wernigerode

gesprochen hatten, das wir mit unseren Freunden vor nicht allzu langer Zeit besucht hatten, dass meine Mutter wohl aus der Stadt stammte. Der IMB schien etwas verwechselt zu haben. Wir hatten Wernigrode besucht und waren entsetzt über den Zustand der Bausubstanz der Stadt gewesen.

Er gab auch die Meinung von E.R. weiter, ich sei unzufrieden und könne mit den Kindern nicht richtig umgehen. Angeblich sprach er mit mir *„auftragsgmäß"* über den Wunsch seines Neffen, nach Amerika auszuwandern. Das mag sein, aber ich kann mich nicht daran erinnern.

„Tolik" schätzte mich als relativ zurückhaltenden Menschen ein, der sich nicht in den Vordergrund drängt. Er beschrieb dann seine Vorgehensweise. *„Der IM war beauftragt worden, sich gegenüber ‚Missouri' in keiner Weise aufdringlich zu zeigen. Unter diesem Gesichtspunkt unternahm der IM auch keine Bestrebungen, ständig in der Nähe von ‚Missouri' zu sein, weil dies durch ‚Missouri' als Kontrollhandlung gewertet werden konnte.*

Der IM schätzt ein, daß es gelungen ist, das Vertrauensverhältnis zu ‚Missouri' weiter zu entwickeln und Grundlagen für eine Intensivierung der Kontakte gegeben sind."

„Tolik" berichtet, dass ich viele Fotos machte, unter ihnen auch welche von ihm. Darin sah er eine Chance. *„Nach Einschätzung des IM könnte über die Fotos ein erneutes persönliches Treffen organisiert werden."*

Aus diesem Bericht, wie aus dem vorangehenden, ist zu erkennen, dass sie stets eine Mischung zwischen Dichtung und Wahrheit waren. Der *IMB* fühlte sich wohl unter Druck, Ergebnisse zu liefern, zu beweisen, dass er gute Arbeit leistete. In einem Punkt irrte er sich besonders. Es sei gewiss kein *„Vertrauensverhältnis"* zwischen uns aufgebaut worden. Ich bin ein höflicher Mensch und stoße niemanden vor den Kopf, aber schon damals fand ich diesen Mann nicht nur extrem unsympathisch, sondern auch suspekt. Warum war er überhaupt mitgefahren? Warum stellte er mir so viele Fragen? Ich war skeptisch.

Die Abteilung II/3 in Potsdam war auch weiterhin bemüht, mehr über Christiane zu erfahren und wendete sich an verschiedene Einrichtungen der Staatssicherheit mit der Bitte um Informationen. Von der HA XVIII AKG erhielten sie Informationen zu Christianes Arbeitgeber, Deutsche Vergasergesellschaft, und über unser Auto. Die Abteilung erhielt auch Informationen über mich, auch wenn nicht immer akkurat. In einem Dokument mit dem Datum 8. Februar 1989 heißt es z.B., dass ich am 16. Januar 1985 von 14.29 bis 15.47 Uhr in der amerikanischen Botschaft in Ost-Berlin mit Christiane gewesen sein soll. Ihr Geburtsdatum wurde fälschlicherweise als der 13.8.1958 angegeben. An jenem Tag war ich – siehe oben – in der Botschaft, aber nicht mit Christiane, sondern mit ihrer Freundin Marianne. Auf dem Zettel wird vermerkt, dass ich für die HVA7IX/A/3/206 *„erfaßt"* war.

Am 21. Februar 1989 hatte die Bezirksverwaltung für Staatssicherheit Objektdienststelle TU eine Abschrift der Seminargruppenliste aus Christianes Studienzeit an die Kollegen in Potsdam geschickt. Anbei waren offensichtlich auch Bewertungen von Christiane als Studentin und als Mitarbeiterin der EAW Treptow, alle durchgehend positiv.

Nach einer Vorabsprache mit Gen. Kalisch bat die Abteilung II/3 die Kreisdienststelle Belzig um *„Unterstützung bei der inoffiziellen Aufklärung und Kontrolle"* von Christiane und mir sowie von ihren Eltern und erinnerte daran, dass *IM „Hubert"* bereits Informationen erarbeitet hatte. Es folgte eine Liste des Informationsbedarfs.

„berufliche und persönliche Entwicklung in WB,

politische Position,

Aktivitäten bei besuchsweisen Aufenthalten in Reetz,

Informationsinteressen,

Kontakte und Verbindungen in Reetz und Umgebung,

Kontakte/Verbindungen in Berlin (West),

Verhältnis Shreve, John-Ralph zu seinen Schwiegereltern Friedrich, Rolf und Martha, Hinweise auf bestehende Differenzen,

Zukunftspläne des Ehepaares Shreve."

Offenkundig haben wir nicht alle Akten, die unseren Fall betreffen. Es sind Lücken in der Chronologie und die Akten, die wir haben, sind oft durchnummeriert, es fehlen bloß Seiten.

In Kenntnis aller Akten, die über uns bisher gefunden worden sind, ist die erste Frage, die uns einfiel: warum? Mindestens 24 Menschen, und wahrscheinlich viel mehr, waren mit unserem Fall beschäftigt. Über 20 Organisationen in der Staatssicherheit sowie der Dienststelle des sowjetischen Geheimdienstes waren in unseren Fall involviert. Hinzu kommen Dienststellen der Volkspolizei. 1989 hatte die Staatssicherheit drei Treffen mit *„inoffiziellen Mitarbeitern"* und nicht weniger als acht *„operative Maßnahmen"* gegen uns unternommen. Wofür? Es war ein Witz, aber wir konnten nicht lachen. Wir hatten nie in irgendeiner Weise mit irgendeiner Spionageorganisation zusammengearbeitet. Wir waren Kleindarsteller in einem absurden Theater namens Kalter Krieg. Was für eine Verschwendung von Geld und Energie! Alles schien uns so absurd, aber nach mehrmaligem Lesen wurde uns klar, dass unter Berücksichtigung der paranoiden Mentalität von Geheimdienstmenschen, wir tatsächlich als zumindest potentielle Spione erscheinen mussten. Im Kontext des Kalten Krieges und ausgerechnet in Berlin, immer ein Zentrum der Spionage, konnten völlig unschuldige Taten und rein persönliche Motive eine finstere Interpretation erhalten. Die Tatsache, dass Christiane die DDR verlassen wollte, machte sie schon zur Verräterin. Ausgerechnet einen Amerikaner zu heiraten war noch schlimmer. Es wurde auch bemerkt, dass von ihr keine *„besondere gesellschaftlichen Aktivitäten ausgingen."* Das hieß in DDR-Deutsch keine politischen Aktivitäten im Sinne des *„real existierenden Sozialismus"* zu verzeichnen waren. Ihre Kontakte zur amerikanischen Botschaft und Mitgliedern des amerikanischen Kongresses waren mit Sicherheit ungewöhnlich für eine DDR-Bürgerin. Und warum hatte sie ihre DDR-Staatsbürgerschaft nach der Ausreise behalten, wenn die meisten Menschen es nicht eilig genug hatten sie loszuwerden?

Bei mir sah es noch schlimmer aus. Ich kannte Wolf Biermann und schrieb ein Buch über ihn, hatte keinen festen Job gefunden und schien kein festes Einkommen zu haben. Die Stasi war sogar überzeugt, dass wir in großen finanziellen Schwierigkeiten steckten. Aus der Sicht von „Horch und Guck" waren wir Spionagekandidaten wie aus dem Lehrbuch. Dass unsere häufigen Besuche in der DDR rein persönlicher Natur sein konnten, hätte den Stasi-Menschen zu viel Fantasie abverlangt. Merkwürdigerweise war meine kurzfristige Anstellung am U.S. Army Krankenhaus und meine Konfrontation mit der CIA der Stasi unbekannt. Oder doch nicht? Vielleicht, falls andere Teile unserer Akte auftauchen, werden wir mehr über unser Leben lernen.

Wer weiß, was mit uns geschehen wäre, hätte das DDR-Regime noch ein paar Jahre überlebt. Was war das Resultat des Treffens vom 25. August? Welche weiteren Maßnahmen waren gegen uns geplant? Oder fand das Treffen überhaupt statt? Vielleicht hatte die Stasi bis dahin ganz andere Sorgen.

Nach unserem Besuch bei der Gauck-Behörde reichten wir eine Liste von Namen ein, die wir uns als mögliche *IMs* vorstellen konnten. Uns wurde mitgeteilt, dass drei der von uns genannten Personen tatsächlich *IMs* waren, aber keiner davon war *"Tolik"*, *"Ernesto"* oder *"Hubert"*. Das führte zu der beunruhigenden Erkenntnis, dass nicht nur drei uns nahestehende Personen Spitzeldienste für die Stasi geleistet hatten, sondern mindestens sechs. So bleibt Zweifel und Misstrauen. Freunde haben uns gefragt, warum wir überhaupt wissen wollen, wer uns bespitzelt hat. Die öffentliche Meinung, besonders im Osten, hatte sich schnell geändert. Bald war der Wunsch herauszufinden, wer einen bespitzelt hatte, eher verdächtig. Langsam wurden die Täter zu Opfern. Der Wunsch im Osten, das Unangenehme der DDR zu vergessen, ist ebenso verständlich wie unerträglich. Für die Opfer der SED-Diktatur kann es kein Vergessen geben. Alles unter den Teppich zu kehren hieße eine Fortsetzung der Unsicherheit, des Unrechts. Waren Freunde Freunde? Lebte man das Leben, das man glaubte gelebt zu haben? Was uns betrifft, wollen wir die Wahrheit wissen, die Wahrheit über die „Freunde“, die unsere Familie in Gefahr brachten, die Wahrheit über das Leben, das wir im Kalten Krieg lebten.

John and Christiane, 2018 in Venice

John Shreve, Dr. phil., geboren 1952 in den USA, kam 1968 als Austauschschüler nach Deutschland. Er studierte Geschichte und Germanistik in Missoula (Montana), Marburg und Berlin und promovierte an der Freien Universität Berlin zum Thema: "Wer sich ändert, bleibt sich treu. Wolf Biermann im Westen" Heute lebt Shreve als freier Schriftsteller und Sänger mit seiner Frau in Berlin. Das Paar hat zwei Kinder und drei Enkelkinder.

Bücher:

Nur wer sich ändert, bleibt sich treu. Wolf Biermann im Westen

Reetz. Ein Dorf in der Brandtsheide

Kriegszeit. Das ländliche Deutschland 1914-1919.

CDs:

From Texas to Montana

Wild and Windy Places

Leap of Faith

Oftimes Do I Think of Thee

Who's Gonna Build Your Wall?

Let it Shine

just beyond silence

Known You of Old

www.john-shreve.de

Printed in Germany
by Amazon Distribution
GmbH, Leipzig

19480456R00162